大明那些九千岁

北大史学博士揭秘明朝太监秘史

壹 大太监是怎样炼成的

胡丹 著

陕西新华出版传媒集团
太白文艺出版社

图书在版编目（CIP）数据

大明那些九千岁：北大史学博士揭秘明朝太监秘史 / 胡丹著. — 西安 ：太白文艺出版社，2015.11
ISBN 978-7-5513-0864-9

Ⅰ. ①大… Ⅱ. ①胡… Ⅲ. ①宦官—列传—中国—明代 Ⅳ. ①K827=48

中国版本图书馆CIP数据核字（2015）第274680号

大明那些九千岁：北大史学博士揭秘明朝太监秘史

作　　者　胡　丹
责任编辑　王婧殊
封面设计　张洪海
版式设计　新纪元文化传播
出版发行　陕西新华出版传媒集团
　　　　　太白文艺出版社
　　　　　（西安北大街147号 710003）
　　　　　太白文艺出版社发行：029-87277748
　　　　　tbwytougao@163.com
经　　销　陕西新华发行集团
印　　刷　西安市建明工贸有限责任公司
开　　本　880mm×1230mm　1/32
字　　数　230千字
印　　张　8.125
版　　次　2016年1月第1版 第1次印刷
书　　号　ISBN 978-7-5513-0864-9
定　　价　29.80元

前言

本书是我的“明宫揭秘”系列的第三部。第一部《大明王朝家里事儿》，第二部《大明后宫有战事》，分别写明宫的父子兄弟与后妃皇亲，我戏称之为明代宫廷史的“男版”与“女版”，而这一部写的是大明王朝的家奴宦官，下面该称什么呢？我说不出。

这是一个玩笑。想来看官都能理解，因为一说起阉宦，大家都有类似的反应。我的博士学位论文，研究的是明代宦官制度，很快名声在外，后来我碰到的学界同人，多盈盈捧手，客叙而笑：“胡兄是做宦官的，久仰久仰。”在当代学科体制下，研究历史，多攻一段，如先秦、两汉、魏晋南北朝、唐、宋、元、明、清，我在研究生阶段专攻明史和制度史，习称“做明史”“做制度史”，我博士论文的题目是宦官制度，自然是“做宦官”了。人家“久仰”，本是好事，可为何含诡谲之笑呢？我不便深想，唯支吾应之。

如今做了一篇大题目，欲揭秘明宫之事，写了主子（帝后），再写家奴（宦官），亦是题中应有之意。这样，在完成博士论文数年之后，竟然又一次“做起了宦官”。

大家笑宦官，乃至连累“做宦官的”，可见人们对宦官自有一种特定的情愫，准确说，是鄙夷之情。宦官出场，就是丑角儿，鼻眼间那白扑扑一团还未挤出，戏园里已忍不住满场喷笑。这也难怪，阉人是畸形之人，宦官是畸形的群体，他们高高在上，离每个朝代的核心最近，许多时候权势煊赫，可是呢，猛一抖，裆下却少一物，大大败兴！前清某太监说，做太监的，都是苦人，正得其情！

财富可以散而复聚，那话儿却失不可再生。偏偏那东西不像胳膊腿，残疾了，只需发奋，总还有一种志气令人尊敬；那东西丢了，雄不为雄，雌不为雌，老生掉了胡须，还露出一股阴阳怪气之态，岂不令人耻笑？

对此，司马迁有切身之痛。他因谏议触帝之怒而“下蚕室”（指阉割之刑）。在给友人的信中，他写道：“仆以口语遇遭此祸，重为乡党戮笑，以污辱先人，亦何面目复上父母之丘墓乎？虽累百世，垢弥甚耳！”这种笑，在司马迁看来，一点也不比杀头轻，他称之为“戮笑”“极刑”，不单辱身，并且上污先人之墓，就是百世之后，也无法清洗屈辱。

可这样一个可笑之物，却自商周以来便存在于天朝的后宫，甚至于达官贵人之家，一直存续到清亡、末代皇帝溥仪被驱逐出紫禁城之后，才正式退出历史舞台。人们笑他、骂他、杀他，也趋奉他。宦官为祸，是历代最主要的统治教训之一，却几乎从未有人呼吁取消宦官制度，反倒认为宦官的存在合乎天理（如紫微垣帝座之旁即有宦者三星），只是应小心防范他，令其在宫苑之内供“洒扫、传令”即可，而不可使其参大政、统军马。明太祖朱元璋就是这么认为的，这也是他驾驭宦官的自信心所在。

可事实如何呢？有明一代的“宦祸”和庞大的宦官组织，正是在洪武朝奠定了基础。洪武之后，规模已成，已无法将宦官从明代政治中剥离，故建文帝任使宦官，永乐帝放手使用宦官，到宣宗更将宦官干预外政的职掌制度化，并嵌入到从中央到地方的政治体制之中。学界一般认为，明代中枢政治是司礼监与内阁内外夹辅的“双轨制”。在地方上呢？我曾著有一文《“三堂体制”的构建与解体——以镇守内官为中心》（刊于台湾《“国立”政治大学历史学报》第32辑,2009年),提出这样一个观点:自宣德以来,在地方(包括北方九个边镇、内地的省,以及一些特区)形成了以镇守内官、镇守武臣与巡抚都御史为三角的统治核心(明代称"三堂")。这套体制改变了明初的"三司制",成为明晚期的"督抚制"形成之前的过渡环节,存在了约一百年,是明代中前期相当典型的地方管理体制。即使在嘉靖中年裁撤镇守内官后,一些特区(如南京、兴都、天寿山、武当山等)仍保留了这套体制。明代宦官不单服役于宫廷,还广泛地预军、预政,参与国家财政(府库、税收)管理以及大型营造工程。可见,明代的宦官问题,不是干权擅政,而是"二十四衙门"及众多的宦官差使,本身就拥有合法的政治权力。

自20世纪80年代以来,宦官研究成果颇丰,可以算得上一个热点。然而这些成果有许多不足,比如多着眼于批判宦官擅权干政,而对宦官制度缺乏必要的深入研究。举一个例子,明代宦官人数有多少?康熙帝根据清宫留用的前明老宦之言,说明末宦官人数多达十万。这个数据被不少论者采信。其实,明代官方国史"实录"对宦官人数是有记录的,因为按照明宫制度,每年两季要为两京宦官置备冬衣铺盖,需要统计人数,这个材料便明明白白记在实录里,只是没人发现它。那么明宫太监有多少人呢?其实一直比较稳定,不过一两万人。康熙那个数据太不靠谱了!在明代宦官研究中,类似的错误、想当然和人云亦云是普遍现象。有鉴于此,我确定以宦官制度作为博士论文的研究对象,几年来,就明代的司礼监、都知监、东厂,发表了一系列论文,也引起了学界的注意。为了准备博士论文的写作,我做了充分的材料准备,稽考了180多万字的《明代宦官史料长编》(已由南京凤凰出版社出版),将明实录中的宦官史料全部辑出,收录与宦官有关碑刻约千通,其中仅宦官及其家族成员墓志就达199方。正是在大量新材料的基础上,我完成了40余万字的博士论文,获得评审专家的高度评价——这下宦官“做”大啦!

您手里这部《大明那些九千岁》,正基于我对宦官研究的丰厚成果。

需要提醒各位看官,这部书意在“揭秘”,不是历史研究,所谓太监秘史,并非学术论著,而是一部试图让大多数人能看懂、喜欢看的通俗历史读物。

看过《大明王朝家里事儿》和《大明后宫有战事》的朋友们,将会发现,这本书在笔法上与前两部有了一些变化,除了“史料坚实”这个一贯的特点,我尽量减少了烦琐考证,而适当地加入了一些合理想象的内容。亚里士多德在《诗学》中说,文学比历史更可信。这个说法,放在面向大众的通俗历史写作中,是很有道理的。作者通过对历史大背景的整体把握,对一些历史场景和人物心理做合理的想象和还原,不仅不会损害历史的真实性,还能弥补史料碎片化和单薄的缺憾,使历史更为饱满,有助于读者形成立体直观的感受。

此书在天涯论坛发布过一部分,最初的名字叫“明宫100太监秘史”,我是预备写100个“大太监”的。或许有看官吃惊,明代真有那么多大太监可写?那是当然的。在明朝近三百年的历程里,宦官与之偕行,大量宦官参与到各方面的政事之中,发挥了各自不同的重要影响。明朝的太监故事,绝非我们熟知的郑和、王振、刘瑾和魏忠贤几个人可以涵盖的。

我在每一卷的开头,都会列出本卷将写到的大太监的名姓(一笔带过或寥寥几笔者均不计),有兴趣的朋友可以数一数,到底我写了多少位有名的大太监。

由于我要写整整一个朝代的大太监,而且这些大太监与皇帝、大臣以及各朝政局密切相关,内容非常丰富,一本书的容量显然不够,故此,作为"明宫揭秘"系列的第三部,这系列亦分为三部,分别写明代前期(开国至正统)、中期(景泰到正德)和晚期(景泰到明亡)的大太监。您手里的是第一部,另外两部还未开始写作。如果您想在后两部里看到哪些宦官的故事,或者想知道些什么,请及时告诉我,我会尽量考虑增补写入。我想,这也是一种有趣的互动吧。

胡丹

新浪微博:皇帝不称朕
微信公众号:wohudan

目录

第一卷
谁是明代第一个“大太监”

本章关键人物：黄俨、刘通、刘顺、王彦（狗儿）、赵琮、姚铎、沐敬、出使朝鲜诸阉①

第一章　特务头子是宦官

广袤的华北平原被稀疏的林木分割开来，极目望去，千里荒凉。除了偶尔出现几队衣衫褴褛、步履蹒跚的难民，几乎看不到人烟或较大的聚落。

前年仲秋（农历八月），正是田作收获的时节，朝廷兴六十万大军来伐镇守北平（今北京）的燕王朱棣。老朱家自家人内讧起来，今天你打过去，明天我打过来，在北平、河南、山东数省间反复鏖战。天天过兵，庄稼地里已容不下农夫耕作的脚步，全被马蹄践得稀烂，人民生活陷入极端的痛苦之中。

昔日镇守北边雄镇的燕王，如今已成了朝廷集重兵讨伐、必欲绳之诛

---

① 本章关键人物皆为宦官，依其出场为序。这些宦官，其实也都是大太监，但其故事知者甚寡。本书各以不同篇幅穿插介绍，总计不下百人。

之的叛逆。在朝廷的诏书里,燕王已不再是燕王,他被削去王爵,成了百官口诛笔伐的"燕庶人"。

但燕王朱棣并不甘心束手就擒,而是假借"祖制",打出"靖难"的旗号,在险恶的环境下,顽强地为生存而战。燕王领导的"靖难军"(或称燕军、北军)像哪吒一样,越长越大,生出三头六臂,硬是把紧紧缠裹住他的蝉蛹捅出几个大窟窿。

建文元年到二年(1399 年—1400 年),朝廷官军(或称南军)在真定、白沟河等地(均在今河北北部一带)接连惨败,损失了数十万人马,辎重的损失更是不计其数。但是瘦死的骆驼比马大,朝廷毕竟拥有万里的版图,人口众多,物力充沛,在经历了最初的败绩后,渐渐从颓势中复苏。建文二年末,盛庸在山东东昌重创来犯的燕军,斩其大将张玉,燕军败回北平。

这是用兵两年来,朝廷难得的一次完胜。为此,建文帝朱允炆在建文三年正月祭享太庙时,特将东昌之捷焚黄告于祖先(称"告庙")。太庙是帝室的宗祠,里头供奉着太祖皇帝朱元璋的神主,不知这位大明的开国之君在获悉朝廷讨逆大胜的消息后做何感想,是该为孙皇帝朱允炆快慰呢,还是替四皇子燕王朱棣担忧?

朝廷借东昌大捷,振作士气,试图重新凝聚对北平的铁壁合围。七月间,平燕副将军平安由真定(今河北正定)进攻北平,这是自建文二年夏曹国公李景隆白沟河大败后,官军首次如此近地接近燕军老巢北平。

北平城里,焦躁不安的情绪随着大批难民与败兵的拥进而蔓延,许多人对燕王能否继续扛住朝廷的打击开始持悲观的态度。这两年,仗打得实在太苦,虽然燕军铁骑纵横华北,看起来锐不可当,但也只能像北虏流寇一样四处劫掠,所占城池,往往是今日占领,明日即丢失,始终无法稳定一条巩固的战线,更别说扩大了。便宜没占到多少,还损折了张玉、谭渊等数位重要将领。

燕军方面在保持兵力上还不成问题,大量失业的流民可以随时补充所缺兵员,但其饷道时刻面临着官军的威胁,粮食供应发生了严重的困难。北平城内,各种流言随着高涨的物价、迅速扩大的粮荒而加速传播,简直到了一日三惊的地步。

军中已发生好几起小规模的哗变。燕王朱棣最为担心的,就是内部出现反抗他的分裂势力。为此朱棣密令亲信内侍刘通,暗中组织一支秘密的“侦缉队”,专门刺察市井坊巷及文武将吏的各种情报,直接向他汇报。这支小型的特别侦缉队,即是后来东厂的前身。

明代第一位宦官特务头子刘通,其实早已出了茅庐。据其墓志所载,早在洪武二十九年(1396 年)时,刘通即奉燕王令旨,在开平、大宁等处修筑城堡,那时他年仅十六岁。

刘通不是汉人,而是女真人,父名阿哈,世居东北,为“三万户大族”。他生于洪武十四年(1381 年),大概是明军在经略辽东时,将还是儿童的刘通兄弟(弟名刘顺)俘虏,阉为内臣,令其侍奉燕王于北平府邸。

刘通保存了骑射民族的彪悍性格,他的墓志称其“性刚毅,及长,勇略过人”。这从刘通参加靖难之役,及多次从驾北征、屡建战功上,可以得到证明。但他最重要的品质,还是“忠谨”,即对上忠诚,为人谨慎,不好虚饰夸诈,很令主子放心,所以燕王才“委以腹心,俾察外情”,成为燕王府“军统局”的特务头子。

其实,使用宦官来刺探外情,在洪武时代已有先例。

朱元璋除了从到外地出差的宦官那里了解地方事务及舆情,还差遣宦官到地方与军中,充当自己的耳目,搜集各种情报,并对官民进行监视。

有这样一个例子:还在明朝建国以前,有人告发镇守和州(今安徽和县)的大都督府参军郭景祥,说他的公子仗着其父的权势,为所欲为。朱元璋很重视这件事,派按察司书吏唐原嘉前去探察。回报确有其事,还说郭景祥因为儿子实在不像话,十分生气,打算撵他走,结果这逆子竟然抄起一支长矛,欲刺杀父亲。朱元璋闻奏大怒,下令将郭公子抓起来,回宫后对马皇后表示:“我一定要宰了那小子!”马皇后却有些担心:“滑吏所言恐不实。况且老郭只有一个儿子,杀之若不实,岂不冤枉?还绝了老郭之后。”杀老朋友的亲儿,这事可得慎重。朱元璋想想也是,于是改派心腹宦官佛保再去探察。佛保回报说,郭氏父子的确发生过冲突,但并无儿子持矛杀父之事。这个事实非常关键，因为以子弑父，属于大逆不道，罪在十恶不赦之条。朱元璋听说没这回事，便释放了郭公子，而将奏报不实的书吏狠狠打了一顿屁股。

可见朱元璋两口子不信外臣（称之为“滑吏”）而信阉奴，是久有其心理基础的。

明朝建国后，宦官组织迅速扩张，内府“二十四衙门”的格局，在洪武时期基本形成。朱元璋甚至还开始尝试建立以宦官为头领的情报机构，成立于洪武九年（1376 年）八月的一个名叫“绳顽司”的机构，值得注意。

“绳顽”之义甚明，“绳”是绳之以法的意思，“顽”指“奸顽”。绳顽司的职掌，《皇明祖训录·内官》记云：“掌治内官、内使①之犯罪者。”就是管理宦官犯罪的专门机构。

《明太祖实录》记载了绳顽司行事的一件实例：洪武十年六月的一天，有一名“圬者”，即粉刷墙壁的工匠，带着家小上京服役，不幸病死了。圬者地位低下，如韩愈《圬者王承福传》所说：“圬之为技，贱且劳者也。”一个小工匠的死，芝麻绿豆大一点儿小事，竟然被绳顽司“上达天听”，奏给皇上知道了。朱元璋觉得此人可怜，赐给他一口薄皮棺材，还资助路费，送其家小还乡。

绳顽司干了一件“包打听”的事。由此事来看，该司的职掌，可能并不像祖训文本记载得那样单纯，只负责惩治犯罪的内官、内使。

想来也是，好比今天政法机关办案，首先不得侦查吗？绳顽司办案，也得先派出干探，四下缉访，才能掌握内臣“犯罪”的事实。

朱元璋设立这样一个机构，明里是加强对日益庞大的宦官队伍的监察，对外挂这样一块牌子，而事实上该司的职掌，却可能包括访查京城内外官民之事（称“缉事”，或“行事”），事无大小巨细，都必须向朱元璋奏报。

---

① “内官”，是指有职务的宦官，“内使”则是职务较低者，而一般宦官，称为“火者”。另外，宦官又被称为内臣。与内官相应的是外官，与内臣相应的是外臣，后者则是指外廷官员了。

皇帝放的眼线多，耳聪目明，才聪明嘛！

绳顽司后来并入司礼监。至于它什么时候取消的，史籍并无记载。这也好解释，秘密战线工作嘛，自然不会那么张扬。

帮皇帝打听臣民隐情，不是一般外人都能做的，必为皇帝的亲信。所以刘通对自己领导“地下工作”的经历非常得意，在自己的墓志里曝了光。还不忘添写一笔，称他接受“俾察外情”的“心腹”之任后，“广询博采，悉得其实以闻”，忠实地履行了自己的职责，将他探听来的情报，如实地向燕王做了汇报。

建文三年（1401 年）七月，正是朝廷大军再次兵临城下、战局遽然而危之时，一个人夹在逃难的人群中混入北平城。此人姓张名安，说话是北方口音，人却来自南京，真实身份是锦衣卫千户。

锦衣卫与永乐年间设立的东厂，合称“厂卫”，都被认为是明代的特务机关。其实锦衣卫的职权范围非常广，将锦衣卫官校等同于特务，实在是以偏概全，需要说明的是，只有“行事校尉”才称得上是特务。

张安此次脱去鲜艳的大红官服，不骑高头大马（锦衣卫因这身艳丽的行头和坐骑，又被称为“缇骑”。缇，赤也），微服易容，潜行至北平，确是承担了一项重要的“特别任务”。说他是特务，他当得起！

在张安贴肉的衣服里缝着一封密信，写信人是建文皇帝的老师、著名学者方孝孺。而收信人不是别人，正是燕王世子朱高炽①。

敌对阵营的两个对头怎么通起信来？定有大事！

刘通的情报工作果然极富成效，朝廷的密使进城后，只在燕王府前踅摸了两圈，已陷入特务的严密监视之下，他本人尚惘然不觉。刘通很快摸清，张安打南军中来，此行的目的是要面见世子朱高炽。

由于事关世子，刘通不敢马虎，赶紧将此事上报。

---

① “世子”，是亲王的法定继承人，如同太子之于皇帝。朱高炽在永乐年间被立为皇太子，即后来的仁宗皇帝。

此时燕王朱棣正率军在外，与朝廷大将平安激战，世子高炽照例被留在北平城中“居守”，全面主持城防及前方后勤保障工作。刘通当然不会把朝廷秘遣奸细北来、试图与世子接触的情报，报告给在根据地“总负责”的世子——那是找死！——他将这个重要情报呈递给了燕王府承奉正[1]黄俨，请示是否收网逮捕张安。

过去一说起明代的大太监，总从正统年间的王振说起。其实大谬不然，明代拔头筹的第一号权阉，应该从燕王手下查起，头一份儿，非黄俨莫属！

黄俨此时正坐在王府南门端礼门内右侧的承奉司衙门里，得报后，顿时像打了鸡血，无比兴奋起来。

他叮嘱刘通，暂时不要触动张安，对其保持严密监控，勿使其漏网就好了。他特别告诫刘通，虽然此事牵涉到世子，你也不要有任何的疑虑和忌讳，探子有任何举动，你都当速速如实来报。

在燕王府里，黄俨是宦官中的前辈，极得王爷宠信，在燕王驾前说话，也是一口唾沫一颗钉，王爷不在，他替王爷交代公事，也是作数的。刘通忙称“是”，退出。

张安哪里知道，他一到北平，就像落入玻璃瓶中，被一双双监视的眼睛透视着。他通过旧识的引见、秘密谒见世子朱高炽的情报，已第一时间摆在黄俨的案头。

第二章　惑主的奴仆

黄俨五十上下的年纪，他以内臣的身份追随燕王，已经二十多年了。四皇子燕王朱棣，已由意气风发的少年王子成长为一位姿貌奇伟、不怒而威的雄边“塞王”。他也老了，但老黄俨不是一只皱了皮的老哈巴狗，他是

---

① 承奉司是亲王府宦官机构，承奉正、副是其首领。

一只秃了毛而益发狠辣狡猾的老狐狸。

如今他已升做燕王府的承奉正，是燕藩大总管。平时燕王爷对府中事务管得不多，许多事情都托付给黄俨料理，只要是燕王不管，或一时管顾不到的地方，就是他的领地。从某种意义上可以说，黄俨是燕王府的“假主”，是影子王爷。

黄俨不会像野兽一样，在领地四周撒尿，宣示主权。但人们只要闻到这只老狐狸身上散发出来的浓烈“臊味”，无不恭敬趋附之。莫说府中宦官、宫人争相巴结讨好他，以成为他的义子、养儿为荣耀，就是王爷的妃和夫人们，也都高看他几眼，拿他当府中老人看承，而不敢以奴仆睥视之。

此时，黄俨刚刚写完一封信，墨是上好的黄山松墨，几乎随着落笔，点画的墨汁已经凝固，绝不淋漓，但做事素来谨密的他，还是将信纸对着灯火烤了烤，才折好装进一个信筒封好。他十分兴奋，疏淡的眉骨映着油灯，闪闪发光。

“父亲，我来啦。”

一个二十多岁，头戴乌纱软巾帽，身穿团领衫，乌角束带的宦官走进来。

“狗儿，来。”黄俨呼着他的小名，将亲笔信用小匣子封了，交给养子王彦，吩咐道：“你立刻动身，赶到军前，将此信亲手交给王爷。”

王彦弯腰，双手过顶，郑重地接过信。匣子上挂了把金澄澄的铜锁，王彦知道，匣中所封是义父的密启（臣下对亲王禀事称为启，对皇上才称为奏），锁有两把钥匙，义父与燕王各持一把，他不敢马虎。

“十万火急，不可耽搁。”黄俨一边交代，一边顺手将书案上的纸笔文具理了一下，这是他在太祖皇帝宫中学书时就已养成的习惯。他把爱好整洁、喜欢凡事条理清楚的习惯带到燕王府，对下人要求很严。每次写完字都会净手，然后在公事房东壁的佛龛里上一炷香，缥缈氤氲的香气使人宁谧，那是他与佛共享的。

“我马上到厩上挑一匹快马。”王狗儿音声清亮，一开口就知是快人快语。

王狗儿不是汉人，他与刘通一样，都是女真人，属于海西女真部落。与府中众多女真族宦官一样，王狗儿也是在很小的时候为明军所掳，阉割进宫，分配到燕王府供事。王彦是王爷赐的名。

“城门快开了，”王狗儿将信匣放入怀中，瞥一眼窗外已稀释许多的夜色，“午刻时分应该能见到王爷，您放心吧。”游牧民族的基因天生就融在他的血管里，他对自己的骑术非常自信。

黄俨满意地点点头：“你到了军前，就不要回来了。我跟王爷多次提起你，说你骑射都是好手，是可造的将才。如今正是用人的时节，你就留在军前效力，也好历练历练。能不能出息，就看你自个儿造化了。”

“孩儿一定不负恩父的荐举。”王彦欢喜道，鼻梁周围的麻子仿佛也雀跃起来。

自从朝廷与燕军在北方大战，许多府中宦官都投军从戎，随燕王殿下带兵打仗，而他却一直在府执事，听说马和、王安等伙伴都已经做到大总兵，马和还因为在郑村坝一役中立功，得到“郑”的赐姓，改名叫郑和。王彦十分艳羡。现在有义父抬举，总算有机会出人头地了，他喜得跪到地上，磕了个响头。

王彦并不知道密信的内容，但义父交办的事，比天还大。城门一开，他即以追日的速度往南疾驰，刚刚过午，已顶着烈焰骄阳，人马大汗淋漓地驰入北平南郊的燕军大营。

朱棣为了鼓舞士气，常常亲自披挂上阵，为万卒的表率。他这仗，旗杆上揭的是“靖难之役”，名义上是平朝家之难，其实谁都知道，他就是造反。大伙拼着身家性命，随燕王造反，不为主义和理想，只为推倒朝廷，大家都好分功臣帽子。但说到底，还是燕王的帽子最大，据说大军师道衍和尚（姚广孝）说燕王有至尊的造化，要给“王”头上加戴一顶白帽子，那就是要高升做“皇”了。所以这场鏖战数年、死伤无数的战争，其实就是为了燕王做皇帝，燕王如果还不做些表率，怎么好激励士气呢？

但这几日的仗没打头。朝廷平燕副将军平安的大营就扎在燕军对面，但从不主动攻击，燕军挑战，只是不理，燕军来攻，简单接战后，即有秩序地往后撤退，燕军也占不到什么便宜。两下里就这么熬着，形成缠斗之势。朱棣内心如焚，他最怕战事陷入胶着，燕军作为力量相对弱小的一方，必须通过不断的主动出击与一个接一个的胜利，才能勉强平衡双方力量，不使天平倒向朝廷一方。

燕军数万人马，耗不起啊！

这边相持着，而朝廷大同守将房昭趁机从山西紫荆关进兵，占领易州西水寨，以此为基地，向南攻略保定。保定与永平二府（在今河北与辽宁的交接处），是北平一肩横挑的两个桶，分别保护着北平的南北两翼。当房昭进攻保定之时，辽东总兵官杨文同时攻击永平。燕军腹背受敌，形势极为不利。燕王欲救两边，可眼前被平安绊着，动弹不得，令他有手足无措、拳脚难施之感。他的坏脾气时常发作。

当王狗儿在中军大帐外候见时，老远就听到燕王在发怒。走进帐内，咆哮声骤然增大，帐内兵器、排架嗡嗡作响，他吓得不敢说话，缩身立在一个角落里。

待众将回完公事，鱼贯退出，站在燕王身后的二郡王朱高煦发现了王彦。

朱高煦是燕王的二儿子，依朝廷制度，亲王之子均封郡王，故此人称二郡王，他的三弟朱高燧称三郡王。

朱高煦是世子高炽的弟弟，刚刚二十岁的年纪，两兄弟虽是一母同胞的亲兄弟，但性格乃至外貌都有很大不同。世子体形肥硕异常，还跛了一只脚，走起路来，仿佛一座肉山在艰难地移动，十分可笑。而眼前这位二郡王，却是龙行虎步，腋下生风，膂力过人，含有一股英武夺人之气。世子不善言语，较为木讷，二郡王谑笑如浪，十分风趣。二郡王上马能战，在这场生死之战中，表现勇敢，经常率领兀良哈精锐骑兵充当破击战的前锋，下马还能作诗，与一帮文人唱和，时常赢得满堂彩。大家拍他马屁，都赞他“才兼文武”。

朱高煦对府中宦官都比较客气，尤其对黄俨，从来不摆王子的架子。

他明知黄俨与三弟高燧走得很近，常在父王面前说三弟的好话，但依然屈尊与黄俨套交情，走动也较勤。他认得狗儿是黄俨的义子，遂招手让他上前回话。

“狗儿，你来做什么？”高煦问。

“奴才叩见王爷、二郡王！”

王彦疾步走近燕王箕踞的短几，趴在地上，用头顶着，呈上黄俨的亲笔信匣。

燕王面无表情地接过信，取过钥匙打开木匣，将密信读罢，没作声，径直递给高煦。

黄俨的信写得很简单：据缉访得知，朝廷秘密遣使北来，与世子秘密接触，所谈内容不详，因事关重大，不得不报。信后附上刘通的报告，详列了锦衣卫千户张安在北平的活动轨迹及所接触的人员名单。

狡猾而经验丰富的黄俨深知，燕王性格狐疑多猜，世子背着他与朝廷接触，对其世子的地位已足以构成自杀的效果。所以他在信中，没有加进任何主观的评论，以免造成对事实证据的不必要干扰。他只是把事实摆出来，让王爷自己去猜测、判断。他相信，素来艳羡大哥世子之位的二郡王，会做出他需要的评议。

果不其然，朱高煦拧着眉道：“大哥可是在城里居守！他要真把咱老窝子卖给朝廷，那好了！”

高煦带着嘲讽的口吻，说话一惊一乍，但语气肯定。

“你大哥会做出这样悖逆的事？”燕王的脸色十分难看。

“要说不可能，孩儿也不敢保证。”高煦趁机给大哥下签子，“记得当年太祖皇帝在世时，召各府长孙进京，亲自教习，那时建文皇帝还是皇太孙，与世子的关系好得很。这可是世子的大本钱，如今仗打成这样，说不得大哥生出抱粗腿的心？”

朱棣听着，两颏奇出的两绺长须翘起来，这是龙要发威、电闪雷鸣前的预兆。

燕王朱棣虽是个狐疑之人，但若在平日，有人说他的亲生子会出卖自己,他绝不会信。可是在这当口,用兵不利,战局出现自起兵以来前所未有的动摇之势,假若留在后方居守的世子发生动摇,对他将是致命一击,他不得不认真对待。

况且,这儿子在他树旗造反时,还反对他这么做。

那时,朝廷削藩的步伐,随着愈来愈密的鼓声,步步逼近。老二高煦那时还在南京,他害怕被朝廷当作人质扣押,擅自逃回,途中却因为一点小故,在涿州捶死一名驿丞,从而引发了更大声势的倒燕浪潮。

朱棣得到情报,说朝廷已派太监北来,将入王府逮捕"左右不法之徒"。北平文武守臣也接奉密旨,要求他们配合钦使太监,严密监视燕王的行动。事态再明白不过了,建文帝已决定削除燕藩,当下只有两种选择:束手被擒或孤注一掷反抗。

朱棣召集儿子与少数亲信将领,秘密会议讨论此事——其实他已决计起兵了。

密室里,气氛热烈而紧张,大家都很亢奋,但没人主动说话。朱棣眼望长子高炽:"你是世子,你先说说,该怎么办?"

朱高炽像平时一样,动作不急不慢,像一个恭谨的书生,未回话,先举手:"父王,朝廷对我们实在不公。"朱棣点点头,听他继续说下去。下面高炽讲了许多燕王尊奉朝廷、遵守礼法、并无逾越法度的情况,他讲得很慢,还时常停顿,似在仔细整理思路。他始终奄着眼皮,似乎怯于与父亲目光相接,所以没能发现父王眼里闪烁着不快。

"大哥,你在念经吗?"高煦不耐烦,催促迂腐的世子,"反不反,不就一句话的事儿!"

"孩儿以为,当上疏奏辩……"高炽终于提出自己的意见。

"那要朝廷听得进去才行!"高煦按捺不住,双手往膝盖上一拍,从座椅上弹射起来,打断世子的话,"难道被削爵的那几位皇叔,都是大逆不道吗?欲加之罪,何患无辞。朝廷拿我们当眼中之刺,必欲除之而后快,你辩不辩,不都一回事儿!"

“你听世子说完。”朱棣制止住急躁的二王子，“你说下去，世子，朝廷削藩，你我父子就当束手就擒吗？”

朱高炽已觉察到他的讲话与密室中的气氛难以融和，但一时之间，却难把话头收转回来，他有些结舌了：“白的黑不了，黑的白不了……父王以至诚事上，朝廷岂可……不以公道还我？”

朱棣明白了，他的长子是要逆来顺受，接受不管何种之命运。尽管世子的话很快被众将剑拔弩张、愤愤不平的喧闹所淹没，他也最终决意起兵，用武力反抗朝廷。但世子的态度令他十分不悦，他认为，作为长子兼继承人，世子没有在最应该效忠的时候表现出忠诚。

如今用兵危急，他竟然又和朝廷的密使勾搭上了！

这是朱棣看完黄俨情报后的第一反应。记忆和现实瞬间联成一条线索，驱使他相信，世子表现软弱，很有可能背叛自己。他怒火中烧，有那么一刻，甚至动了杀心。

幸而不久，世子派人将朝廷密使张安连同他所投的书信，一并押送来了。

自从在决意起兵的密会上讲了错话，朱高炽一直懊丧不已，他本是个敏感的人，而这种性格无形中加剧了他对父王冷淡的感知，令他两年多来痛苦不堪，拼命表现，力图挽回严重损耗的印象分。当锦衣卫千户张安被领到他面前，当着他的面从衣角缝里取出书信呈上时，他惊得几乎昏厥过去，仿佛每一个窗棂里都射进来父亲严厉的目光。父亲在外苦战，而他却坐在书房里一杯香茶地接见朝廷密使，这要传出去，跳进黄河都洗不清了。

“来人！”

他全身的肉被紧绷的神经勒得直哆嗦，一声令下，将张安以及引见人一索捆了，即刻押送到父王军前，听候父王处置。他是一个字不要听，一个字不敢看的！

那封由翰林学士方孝孺以建文帝的名义书写、已经皱皱巴巴的密信，被原封不动地送到燕王手中。

“好险诈的奸计！”朱棣拆开信，一边读，一边感叹。

信中以忠义二字做题，希望以此激励燕王世子朱高炽，促使他改旗易帜，归顺朝廷。建文帝向当年的小朋友保证，事平之后，即封他为燕王。方孝孺本为道学大家，此信探讨的又是他拿手的忠孝问题，是以行文慷慨，文气沛然，连石人都能感动得落泪。朱棣此时还不知道，他将来求方先生代笔写一纸登基诏书而不可得，为此大开杀戒，灭了方氏全族。此刻他并无心漫品文字，朝廷这枚重磅炸弹变成一发臭弹，被他捏在指间把玩。

“我父子至亲至爱，奸人尚且谗间，”他晃着书信，向两旁人道，“何况我与建文皇帝，分为叔侄君臣，奸人还不极力构陷吗?”

朱棣做出判断:这是朝廷的离间计，世子仍是我至亲无二的好儿子。

其实他不知道，这是一个双重的离间计，它为朝廷所发，而为老阉黄俨所利用，都试图达到离间燕王与世子的目的。只是建文帝、方孝孺与宦官黄俨，他们各自的出发点和目的都是不同的。

世子朱高炽幸运地挽回了父亲对他的信任，可是他却没法摆脱那些嗡嗡追逐他、中伤他、危害他、蜇他的马蜂们。

第三章　“清宫”突击队

就在朝廷离间计失败的第二年六月，朱棣亲率大军，向南实施“蛙跳式”突击，劲击千里，骤然兵临长江之北，南望便是帝都南京。

朱棣此举实是冒了极大的风险，他率领一支人数并不太多的劲旅，离巢南下，背后一路硬钉子未拔，如兵部尚书铁铉(本任山东布政使，因多次击败燕军而升授尚书衔)固守的山东会城济南、驸马都尉梅殷坚守的淮上重镇淮安。他这么做完全是孤掷一注，狼行而不顾后。

精于谋略、意志坚强的燕王并非忍耐不住三年战争的煎熬，决心拿命一搏，鱼死网破，或者犯了“左倾冒险主义”的错误，盲目制订饮马长江的狂妄计划。他做出这样的决策，基于两个重要的理由。

首先，是“朝廷空虚”的情报。

燕军情报来源非常广泛，除了大批探子像流星一样在南北穿梭，搜集各地粮米供应、军事调动、天灾地变等信息，俘获的官军、州县官员也是重要的情报来源；还有一些更具战略价值的情报，从朝廷内部泄露出来，主要来自两类人——燕王的同情者和政治投机客。

同情燕王的，以一部分宗室成员以及勋贵戚臣为代表，他们因为利益关系牵涉很深，对建文帝的削藩之策持有极大的保留或反对意见。几乎从燕王树起“靖难”大旗的那一刻起，这个与朝廷最亲的亲贵集团，即已发生分裂。

其中最典型的便是大明的头号功臣兼皇亲魏国公徐家。徐达的三个女儿都嫁给了朱元璋的儿子，其长女便是燕王妃。然而徐达的嫡长子，即第二代魏国公徐辉祖，却是建文帝的忠实拥护者，他甚至不避嫌疑，直接领兵与其姐夫燕王大军作战。他的弟弟都督徐增寿则倾心于燕王，当初建文帝对是否向北用兵举棋不定，是徐增寿向建文帝力保燕王不反，使朝廷低估了北平对削藩的可能反应。

长安道上从来不乏终南捷径上下来的投机客。这些人除了操兵而执两端的勋戚贵臣，再有就是一些较有权势的宦官。

从洪武初年以来，在太祖朱元璋的一手操持下，大明王朝建立起庞大的宦官之厦。得到皇帝特殊信任的阉人，不仅全面掌握皇城内的各项事务，还充当皇帝的耳目和使者，直接干预京城千里之外的地方政务乃至军事。

建文帝即位后，继承了太祖留下的政治遗产，其中就包括对内府“二十四衙门”的全盘接收及对宦官的广泛任使。由于建文初年政治动荡，建文帝对阉宦的倚信还有了一定程度的扩大。建文元年（1399 年）八月，奉朝命来到北平，入燕王府逮捕王府护卫官属的，就是朝廷内官。他们连同北平三司主官，一齐被燕王全歼，成为朝廷征燕战争的第一批殉难者。

当靖难兵兴时，几乎所有北方重镇，即便是亲王辖区，也都派有内官监军，或有作为钦使的内官来往于军前与南京之间。作为皇帝本人代表的各类钦差太监，承担着监视藩镇、传递朝廷使命的重大责任。

建文帝任用宦官,甚至成为叛王的口实。燕王在造反的宣言书中就指责朝廷"遣宦者四出,选择女子,充满后宫";建文帝"倚信阉宦,与决大事,凡进退大臣,参掌兵马,皆得专之,凌辱衣冠,虐害良善,御史皆被捶挞"。这并非尽为燕王的诬词。

随着讨燕战争日趋颓势,朝廷布设在北方的内官纷纷逃回。

我们可以举出具体的人名,例如辽东就有一个叫赵琮的内官,此人是永平府滦州人,洪武中选入内府,因为"小心缜密",得到长随的官职。他被派到辽东,曾随总兵官都督刘真,参加过对他家乡永平的进攻,失败后乘船从海上逃回南京,复入内府供职①。

朝廷所控制的一些重要的大城深堡里,也有内官作为朝廷的使者,监视地方守臣作战,甚至直接参与到军事行动中。他们中的一些人忠于朝廷,如在山东的内官胡伯颜,同铁铉一道坚持抗燕,即便在燕王进京称帝之后,他仍然在兖州等地展开游击战,阻截南北来往的使者,后为朱棣所擒杀——不要说太监一定都是"奸"的!

建文三年(1401 年)正月,燕军在真定击败马步官军三万余人,俘获监军(太祖用宦官监军)内官长寿。随着燕军在广大范围内攻城略地,俘获了大批"监军内侍"和"守城内官"。第二年四月,朱棣亲率大军向南展开长途奔袭,攻破了朝廷深沟高垒、极力固守的灵璧城(今安徽灵璧),所俘内官竟达四名之多!

朝廷征燕之战,颓势难挽,燕军愈战愈近,这使得众多的出使宦官被推到舆论的风口浪尖,特别是其中一些肆意妄为、具有劣行的宦官,被认为要对战败承担责任,从而掀起明朝建国以来第一次反阉的高潮。

建文帝迫于无奈,在建文三年十二月下诏,命"内官出使放纵"者,许地方有司械送到京处置。建文帝是被迫这么做的,然而这件事却被普遍视作建文帝"严驭"阉宦的主要证据,其实是本末倒置。

宦官出使暴横,由来已久。洪武中,一名姓鲁的宦官出差回京,经过江

---

① 见《明故神宫监太监赵公(琮)墓志铭》。

西弋阳县,他不知哪根筋抽了,忽然纵马于田,任意糟践庄稼。佃户不知他的身份,拿起锄镐,打伤了马腿。这个姓鲁的是个大奸之徒,他挨了打,并不发作,问明田主是富户周氏,就派人把所乘之马受伤的事告诉他,问他怎么办。周富户一听打了宦官,知道惹了大祸,只好花钱消灾,不仅赔了一匹马,更奉送了许多银钱。不料鲁阉饱掠而归后,还是把佃户击马的事,添油加醋地奏报了。朱元璋大怒,不分青红皂白,竟将周富户一家谪戍贵州铜鼓卫。

显然,没主子撑腰,阉人是没有那么大胆气敢如此胡作非为的。

阉人是骄纵惯了的。如今危如累卵的朝廷居然下诏地方官员,但遇内官奉使暴横、虐害士民者,即许擒缚送京问罪。这不等于太岁爷头上动土嘛!宦官们虽一时“夺气”,但不满之心遂生。俗话说,此处不留爷,自有留爷处,许多人开始“密谋推戴”挟战胜之威而来的燕王。于是有宦官密言于燕王,约为内应,请燕军直捣南京,天下可定。这是朱棣在建文四年突然不顾一切地向南冲击的重要原因,他执行的是捣巢战略,必在一击中的。

其实,经过多年的消耗战,“朝廷空虚”的状况并不待宦官泄露而后朱棣始知之。况且,朝廷不尽然为空虚,此时南京还有二十万的部队呢!《明史》等书那么说,过分夸大了宦官的作用。事实上,真正导致建文朝廷倾覆,不是宦官“密谋推戴”,而是掌握军权的勋戚将领的背叛。

朱棣虽然长期盘踞北方,但他不可能不知道,燕军所长者,在骑射与野战,一旦军锋进抵长江,这道天堑他将如何克服?难不成插了翅膀飞过去?自古北朝灭南朝的典故甚多,诗云“一片降幡出石头”,前一句是什么?“王濬楼船下益州”也!简单说,就是必须掌握长江的“制江权”。

对此,朱棣心中有底。他之所以敢冒这么大的风险,是因为他与负责江防、相当于朝廷水军司令的都督佥事陈瑄取得秘密联络。陈瑄答应,只要燕军铁骑一出现在长江江滩上,他立刻率所部水师反水,载运大军过江。

在朝廷危难之际,越来越多的投机客开始将注转投燕王一方。陈瑄这一注下得妙,他后来得到世袭平江伯的回报。卖一主,得二百年的富贵,这买卖划算不划算?

朱棣放眼南望，从北平直铺向帝都南京的高速公路已经开通，所以他抓住时机，在大雁北飞的季节，率领全部精锐，倾巢而出，凶猛地向南扑来。

北骑有了渡船，全军从瓜洲起航，击败老对头历城侯盛庸仓促拼凑的由运粮船和渔船组成的“联合舰队”，渡过大江，占领镇江。只用五天时间，燕军前锋已进抵南京城北的龙潭。

在这里，朱棣接见了建文帝派来求和的亲王、大臣，极尽能事地嘲讽了建文帝提出的“割地”条件，拒绝了任何退兵的提议。

又一个五天之后，朱棣的乘舆在千军万马的护卫下，出现在南京北门金川门。虽然燕军并无攻城的大型战具，京城高大的城墙却是一呼而堕：负责该门防守的谷王朱橞、曹国公李景隆未发一矢，即开门投降。

南京就这样轻易陷落了。

朱棣挥师进城，先在城楼上接受降臣的叩拜。朱棣往下一看，座下那一张张虔诚惶恐的面孔，大多认得，有些不久前还在讨伐他呢！好比那位昔日的征燕大将军李景隆——他是追封陇西王李文忠的儿子，论辈分是燕王的表侄——此刻正跪在第一排，紧挨着谷王，把头在城砖上磕得嘭嘭响。

朱棣对所有人都笑脸相接，一副不计前嫌的姿态。他先抚手慰问了十九弟谷王朱橞。这位同父异母的弟弟比他小二十岁，在四哥面前诚惶诚恐，一句话都说不出。李景隆与燕王年纪相仿，在朝做尊官多年，口词方面颇为捷迅，远比打仗有能耐。他见燕王与谷王握完手，向他转过身来，连忙俯身告罪，称过去兴兵犯驾，实为死罪，又恭维说，燕王进京，实为朝廷之福。作为曾经征燕的主帅，措辞非易，尤其是燕王此来，到底是将学周公辅政，还是取成王而代之，他也拿不准，这番话他已打好腹稿，留有很大的余地。

“大家都是亲戚，不打不相识，咱们也算相识一回。”朱棣的话像是打哈哈，不等对方咂摸出滋味，他已抛下还打算继续致辞的曹国公，兀自顺降臣的队伍往下去了。

下列是几位武将，都光着头，把摘了缨的盔夹在腋下。他们与燕王面生，地位又悬殊，不敢多吱一声，只把手叉了，尽量俯身垂首，显示无尽的恭谨。

朱棣走到一个下巴溜溜光的年轻宦官前，此人面貌年轻，身材高大。“你叫什么？”朱棣问时，将他上捧朝天的双手往下一按，示意他抬头。

“奴婢叫姚铎。”宦官答道，嫩皮的脸上泛着油光，一看就是个活泛之人。

“你是什么官？”朱棣问。

“奴婢只做得一个长随。”姚铎道。

“多大年纪？”

“奴婢洪武十九年生人，洪武二十五年进宫，侍奉太祖皇爷爷，从来小心谨慎，不敢有过……”姚铎语速极快，这一套念词像快板书一样蹦跶出来。

“你小子才十七岁！”朱棣笑着打断他的话，“你在城上作甚，也是来守城，打我的么？”

“万死不敢！”姚铎笃地跪倒，觳觫着说。他年纪虽然不大，但自六岁入宫，在洪武皇帝的后宫里，也算久经风雨，况且还替朝廷办过不少差使，他很懂得说话。

“王驾来了，朝廷命文武臣仆都上城候……候驾，奴婢在此，替王爷把着城门哩。”他语声低微，气若游丝，生怕燕王优容亲王、贵戚和大将，拿他一个小宦官出气。

“建文皇帝用些孩儿来抵挡我大军，能不败乎？”朱棣笑道，“你小子会说话，如此说来，你替本王守城还有功哩！本王升你一官，请你当奉御。”

姚铎大喜过望，连连叩首谢恩。

“谢什么！”朱棣大笑起来，长须被一口龙气吹得向两边飞撩起来，“有过者罚，有功者赏，这是你自个儿挣来的。”

两厢降臣听在耳朵里，知道燕王是借给小宦官加官，传话给大伙呢，个个心里五味杂陈，说不出的滋味。《都知监太监姚(铎)墓表》云：“洪武三十五年(即建文四年)，守金陵城，益尽勤劳，升奉御。”

燕王在亲信将领的护卫下,匆匆进入临时指挥部——金川门高大的三层箭楼里,随即传出令旨,让降幡下的官员们各归私邸,等待新朝的任用。城头上只留下谷王朱橞一人。

当姚铎杂在降官队伍里,从马道上走下去时,看见一名顶盔掼甲、征袍束带的将军在一群铁甲武士的簇拥下,快步走上城墙。此人年纪不大,虽然全副盔甲,腰挎长刀,但一眼可看出来,他也是一名阉官——"与我为同类也"。

姚铎早听说,燕王部下有许多宦官担任大将,想必此人便是其中之一吧。他不禁感到眼热心羡,对于未来,突然增加了许多信心——改朝换代了,好日子正长咧!

姚铎不知道,与他擦肩而过的,正是燕王心腹战将、特务头子刘通。

在靖难之役的最后一年里,刘通多数时间都随军作战,参加了东阿、汶上、小河、齐眉山、灵璧、泗州等战役,有胜有败,皆与燕王共之。五月里,他随驾渡过淮河,参与了盱眙、扬州、仪真等地的作战。过江后,复应燕王之召,参加了对南京的进攻。

燕王召他来,是有一项极其重要的使命要交给他,唯有交给他,才能令燕王放心。

当刘通走进金川门城楼时,燕王正从楼内的箭孔往南张望,见远方层叠乌蒙的灰色瓦脊后一道浓烟劲升到半空,那里显然有一片很大的火场。刘通在登城时已注意到了,他预感到燕王急召他来,应与此事有关,心中顿时感到沉甸甸的。

"那是皇城,看来皇帝老子要把自己烧死了。"

刘通步伐虽快,落脚却轻,他首先听见二郡王朱高煦在说话,还笑了一声。这位王子喜欢开玩笑,戏谑的口吻里经常渗出残酷。

昏暗的室内无人附和高煦的笑,刘通发现燕王脸色沉郁,不知他在想些什么。

"都准备好啦?"朱棣看见他,马上问。

"点齐了,一千马队,全在门洞里候命。人不下马,马不卸鞍。"刘通道。

朱棣点头,对诸将说:"你们立刻按布置,分头占领京城各门,对出入者严加盘问,不许一名奸臣逃脱。"诸将齐声诺道:"遵旨!"朱棣拿眉眼一扫,众将会意,雁行退了出去,唯有二郡王留下来。他抱着手,脸上挂着意味深长的笑意,对刘通说:"你要干大事了。"

刘通不敢接话,只把头低着,手心捏一把汗。

"你立刻率一千骑兵,去占领宫城。"燕王道。

刘通脑袋里重重一震,他所料没错,果然是这件事!

听燕王接着道:"你把四个门的防务接过来。我已经传旨,别部人马禁止一人一骑进入大内,逃出来的都给我搂住,不许放跑一个。"

"是,王爷。"刘通道。

"你进宫之后有两件事要你办,"燕王继续传令,"第一,把囚在西内的五王爷和七王爷①救出来,一定要保证两位殿下的安全。第二……"

不知是否因为紧张,朱棣在下达第二道指令时,忽然咳嗽了一下。刘通额角的筋同时一跳,他知道,棘手的任务正向他头顶砸来。

这件任务,必然是关于建文皇帝的!

不管王爷做出怎样的安排,刘通知道,他必须忠实地、毫无疑义地去执行;他同时也明白,不管他忠诚与否,都可能送掉性命。刘通深知宫廷政治游戏的规则,没有什么事是不需要付出代价的,他很可能成为"靖难之役"这场华丽的造反盛宴的最后献祭——一只遭万人唾弃的替罪羊。

"第二,你的任务是清宫。"朱棣郑重地吐出这几个字,平日浑厚的中音竟然变得混浊。

"清宫?"刘通重复了一遍,他希望燕王的指示更明确些。

"清理宫禁。"朱棣道,"现在宫里乱得很,你不要在别的事上耽搁,直接进宫,把后宫给围上,没有本王的亲笔,不许任何人进出。"

刘通浑身都在颤抖:"如果皇……"

---

① 分指建文中被废黜囚禁的周王朱橚和齐王朱榑。

“皇上一定死在宫火里了！”朱棣断然道。他肃然阴郁的声音，似乎让楼内光线变得更暗了，就连二郡王都没有作声。

刘通希望朱棣的命令更明白一点。对这道命令，他不敢理解有误或随意想象。

“建文帝上误宗社，下误苍生，本王进京辅政，他没脸觍颜来见，只好到地下向列祖列宗请罪去了。”朱棣一指箭窗之外，“那一把宫火，便是他自焚的烈火。”

光亮从锐角的箭窗里透进来，映照在燕王脸上，将他坚定的面容锐化擦亮。

“周、齐两位王爷一到，我即刻退出城，到龙江扎营。”朱棣交代道，“这道命令，我只向你一人下达，你有任何情况，也只许亲自向本王报告。”

刘通全明白了，燕王的任务很简单：上交皇帝的尸体！这任务简单，又异常艰难。如果皇帝不如燕王所预料的自戕或投身烈火，怎么办？那么还得回到简单——他仍然必须上交一具焦尸。也就是说，建文皇帝必须死，不死也必须弄死他，然后扔回火里去！

“奴才领旨。”刘通声音嘶哑地承旨，随即转身去执行命令。他的双脚平稳，可他却感觉踉跄得厉害。毕竟他才十九岁，这副担子实在是太重了。

当他走出城楼时，只见弟弟刘顺正站在门前游廊里向他招手。

刘顺比他小三岁，今年才十六岁。哥儿俩都是女真人，双双得到燕王的宠幸，并同时得到“刘”的赐姓。刘顺在十三岁时就因为“精骑射，以武力著闻”而为燕王亲自选拔，充任近侍宦官，并参加过郑村坝、白沟河、东昌、灵璧等多次大战，这回他也随驾渡江，占领金川门。

刘通重任在身，不敢接话，冲弟弟摇了摇手，疾步走下城墙。

他率领骑兵，纵马而行，头脑中一片空白，仿佛世界只存在骑士们的呼啸、千匹战马的轰鸣，以及天街上漫起的一道黄尘。一切都机械地进行着。他不敢想象，当他率领突击队攻到乾清门，建文帝一身朝服，手捧祭天的大圭出现在他面前，他将怎么做？一刀砍死皇帝吗？他狠狠闭了一下眼，不敢继续往下想。

然而他不怀疑，他定会毫不迟疑地那样做，即便他将终生背负弑君的罪恶感。或许，燕王根本不消他多虑，他，连同所有的弑君见证人，都将一起被除掉。而燕王这么做，也许仅仅只是为了抹去他本人的罪念。

无论是何种结局，刘通都不敢想象，他两颊的麻子发白，心想伸头是一刀，缩头也是一刀，管他三七二十一，只好咬牙硬做啦！

从紫禁城的北门玄武门进入大内，到处是惊乱的呼叫声和奔走的人群，一大块黑云低垂在燃烧的宫殿上，仿佛就压在人的头顶，空中落下的粉灰涂乌了本就灰暗的人脸。

当刘通率领几百名亲兵直冲到乾清门（乾清宫外的大门，入内便是后宫）时，宫殿的烈焰还在腾腾怒怒地往上冲，洞开的大门里不断有宫人逃出来，惊慌失措，就像火场里乱窜的老鼠。刘通下令将他们抓起来，经讯问得知：京城失陷后，建文帝异常绝望，命人送出皇子，随后与皇后一起在宫里引火自焚了，同时投火的还有几名妃嫔和宫人。

刘通顿时长长舒了一口气，立即下令救火，并将所有被捕的宫人严密看管起来，仔细查验，以免建文帝和他的皇子化装逃出。

火势很快得到控制，后三宫主要是乾清宫烧塌了半截，由于及时地拆除了大部分穿廊、游廊和倒厦，阻绝了过火通道，使得大火没有继续蔓延。待大火稍熄，刘通立刻组织士卒，冒着飞溅的火星，进入火场寻找帝后的遗体。

倒塌的屋架横七竖八，昔日尊贵之人，被钩子扒拉出来时，都成了漆黑的一块焦炭。

乾清宫内外一共找到二十余具遗骸，只有几具还能辨出男女，多数已被烧得只有婴孩大小，仅仅看得出人形，许多尸体紧紧交缠在一起，堆成一堆儿。有人在一具焦尸的腰下发现一块镶金镂雕的玉佩，马上哭号起来，说这就是皇帝——

"万岁爷驾崩啦！"

建文帝的死讯被以最快的速度呈报给燕王，并立刻哄传开来。燕王得了确信，立马不做周公了，接受百官“劝进”，开始紧锣密鼓地准备登基大典。

一日一夜，大内的秩序已经稳定。刘通在重新检查了前朝三大殿的安保，并亲自安排了燕王在武英殿的临时居所后，便快马飞奔，赶赴城北的孝陵，去见燕王。

朱棣正在太祖皇帝的陵寝举行祭祀大典，这是他接替侄儿建文帝大位前，必须履行的一道“孝”的手续。刘通一到，他立刻在更换礼服的斋宫里宣诏接见。朱棣对建文帝之死感到满意，但对那具焦尸是否属于建文帝本人，略感不安。

新皇帝在好几名近侍和宫女的帮助下，穿好全套祭服。他拧紧眉毛想了想，还是觉得不放心，担心建文帝弄了具尸体丢在火里，自己金蝉脱壳。他低声叮嘱刘通，要外松内紧地追查建文帝的下落，尤其是加强对建文帝身边亲信宫人的审讯。

交代完，他把这件脏活儿扔给刘通，自己则在百官的簇拥下，冠冕堂皇地上太祖坟行礼去了。然后他坐上群臣备好的法驾，捧着天子宝玺，在震天的高呼万岁声中，进入京城，于奉天殿登上皇帝之位。

刘通在朱棣登基后，被授予尚膳监左监丞的官职，以后多次随皇帝北征，一直做到直殿监太监。

他的秘密功绩，朱棣没有忘记，特在北京赐了他一所宅邸，还赏给他一个姓王的女人，帮助他处理家政，奉养老母。有了老婆的刘通感激涕零地说：“恩至厚也！”

这件隐秘而动人心魄的任务，刘通生前不敢对人言。在永乐皇帝死去十一年后，也就是宣德十年，当“随驾肃清内难”的靖难功臣刘通去世时，他叮嘱后人，在他的墓志里一定要记下八个字：“平定金陵，肃清宫禁。”他不希望后人忘记这件揪心扯肺的传奇往事。

第四章　宦官的选择

建文宫中的旧人，在燕王入京后，有如邪神压顶、灰飞烟灭的，也有如福神降临、欢天喜地的。各自迎来不同的命运。

刘通奉密旨"清宫"，建文帝生前亲信无不遭到严刑拷打，打得浑身血肉淋漓，好逼出建文帝下落的"真相"（关于建文帝生死的真相，请见拙作《大明王朝家里事儿》第四卷《建文帝的生与死》）。毕竟那时没有 DNA 检测技术，乾清宫里那几具焦得不成人形的尸体难以验明正身，新皇帝肚皮里的嘀咕鬼未免骚动难安，生怕那其中并没有侄皇帝，而是他的"龙蜕"——中了亲亲侄儿的金蝉脱壳之计。

朱棣全盘接收了建文帝的后宫，除了"先帝"的亲信宫人必在铲除之列，其余的还是给出路，鼓励他们好好表现，在改造中求得新生。朱棣在后宫进行了严格的政治甄别和审查，将宦官分为如下两种类型：

第一类，是居于金字塔底、人数最多的广大阉人群众们。他们被称为"小火者"，多在内廷执贱役，干些洒扫、搬抬、端屎盆子的低贱活计，或者刚刚戴上帽子，悬带乌木牌（头戴帽、腰挂牌，是小火者们稍稍出人头地、当差管事的基本待遇），担任一些小小的职事，被称为"内使"（还没有进入官儿，即"内官"的序列）。他们是宫里的基层群众，离"天"太远，与前朝瓜葛甚少，不必接受审查，随便填几张表格，在集会上喊几声万岁万万岁的口号，表示一下效忠，就可以过关，该干吗干吗，领薪吃粮。

第二类，是各监、局、司、库管事内官，包括各监太监、少监、监丞、奉御、长随及各局正副使、各门门官等。他们在建文宫里原各管着一档子事，或者经常领差外出办事，属于"握印把子"的角色，不是风生水起，就是有些风色的人。对他们的考核要严得多，其要害在于，是否与建文帝发生某种关系。如是，皆属政治上的污点，当记入档案，其人不可再用，或者退闲，或者贬斥到陵寝和冷局当差。

这一类人中的大多数，其实都是循例升转，与皇帝本人的喜恶并无干系。即便如此，也需要经过政审，在审查期间，本人或退居外宅，或暂时回家，但仍保留他们作为内臣应得的政治、经济待遇。那时谁家供养出一个宦官，其家庭对国家所承担的徭役负担即可免除。一旦审查合格，内官监盖了大印，重新获得委任状，就表明过关了，可以继续在内府供职。

比如在建文时曾参加过辽军对永平的进攻、失败后脱离军队从海路逃回南京的长随赵琮，他在审查期间被停了职，被迫离开南京，回家乡永平府滦州"省视"（省亲），其实是一种"休假式疗养"：不过关，不准结束休假！

所幸审查很快结束，赵琮顺利过关，他以往的"劳绩"（当然是侍奉太祖朱元璋，而非建文帝）得到承认，"复奉敕取回京"，并升任奉御，专掌御酒房，不久又升作尚膳监右监丞，在永乐皇帝北征时，还随驾供应酒醴饮食等。显然，他获得了新主人的完全信任。

这样的人还不少。比如内官监太监沐敬，他在永乐末年已是太监中的头面人物。我们简单讲一下他的故事——

永乐年间，朱棣数次兴兵征胡，然而御驾亲征，名誉好听，皇纛好看，可是战绩并不可观。而兵马未动粮草先行，调动十数万的部队，供应粮饷器械的民夫以及骡马驴车往往要数十百万，均从民间强行征调。朝廷搜刮聚敛起来的、山积一般的资财，一次用兵就能消耗精光。动一次大兵，已然不堪，何况朱棣乐此不疲，频频北征，还同时进行了下西洋、营建北京等一系列开支浩大的工程，给国家财政和百姓生活造成沉重的负担。

朱棣不是个从谏如流的人，他性格偏狭，刚愎自用，特别是晚年多病，又服食丹药，性情暴躁，不可捉摸。对他的好大喜功、穷兵黩武，即便是亲近的臣子，都不敢置一言相劝，否则将有性命之虞。

永乐末年，朱棣的身体已经很不好，仍坚持亲自统军出塞。老臣户部尚书夏原吉仅仅因为表示了对粮饷供应的忧虑，就遭到暴雷一般的打击，被关到牢里。朱棣还恨恨地说："待我凯旋再处置你。"

然而这次草原行军，同前几次一样，大军在广漠搜索久之，四十余天都没看到虏骑的影子，将士已相当困怠，粮草更是接济不上。可朱棣坚持继续进军，随驾大臣稍示不安，即遭到锁项的惩罚。随驾在军的沐敬，见皇帝在接见众将时勉强装出强直的样子，可一退回寝帐，就忍不住剧烈咳嗽，浑身颤抖，显出不能久持的馁态，内心十分焦急。

沐敬和太监马云（他是内官监排名第一的太监）、御马监少监海寿等人商议，说："大学士杨荣、金幼孜都不敢谏，我等是内臣，扈驾从征，不可不谏。不谏非亲臣忠诚之义。"——瞧，这可是太监说的话，凛然正气，直压名臣，有没有？

马云和海寿都是朱棣潜邸[1]出身，与之相比，沐敬是个"外人"。原来，沐敬是建文后宫的人，到永乐年间才发的迹。显然，论与皇上的关系，马、海二人更亲近，但他们都很犹豫，生怕多嘴，惹动圣怒。海寿就说："万岁爷圣明，自有主张，何须我等置喙。况且，圣意难测啊！"

沐敬见他们都不敢说话，就一个人跑到御帐，跪求皇上退兵。朱棣果然听不得意见，骂道："反蛮敢尔！"孰知沐太监竟是一位强项令，他居然仰起脸，徐徐应道："不知谁是反蛮？"

朱棣骂沐敬"反蛮"，别人不谏，你来谏，你是要造反吗？不料这阉官吃了熊心豹子胆，居然敢顶嘴，对"造反大王"起家的皇上说："不知道谁才是反蛮？"——这不找死的节奏么？

朱棣大怒，即命左右，速将沐敬绑了，推出辕门砍头。沐敬被捆作一只大号的粽子，仍然呶呶不休，说退兵的好处。

沐敬言语不逊，碰到疯狂的病虎，还不"齑粉万死难赎"吗？可朱棣竟然被他苦谏之态打动，回心转意了，叫人给他解缚松绑，还感叹道："若我家养人皆如此，何忧不治！"

沐敬骂皇帝是反贼，居然得以不死，这是何故呢？明人姜清在《姜氏秘史》中说："（沐）敬亦与谋者也。"揭秘说，沐敬是当初建文宫里给朱棣透露情报的"无间道"，朱棣因忆起他的功劳，才饶了他一命。

---

① "潜邸"，是指皇帝登基前的府邸，"潜邸出身"一般用来指皇帝的旧人。朱棣的潜邸，自然是燕王府了。永乐时代的大太监，多是潜邸出身、从小侍奉燕王的宦官。

明末焦竑编的《国朝献徵录》里收有沐敬小传，讲的就是这个故事。传记说沐敬“建文时入禁中，貌魁伟，敢慷慨直言”。沐太监对篡逆者敢直言、真慷慨，我们已领教了，然则他在建文时，是不是也一般无二的“慷慨直言”呢？

第五章　太监使团

建文四年（1402年）六月，燕王朱棣披上龙袍，登上了魂牵已久的金銮宝殿。燕藩阖府搬到南京，原王府承奉司承奉正黄俨，也随主子升了一级，坐上了司礼监太监的宝座。

要说宝座，此时的司礼监还算不上“第一宝座”。虽然司礼监掌管着御前奏札文档，在皇帝处理政务时，帮办一些笔墨文书，算是“近御”的“阉秀才”，但若论洪武、永乐年间的内府第一大署（衙署之署），内官监仍是当仁不让。

或者这么说，宣德以前的内府“二十四衙门”，权力最重的，还是全面掌管内府庶政的内官监，宦官中权位最重的是内官监太监，相当于外朝的中书省；而司礼监由于在御前行走办事，帮助皇上处理机密文书，并掌管对内监督的职责，相当于在大内当值的秘书省和内御史台。

黄俨出任司礼监太监，显示了他作为皇帝最为亲近的内臣的地位。

皇帝的亲信，往往都有一个别号：佞幸！黄俨的身份，在本质上正是一个佞幸。不幸的是，古人一说起佞幸，还有一顶帽子的添头：小人！

佞幸＝小人

这是一个简单的公式。在中国的古代和现代，这类异常简单而好用的公式，多得很！其运算的结果就是历史人物的粗放式归类：红的红，黑的黑，界限分明，永远掺和不到一起去——所谓“眼里不揉沙子”，还都是终身制。譬如好汉杨子荣，就是落在匪窝里，也是风纪扣紧扣、胸脯子挺拔，二十四响盒子炮打得都比座山雕响亮!

此话长矣,且先打住,还说那黄俨黄太监,若谓此人是永乐朝的佞幸兼小人,倒不冤枉他。

佞幸既然是皇帝耳鬓厮磨、两小无猜的好朋友,经常促膝长谈,同榻而眠,他们与皇帝最交心了,差不多等于皇帝的男性闺蜜(可不一定是基友)。自然皇帝有什么不可告人的心事,就要托好朋友来办。

看官试想,你与亲密好友欢聚快谈时,满桌佳肴,香烟缭绕,觥筹相错之际,会谈家国之事吗?快播与快谈,都不可太正经的。喷着酒气的嘴里,最好的话题就是女人。孔子道:“食色,性也。”——两样儿算是凑齐了。

朱棣在后宫炼完丹,一股阳气上升,无论怎么推拿,都回不到丹田里去,自然而然地,便“阳举”了。黄俨侍奉在旁,见龙裤突然隆起一大块,嘿嘿笑道:“万岁爷在想一个叫春的地方了吧?”君臣相得,只在意会,朱棣大笑起来。

黄俨就跟朱棣讲:“想前代元朝时,后宫佳丽,多为三韩女子,最得元帝之宠。就是太祖爷爷,灭了元朝,也颇喜韩风,后宫庶妃中,高丽女孩不少,多是国色天香,与中原女子相比,别有一番风味。”

“别有风味?”朱棣笑得更厉害了,“老黄,你倒知味了!”

“奴才打个比方。”黄俨在朱棣面前说话,并无太多顾忌,向来是古代忠臣的直言派头,区别是他越“直”,皇帝越喜。“好比宫里吃肉,都是尚膳监供应,上林苑里猪羊遍野,京郊民户代养的也多。万岁爷为何还要亲自出猎,打几头野味?难道是因为宫里的肉不够吃吗?”

“他妈的,刁奴才!”朱棣一抬手,把黄俨头上戴的真青绉纱圆帽打歪到一边,“你敢把妃主子比作猪羊?”

“话糙理不糙。”老黄俨嘿嘿笑着,将帽儿扶正,“万岁爷您说野味好吃不好吃吧?”

“好吃!你娘的让我去朝鲜打野味?”朱棣和黄俨说话,三句话必带一脏字,这是他俩的亲热劲儿。

“万圣至尊,岂可行此等之事?朝鲜那下国,又岂是天子重足所能轻践的？”黄俨谄笑道，“奴才愿做皇上行猎之犬，皇上只管——射，奴才替皇上去把野味叼回来。”

“娘的，老子现在就拉满了弓，急得要射不行！”朱棣把裆间山峰一指。他的毒气上来了，一时是难下去了，非得找个地儿喷出来不可。

“那您家味先吃着，奴才立马起身，帮您去找野味。”黄俨说时，把所穿曳撒前摆一撩，他感觉那底下很空虚，自从他幼时失去了它，从此以后，就是地球一万年剧烈的造山运动，也无法再拱起一座新的雄丘。这令他沮丧，却不妨碍他以此间乐事取幸于阳气升腾的皇帝。

好了，看官！以上文字纯属在下的戏笔与想象，总之朱棣想尝三韩的“野味”，必然派心腹太监去给他办，两人私下密议，大概也就是这么回事吧。看官鉴之！

黄俨已经去朝鲜实地考察过一次了。

不过永乐元年（1403 年）春天的那次，因为皇上登基未久，正在招徕万方，一心向属国示好，希望朝鲜不嫌其篡逆，尽快来朝，暂时还不便提及女孩子的事。

永乐元年春节刚过，黄俨就接奉上旨，命他为正使，出使朝鲜。与他同行的，还有武臣都指挥高得、文臣通政司左通政赵居任，以及曹天宝、朱允端、韩帖木儿三个宦官，其中姓朱的和姓韩的都是朝鲜籍，是在洪武中进入明宫的。阉人在元代及明初，是朝鲜（高丽）①、安南等藩属孝敬天朝上国的一种特殊贡品，最后一批小阉童来华，是在宣德年间。其后，大明王朝就不再向属国征索这种“人贡”了。

朱、韩二人听说朝廷要遣使朝鲜，花钱营求，得到随使臣返国省亲的机会。

看官不要以为这两个无根之人想念家乡的爹妈，是以亟亟。其实不然，他们既肯花钱买到这次机会，就把归省当生意来做了，不得到高额的利

① 朝鲜王国，由李成桂建立于洪武二十五年（1392 年）。之前是陈氏高丽国。

润回报,绝不罢休!

四月初,太监黄俨一行携带赐给朝鲜国王的诰命、印章及敕书,抵达朝鲜王京汉城(今名首尔)。在属国君臣的心目中,大明是“天朝”,大明的使者不是一般的使节,而是“天使”。朝鲜接待天使的规格很高,太宗大王亲自驾临太平馆宴请天朝使臣。

一顿“国宴”吃完,太宗大王面带微笑,与黄天使等揖别,然而回到宫里,忍不住把一肚皮不满宣泄到日记里,写道:“天朝宦官黄俨等举止无礼,吾意实不惬,促宴而罢。”

吃完饭,黄俨还想活动一下,遂向太宗大王提出,要“观猎于南郊”。名为观猎,实为考察朝鲜军队的战斗力。国王有心显示一下国威,便命义安大君[①]李和等,率军千骑,在王京的南郊,云卷云舒,潮起潮落,几番纵来横去,猎获许多獐子麃子、兔子鸡子。黄俨坐在议政府(相当于宰相府)在汉城南门外布设的帐幕中,拊掌大笑道:“骁勇哉,朝鲜武士!”

次日,国王在宫城内的无逸殿,再次宴请使臣。黄俨与曹、朱、韩几个宦官先到,提出来要谒见王妃。因为他们都是内臣,国王不便拒绝,便问妃子当如何答礼。朱允端为讨好国王,抢着道:“使臣拜谒时,妃子将手举起,身子稍微弯曲即可。”国王道:“妃子不习此礼,予欲行本国之礼。”黄俨马上称“好”!于是在谒见朝鲜王妃时,兴致勃勃地观赏了朝鲜宫廷的答拜礼仪。

朝鲜人曾偷笑中国礼仪又蹦又跳,像是多人舞蹈,而在天朝“观众”眼里,朝鲜礼仪也浑似一种怪异的戏剧舞蹈。黄俨瞧着新鲜,竟当着国王和王妃的面,嘻嘻哈哈笑起来。这是非常失礼的,太宗大王满腹不高兴,但是没有表现出来,仍依朝鲜之俗,给黄俨等人行了“茶礼”,并设宴款待。

但国王的不快,还是在席间不经意表现出来,他举箸端杯,都只望文官赵居任,根本不拿正眼扫一下正使黄俨,还有那个同样举止倨傲的宦官曹天宝。四个宦官里,唯有朝鲜籍的朱允端和韩帖木儿较为恭顺,对国王百

---

① 大君是国王嫡子的称号,庶子则称君。

般讨好。

黄太监是多么精明一个人啊，他见国王对他冷淡，心中不爽利，脸上便露出不平之色。恰好这时进“抛球乐”，席中气氛稍微和缓了些。

这抛球乐既是礼仪，也是宴饮中的娱乐，大致来说，将座中宾主分为两队，由侍宴的伎者投球，看谁中的多，谁便取胜，输者罚酒。朱、韩二人马上闹哄哄地表示，要跟国王一队。太宗大王笑道：“小王并不入场抛球。天使请看，我们席分东西，皆有歌伎侍酒，请她们代为抛球决胜，你我宾主只需旁观喝彩则可。”朱、韩二人略觉失望，只好拼命鼓掌。

说话间，伎者已决出胜负，东边一队投中四球，西边无一中者。黄俨开心极了，对国王道：“我这边都中了，国王那边为何一个都不中？”太宗大王笑而不答。黄俨心情忽然转好，他本是豪饮的量，吃着异国的美酒，嚼着令人胃寒的冷食，频频举杯，邀国王同饮。

太宗大王接连饮了几大觥，有些不胜酒力，满面通红。另外几位天使也都殷勤上寿，劝国王多饮，唯独左通政赵居任自己饮得少，酒只略略沾唇，也不劝酒。黄俨促他：“赵大人，你来到朝鲜宝地，为何不敬主人一杯？”

赵居任是一个须鬓皆白的长者，他听了黄俨的话，面无表情，淡淡地道：“己所不欲，勿施于人。”

黄俨不快，但不便发作，便将酒杯一蹾，满脸写满“不高兴”三个字。

太宗大王怕使臣间闹出不愉快，忙打圆场：“圣天子即位，命大人驰驿万里，来锡诰命印章，我子孙当与皇孙共享富贵于千万世矣。虽不劝酒，我何敢辞！”举起杯来，与赵居任遥碰了一下——今日戏称“打电话”——然后先干为敬。

赵居任高擎玉露，对国王道：“愿大王常存此心。”亦满饮了一杯。

当天晚上，太宗大王在日记中写了与谦谦君子赵居任饮酒的快感：“极欢而罢。”而对朝廷派宦官来充任使臣，颇为不满。

其实宦官出使外国，自洪武时即为惯例，不过建文中朝廷不再差派阉人。不想永乐皇帝一即位，又派阉使来了。朝鲜君臣对永乐的篡逆，在本心上是不齿和恶评，但迫于形势，不敢有任何的违言，对于倨傲的使臣黄俨、曹天宝，也是勉为应付，不敢触发其怒。相形之下，在阉官与文、武搭配的使团中，只有文官赵居任显出天朝使臣应有的本色。

过了一天，黄俨派朱允端来问安：“我等前日大醉困甚，不知国王可安否？”太宗大王派人答礼道：“我亦困甚，未能出见，殊失礼意。”并赠送使臣衣帽及靴子等物。黄俨等人欢喜地受了。

但黄俨还嫌衣帽不够鲜美，对通事（翻译）道：“国王御厩里好马成群，何不送我一二匹？”那时朝鲜有三位王，除了现任国王太宗大王，还有一位“老王”，即国王的父亲、朝鲜开国之君太祖李成桂，以及“病王”，即国王之兄，因病退位的定宗李芳果。黄俨知道这些情况，故意道：“老王与病王要是各赠我好马一匹，凑起来，就有四匹了，多好！”他假意嘱咐通事官，教他不要把这些话告诉国王。赵居任在旁听了，叹息不已，觉得这些宦官在属国的所为，极尽丑态，太有损国体！

但太宗大王对黄俨的要求却别有一番心思。原来太宗名叫李芳远，是太祖李成桂的庶第五子，无论按伦序，还是依嫡庶，皆与王位无缘，但他通过两次“王子之变”，先后胁迫其父太祖、其兄定宗退位，才得以登位。所谓老王与病王，都被他软禁在宫里。这些李芳远自然都瞒过了朝廷，只说两位大王都是主动退位让贤，才顺利得到大明的册封。如今篡位登基的永乐皇帝，第一次差人来出使，竟问起老王、病王，其意何在？

李芳远召亲近大臣密议，众人一致认为，黄俨索马是假，借两王为题，警告、威胁大王为真！如果大王对新朝稍示不逊，永乐帝恐怕就要追究他擅自废立的责任了，那时，恐怕国难就要来了！

李芳远深以为然，幸好宦官尚利，他决定以利饵之，先堵住黄俨之口。于是亲自来到太平馆，给每位使臣送上良马二匹，以后又多次赠送马匹，以及朝鲜土产黑麻布、白苎布、人参、花席等物。

国王的慷慨激发了宦官更为强烈的物欲。黄俨得陇望蜀，竟然嫌所得之马中有一匹不属于上马，要求更换。李芳远慨然应允，下令替他换了一匹。

而不管朝鲜所赠何物，使臣中唯赵居任始终一物不受。他向国王解释道："过去奉使贵国者，皆年少之辈，沉湎酒色，以辱朝廷，故今使老臣来也。"赵居任讲的是"老臣"的好处，却没讲朝廷以宦官为使的坏处。其实赵居任所忿亦不在"年少之辈"，而在人格卑污、狐假虎威，却乃充朝廷正大之使的阉奴。

赵居任对太监黄俨等人的举动非常不满，但因为他们都是御前红人，他也不敢多言招祸，只能一方面努力自持，以显一己之节操，一方面随事以理劝喻。譬如黄俨、曹天宝、高得向国王提出，要去朝鲜著名景点金刚山游玩，赵居任便问黄俨："君辈为何一定要看此山？"黄俨道："金刚山形如佛像，故欲见之。"赵居任道："山成于天地开辟之初，那时佛还没生呢，说山生来似佛，岂不荒唐？"

此言极有理，可对于一心溺佛的黄俨，丝毫起不到棒喝顿悟之功，他们几个还是乐颠颠地出游去了。赵居任唯有叹息而已。

而宦官之间，为了朝鲜赠物不均，还大起龃龉，公然在外国闹出不愉快。

事情的起因，还因为国王替黄俨换了一匹马，引起曹天宝的不平。曹天宝是啥来路，不是很清楚，但他能够担任副使，想来也非泛泛之辈。他因为嫉妒黄俨，心里早憋着一口气。从金刚山回来后，国王设宴为他们接风，席间黄俨的情绪非常好，还亮出包扎过的左手食指，晃给国王看，面带得意地说，他在金刚山"燃指供佛"了！

黄俨这回出使外国充任正使很是快活，逢酒必饮，饮则大醉，焦黄的老脸总是红扑扑的，仿佛返老还童了。此刻他见曹天宝攥紧酒杯，眉头深锁，似有不快，就劝他多饮。谁知曹天宝竟当着国王的面道："满案七十二器，无一可食者。"黄俨明白他是冲自己来的，登时大怒，也不顾礼体，斥责道："国王诚心馈汝，汝言如此，与犬马无异！"大骂曹副使猪狗不如。曹天宝当众受到羞辱，虽然内心对黄俨不无畏惧，但酒气一冲，火气还是冒出来，当即喧口回骂，并说："我也是承皇帝之命而来，你凭什么敢辱我！"说到极愤处，顺手将帽儿摘下来，掷在黄俨脚下，仿佛说：咱受够你了，今儿一定要出口气，大不了官儿不做了！——他这是在沉默中爆发了。

大明的两位使臣，剑拔弩张，脖筋暴突，几乎要在国宴上互殴起来。朝鲜君臣见状，急忙劝解。黄俨恼羞成怒，连连顿足道："此儿安足数哉！"

都指挥高得心知他俩实为分赃不均起哄，就对通事曹士德道："看这样如何，赵通政不是不要那些东西嘛，贵国又不好拿回去，不如就分给正、副两位天使，让他们消消气吧。"又道，"皇帝派我们来，是因为我们都是近臣，让我们借这次出使受贵国些好东西。贵国就是再多赐惠，也是不拒的。"曹士德问："赵通政为何不受？"高得道："赵通政他是个儒者，当然不受啦。他不要的，送给咱们算了。"

瞧，阉人与武臣，皆是这般无耻，被朝鲜人一笔一笔记在《李朝实录》里。

五月初，天使要回国了，李芳远在迎宾馆为他们饯行，他心知黄俨等人性贪，乃尽力贿以金帛财物，送给黄、曹二人马各一匹，细白苎布、黑麻布各十匹，同时以"太上王"李成桂和"上王"李芳果的名义，分别赠给使臣黑白布五匹和二匹——这便是属国的篡逆者对天朝的篡逆之君耍的小心眼了。

赵居任仍是坚辞不受。就是左政丞河崙以私人名义赠送人参等物，他也拒而不纳，道："我不受殿下之赠，反受国卿之赠吗？"赵居任此行，仅仅"收获"了纸张数刀。他是文人，对国内十分难得的高丽纸十分宝爱，后来他用这些精美的好纸印制了自己的诗集。

大明使团归国了，但朱允端和韩帖木儿并未同行。他俩得到国王的特许，回乡访亲问友，拜谒先人之坟，此时还未回京。等他们回来时，李芳远不惜屈尊，亲自到崇仁门外"迎慰"，又从朱允端之请，给他亲族六十余人都封了官，并且特事特办，命司宪府、司谏院、吏曹、兵曹等部门联合办公，将朱太监亲族应得的"告身"（官员身份的证明文件），以最快的速度署印落实；还应二人之请，将他们的故乡林州和金堤的长官，在官品上皆高配一阶（做这种人情，无非是请地方官多看承照顾他们的乡党族人），以表彰其乡梓为天朝培养了一位如此优秀的太监。

李芳远如此给"本国之阉"面子，除了朱、韩二人如今都是明朝后宫的宦官，在天子身边效劳，还因为他二人此次出使，对国王非常恭谨，很给国王面子，李芳远当然得对他们的恭敬孝顺大加赏赐啦！

永乐皇帝向朝鲜派出的第一个外交使团，以宦官为主，在朝鲜可算是大饱欲壑。以后再遣使朝鲜，任用宦官担任使臣，便为惯例了。

第六章 “采花”天使

朱棣即位后，加强了对东西两边（辽东与甘肃）的经略，在永乐初年，先后派出太监刘顺（刘通之弟）和王彦（王狗儿，黄俨义子）出镇辽东，并差出大批宦官，到关外活动。在北方大镇的经营与开发上，宦官渐居于主导地位，其中最为典型的例子，便是都知监太监亦失哈率领船队和大批军士，直抵松花江和黑龙江流域，在东北的极边建立奴儿干都司。

与明朝辽东接壤的朝鲜，顿时感到前所未有的压力。

对于大明的属国朝鲜来说，最主要的敌人是北边的女真人与南边的倭寇，称之为“北虏南倭”。但如何处理与大明的关系，也是一件错综复杂的事情。虽然自朝鲜立国，即确定了尊大明为宗主的国策，但由于两国壤土相接，在部分地区还存在领土纠纷，所以朝鲜既对大明表示尊重，在对明关系上主张“至诚事大”，但同时也保持着一定的防范心理。

当昔日镇守北平的燕王即位后，立刻升北平为北京，对东北地区的军事渗透和控制明显加强。对此将如何应对？朝鲜感到颇为棘手。

这时太监黄俨奉诰命来了，一些大臣向太宗大王李芳远进言：“黄俨，是皇帝宠幸的宦官，如果请他代为奏请，使我国世子能娶到大明公主，则将为我国之幸。”

在元代，高丽王室与元帝长期联姻，元朝皇帝有一半的高丽血统，这使两国保持了非常紧密的联系。典故是现成的，李芳远一数，便觉得这是个不错的选项。于是在接见黄俨时，将这个想法告诉了他。黄俨立刻道：“何幸、何幸！”表示将奏明皇帝，成此好事。

可黄俨奉使再来时，一个字也没提及此事。李芳远不便打听，想来不会是黄俨健忘，一定是永乐皇帝不同意，将此议否决了，黄俨只好闷了嘴儿，回避这个话题。

李芳远想此事是自己主动提起来，却不想热脸贴个冷屁股，忒无面子，很后悔当时举动仓促，便也不再理会此事，为世子择定了前总制金汉老家的女儿。

永乐五年(1407年)六月，黄俨又来了。李芳远想，当初是他亲口向黄俨提的婚，虽然没有得到回应，但如今世子已经订婚，却不可不知会他。可是话怎么说，必要动些脑筋。最后李芳远派右军同知总制李玄给黄俨带话："皇帝待臣(李芳远)甚厚，臣欲亲自上京朝谢，但不敢委弃国事而不顾。世子年已稍长，且已娶亲，欲令世子代臣朝见。"在奏请派世子上京陛见时，捎带着把世子订婚的事说了出来。等于向黄俨通报，先前联姻帝室的请求不再作数了。黄俨也没别的表示，只是道："甚善。"——好得很！

此事被检校汉城府尹，即王京汉城的地方长官孔俯知道了，他秘密地对李玄道："世子今将入中国朝见，若先行吉礼(指婚礼)，似为未便。我听说帝女公主未嫁者有二三人，倘若我朝能够联姻帝室，虽北有建州之逼，西有王狗儿之戍，何足畏哉！"他仍建议推动两国联姻，使朝鲜从中获得实际好处。

李玄认为孔俯之议有理，遂一同去找王妃的父亲，也是世子的外祖父骊兴府院君闵霁，希望取得他的支持。闵霁态度模棱两可，推说："这不是我该知道的事情。"

孔俯只好去找参赞议政府事赵璞、刑曹参议安鲁生商议，这两位都表示赞同。李玄道："我们去找黄天使，这么对他说，曩因多事，误传殿下之言，世子实尚未订婚。"这明显是欺骗天使。虽然众人觉得，世子如果能娶一位明朝公主，对朝鲜最有利，但一则世子实已订婚，再则国王也放弃了结婚帝室的想法，还是应该先做通国王的工作。于是他们再去找老国丈闵霁，希望能走后妃路线，说服国王。可是闵霁不同意，而国王身边的近臣无咎、无疾也道："此事未敢启达。"认为此事太过敏感，不敢过问。

可孔俯等人反复相劝，言之不已，闵霁没办法，只好把球传出去，他让赵璞去听听老臣左政丞河崙怎么说。没想到河崙对此大加赞赏，对闵霁道：“若得大国之援，同姓异姓，谁敢作乱？乱臣贼子，何由作乎！前朝大元公主釐降我国，百年之间，内外无虞。世子能娶一位公主，那是再好不过了。”

河崙让赵璞与参知议政府事郑矩，去找领议政石璘和右政丞赵英茂商议。可是宰相石璘打起太极，他道：“我老了，不再参议国家大政，今于此事，何敢独断！”赵英茂则称：“上意已定，何敢复有他议？”这两位虽然都表示不愿参与，可也没认真反对，更没有将此事告诉国王。可见在廷大臣对于和明朝联姻，多是乐见其成的。

正当一些大臣背着国王私下活动而议论未决时，他们的密谋被国王知道了。

世子如果能娶到一位明朝公主，将极大改善和巩固与大明的关系。这在天朝经历一场严酷的战争、改朝换代之后，尤显重要。

为什么太宗大王李芳远对太监黄俨提及“老王”与“病王”那么敏感？只因朝鲜对“征燕”战争是出了力的，该国多次应建文帝的要求，采取以物换物的形式，向朝廷一方输送了大量的战马和耕牛等物资。

朝鲜没想到，战争竟以“改天换日”那样一种方式结局。昔日的燕王、今日的永乐皇帝，会不会记仇？黄俨提起被李芳远强行逼迫退位的太祖李成桂、定宗李芳果，是否是永乐帝报复朝鲜的先声？李芳远为此颇为忧惧。

朝鲜君臣都明白，朝鲜与大明之间的不信任，需要通过某种方式加以修复。在这样的背景下，两国联姻，显然具有积极意义，对朝鲜非常有利。所以李芳远很爽快地接受大臣的建议，当面向黄俨提出，请下降一位公主为本国世子妃。

然而黄俨嘴上虽然同意了，但从此没了下文。骄傲的李芳远也不愿巴巴地追问，就放弃了原先的计划。可是臣子不甘心，所以在宰臣赵璞以及汉城府尹孔俯等人的积极运动下，一些大臣开始背着国王，试图私底下促成此事。

但这样一件符合朝鲜国家利益的大事,却不符合一个人,或一个家族的利益。未来王妃的父亲金汉老以为已稳稳当当做上了国丈,却突然起了变数,他在探知大臣的密谋后,非常恐慌,连忙向国王做了报告。

李芳远得讯,勃然大怒。大臣们的行动,无疑是对国王权威的挑战,通过宫廷政变上台的李芳远对此不能容忍。“世子已经订婚,已经明明白白告诉了天使黄俨,怎好又改口不承认呢?国体何在!这是儿戏吗?”他立刻下令,将赵璞、孔俯等人抓起来鞫问。与大明联姻的计划至此正式搁置。

“结婚中国,予所愿也。”李芳远表示他并非反对“结婚上国”,只是有着更为深切的担心。

首先,“尚虑夫妇相得,人情所难”。民间夫妇,情投意合、举案齐眉者尚且不多,何况是作为政治利益交换的政治联姻?当然,世子或公主幸不幸福,属于“人情”的范畴,而人情、人道、人性等,与政治利益相比,不足挂齿。所以李芳远虽然以“人情”开题,但他还需要更充分的理由。

他道,如果两国缔结婚约,则“必中国使者往来络绎,反扰吾民矣”。自古东道主难当,与朝廷沾了亲的东道主,尤其难当!是亲戚,就得走动,但走动频繁了,必然劳民。这是李芳远表示不能与明朝结婚的第二个理由。“人民的福祉”又被拈来做了挡箭牌。

与明朝联姻,是否就能保障朝鲜的利益呢?李芳远对此也无法认同。他说,元朝末年,元顺帝娶了朝鲜奇氏为后,奇氏满门贵盛,最后仍不免“一门杀戮无遗”。有奇氏的悲惨样板在那里,攀高枝,与帝室缔婚,“安足保乎”——真的就有保障吗?李芳远连连道:NO!NO!NO!

其实,李芳远引元顺帝奇皇后的故事,属于强说。那奇氏因为自家女儿在元朝做皇后,志得意满,骄奢淫逸,又遭到高丽国王的猜忌,从而造下灭族大祸。这和朝鲜王室与明朝皇室联姻,怎么可以相提并论呢?

李芳远最后才点出问题的关键,他道,朝鲜真正的自存、自保之道,不在于通过联姻、更深地依托大明这样的外在条件,而在内部“君臣一体”,唯其如此,“国乃治安”。可是赵璞等人是怎么做的呢?他们背着主上,私相聚会,图谋大事,却故意瞒着本王,我孤家寡人一个,将和谁一起“为治”呢?

李芳远明确告诉大臣，此事不可再提。为此，所有预事者都遭到了惩罚——虽然只是意思一下的薄惩，但包括老臣河崙在内的一些人还是丢了官。太宗大王借此案剪除了那些对他个人缺乏忠诚的臣子。

其实李芳远真正担心的，是他篡逆来的权力是否稳固。朝鲜太宗大王行事婉曲柔和，与明朝永乐皇帝作风之强硬粗暴虽然所弹者为“异曲”，却有“同工”之妙。

“尚”明朝公主之争平息十个月后，永乐六年（1408 年）四月，太监黄俨又来了，这已是他第五次出使朝鲜。朝鲜他走得最勤，基本上是一年一次。

与黄俨同来的，还有宦官田嘉禾、海寿和韩帖木儿。海寿是燕府旧阉，此时任御马监监丞。此人出身潜邸，与皇太子朱高炽的关系较为密切，在皇上北巡期间，他经常奉旨，来往于北京行在与南京监国之间，充任朱棣父子的信使。

田嘉禾，是浙江温州平阳县人，如果单看他的籍贯，似乎是一个汉人，可是此人原名哈剌帖木，是个蒙古名字，因此可能是所谓“达达人”，即蒙元势力退出关外后，留在内地的蒙古人。

田嘉禾在幼年即入燕府供事，据王府术学顾问袁忠彻说，他“达时务，善机变，宠遇过隆”，在靖难之役中，多立奇功，仕至尚宝监太监。袁忠彻是相学大师，在他的相学名著《古今识鉴》一书中为田嘉禾留下一笔，形容他的相貌“形貌修癯，言语清亮，面洁白而鼻隆齿露，目视眄，刀鸣鹤形也”。用大白话来说，就是田嘉禾身材瘦长，仿佛一只仙鹤；音吐清亮，犹如刀鸣；面皮长得白，大鼻子，有点龅牙；爱用眼白瞧人，这并非因为他自负清高，瞧不起人，而是眼睛有点斜视。

田嘉禾在《明太宗实录》中没有只言片语提到，而在朝鲜《太宗大王实录》里保留了一些活动的记载，这是因为田嘉禾在永乐初年曾多次出使朝鲜，并在永乐八年担任正使。但田嘉禾的记事至此亦告终结，很可能他在此后不久就去世了。

考虑到黄俨、田嘉禾和海寿三人身份的共性，则朝鲜籍宦官韩帖木儿很可能也是朱棣潜邸出身的宦官，否则出使外国这等好事，怎会落到他头上？几年前韩公公曾出访故国，捞到不少好处，这一次，还乡团又回来了！其兴奋之态，绝对比恶霸胡汉三有过之而无不及。

这是一个标准的宦官使团，其正使、副使都是宦官。随团的还有一个小文官，名叫奇原，做着尚宝司的尚宝。此人姓奇，不知与元顺帝奇皇后之族有没有关系。如是，则他也是来走亲戚的。

自永乐皇帝即位，遣使朝鲜者频繁，往来于鸭绿江、辽东、山海关与北京一线的使者，不绝于路。太宗大王李芳远听说此次来的天使，几乎都是宦官，心里咯噔一下。他有不好的预感，但他没法猜出这支阉人使团的目的。但"天使"来了，不管是带把儿还是不带把儿的，作为属国，都不得不尽心接待。李芳远率领百官，在大明使团驻地慕华馆亲自迎接，并组织了热烈的欢迎仪式，让多次光临的太监黄俨再次感受到那熟悉的，令他舒服、愉悦的宾至如归的氛围。他指着道路两旁穿着盛装，载歌载舞，高呼"欢迎、欢迎，热烈欢迎"的群众（"结山棚，陈傩礼百戏"），对初来乍到的田嘉禾道："国王对天朝之至诚，于此可见了。"

田嘉禾嘴里"嗯、呐"地应着，一对大斜眼转个不停，贼亮的眼光，专门往穿着抹胸韩服、梳着大髻的朝鲜女子脸上、身上扫描。黄俨见了，嘿嘿笑道："田老弟，你真是尽心王事啊！"

天使黄俨一行由太宗大王李芳远陪同，进入宫城景福宫，在此宣读敕书。黄俨站在相当于明朝奉天殿（即今太和殿）的正殿勤政殿的丹墀之上，高声朗读敕书，国王及群臣跪在廷下敬听。

敕书对不久前朝鲜向明朝出口三千匹马表示感谢，赐国王花银四十个，每个重二十五两，总计一千两；另外还有纻丝、素线罗各五十匹，熟绢一百匹。

李芳远拜敕罢，循西阶走上殿前露台，在使臣前跪下，听黄俨口宣圣旨："恁（你们）去朝鲜国，和国王说，有生得好的女子，选拣几名将来。"

李芳远听罢，吃惊地"啊"了一声。因为圣旨没有文字，出自黄太监的口宣,他听不懂汉语,直到一旁的翻译重复了一遍,他才把头垂下,满脸讶异的神情。

原来以黄俨为团长的外交使团,不远千里,伪装来嘉奖朝鲜国王,其实是来征索美女的!黄俨前几次来,除了永乐元年那次是赍送冕服,另外两次,一次是求铜佛像,一次是求佛舍利,都是替皇帝行私,没想到这回竟然求起美女来啦!

这是泱泱上国应为之事吗?

这是英明伟大、睿智神圣的天朝皇帝应为之事吗?

天子为满足雄根处的欲望而提出无理要求,作为臣仆之国,朝鲜不敢拒绝。可是,进献美女在儒家伦理上说不过去,自古以来,向诸侯索取美女,从来都是那些王八蛋的昏君做的混账事。

永乐皇帝这么做,是要将自己等同于桀纣、周幽和隋炀吗?

一时间李芳远的脑海里,暴君、亡国之君、昏君等词盘旋而出,可是仓促之际,他不敢质问皇帝此举的道德正义性何在,也不敢质疑黄俨口传圣旨的真实性,只好叩头道:“敢不尽心承命!”算是应下了。

随即朝鲜全国性的选美工作紧锣密鼓地展开。这期间,开国之王、国王的父亲太祖李成桂于六月去世,举国服丧,使选美工作一度停顿。黄俨等人顿在朝鲜无事,便同田嘉禾、海寿、奇原等人去游金刚山,直到七月下旬才回来,然后联袂去见国王。还在服丧的李芳远很厌烦这几个选美节目的大评委,托以得了“瘇气”(瘇通肿),不见他们。

九月里,明朝派来祭吊“老王”的使臣来了,正使是都知监左少监祁保,仍是一名宦官,副使为礼部郎中林观。监丞海寿闻讯前往丰海道迎接,大概他闲久了,都憋出病来了,脾气大得很,在碧蹄驿①因为地方官供应不如意,竟然鞭打了京畿都事曹由仁、程驿察访柳善扬州府使李扬、高峰监务郭

① 此地因万历征倭之役中明朝大将李如松兵败于此而知名,在汉城之北约三十里,又名碧蹄馆。

廷府等官员。朝鲜举朝震惊,却是敢怒不敢言。

因为"迎天子之命",不可穿凶服(即丧服),李芳远换上冕服,率领群臣在汉城西门外新建的慕华楼迎接天使,然后释去冕服,改着素服,戴乌帽,手执白扇,在使臣所居太平馆宴请祁保、林观二人。总之又是一番馈赠和劳烦,不必多言。

到十月份,"处女"终于选齐了,李芳远亲自陪同太监黄俨、田嘉禾,在景福宫对进入总决赛的选手进行复选。最后的入围者一共五名,由黄俨亲自评定等次,以已故典书权执中之女权氏为"年度总冠军",其亚、季军及以下依次是任氏(前典书任添年之女)、李氏(前知永州事李文命女)、吕氏(司直吕贵真女)、崔氏(水原记官崔得霏之女)。

这几个十来岁的女孩,马上就要送到大明的后宫,供皇帝享用,不同凡"享"了。李芳远除了赐给酒果等食物,还给她们每人缝制了一套明朝样式的彩缎服装。

回到宫里,李芳远叹着气,对大臣们道:"黄俨之选定高下等第误矣。任氏直如观音像,而无情态,吕氏唇阔额狭,是何物耶?"

黄俨是一个老太监,哪里懂得女人的好处?他选的这五个美人儿,李芳远作为"观众",已经表示不敢苟同,未知受用者皇帝是否喜欢?对此,李芳远并不关心,他只希望黄太监领了这几个女孩快走,不要再回来。

可这一拨天使才走了半年,第二年(永乐七年)五月又来了。这回来的有太监黄俨、监丞海寿,都是"老朋友",还有一位新朋友,是奉御尹凤。

尹凤也是一位"归国鲜侨",他本是朝鲜丰海道瑞星县人,洪武年间进入明宫。去年使臣回去,给他带信儿,说他妈死了,他一听,生意来啦!连忙跑到皇帝跟前哭诉,请求回国奔丧。永乐帝对宦官一向慷慨,尹凤甩了两条鼻涕,他就应了。于是尹凤跟随黄俨使团一块儿来了。

尹凤到汉城的第三天,就要回家理丧,国王率领百官在慕华楼为之饯行,并且派汉城尹金谦为伴送使,陪他回乡,并命丰海道的最高长官都观察使厚葬其母,一切费用都由官办,可谓极尽哀荣了。谁说"故国不堪回首月明中",到天朝做了太监月亮就是明!

尹凤在乡盘桓很久，笑纳了不少礼金和谀辞，才回到汉城，在拜谢国王后，就拿出一份他“昆季伯叔”的名单，请求国王照顾。前些年朱允端来使时，国王已慷慨地给他家亲戚封了官，尹凤举出前例，李芳远不好拒绝，只得将老尹家亲戚十余人，全部除为西班司直司正。——要我是国王，干脆将他一族全阉了，都送到明朝当太监去。

尹凤一直活到正统年间，此间多次充任正使出使朝鲜，此话不提。还说黄俨等人此番再来，李芳远还没有出他父王三年的丧期，他穿着淡彩服色，率领百官出迎于慕华楼，将使臣迎至昌德宫宣敕。敕书是公开的文字，但没有说明朝廷遣使的目的是什么，只说派太监黄俨等人来，“特赐王及王妃礼物，至可领也”。这回的赐物比上次要重，国王是银一千两，纻丝、彩绢各一百匹，马十五匹，鞍两副；王妃是纻丝、线罗、银丝纱各十匹，彩绢二十匹。

李芳远听着这丰厚的没来由的赐物，突然想起去年黄俨来使，也是打着赐他礼物的幌子，不禁心里一动：难道皇帝又派这几只阉狗来选美？

果不其然，宣完敕书，黄俨又学着皇帝的口吻，口传圣旨道：“去年尔这里进将去的女子每（们），胖的胖，麻的麻，矮的矮，都不甚好。只看尔国王敬心重的上头，封妃的封妃，封美人的封美人，封昭容的封昭容，都封了也。王如今有寻下的女子，多便两个，小只一个，更将来。”

已经送去五个，永乐皇帝照单全收了，还嫌美女不够美，又让黄俨来传话，教朝鲜再选美女。永乐爷，容在下说句公道话，既然朝鲜美女不是胖就是麻，你为何纠缠不放？不好吃，就该放下嘛！您万岁爷是否忘了，朝鲜还在国丧期间，您如此不顾礼体，急色之心未免太不可救药了！看官，这是在下的话，大概朝鲜太宗大王心里也是这几句。

黄俨办事，在其他方面或许皆能中万岁之心，可是他裆间少了个吊坠——这不是装饰之物——对美色这东西，一辈子看得见、吃不上，故让他去选美，确实有点赶鸭子上架的意思，实难符“圣心”。但朱棣要在国内装“圣天子”的幌儿，不敢放手在自家锅里舀饭，只好把朝鲜这只小碗扳住，吃个没完；他又不敢令翰林院词臣撰写旨意，因为朝廷公文程序繁复，经手人多，是没法保密的，只好派他最亲密的宦官，带着他的口信，直接到朝鲜来干这老鸨子的活儿。

但永乐七年(1409年)五月的这次来使,黄俨、海寿行色匆匆,把话撂下就走,并不像上次那样,在朝鲜坐等美色。

原来这一年春节后,朱棣即位后第一次北巡,三月间已到北京,对漠北的战事即将发动。七月,命淇国公丘福为征虏大将军,征讨北元鞑靼部。但出乎意料的是,丘福大军在胪朐河全军覆没,主将及副将一公四侯全部丧命,明军损失惨重。而就在此时,平定未久的交阯行省(原安南国)也骚动起来,多亏英国公张辅四处扑火,形势才没有进一步恶化。所以,当黄俨在九月份再次来到朝鲜时,已顾不得督问美女之事,而是责令朝鲜尽快输送军用马匹,因为胪朐河的惨败,令朱棣恼羞成怒,他已决计亲征朔漠。

此时朱棣以北征为大事,无暇在大明的后花园朝鲜征猎美色,只好暂时把"性"熬住。

第七章 挑拨惨杀

皇帝亲自出马,毕竟不同,丘福败亡了,朱棣偏能胜之。永乐八年四月到七月,朱棣冒暑深入草原,亲征鞑靼部首领本雅失里,"大败之,追北数百里"。

打了胜仗,朱棣扬扬得意,旋驾南京。他的老婆徐皇后已死,就埋在北京西郊天寿山新建的长陵里,现在陪侍在他左右的,是来自朝鲜的美人权氏,现已封为贤妃。

在朝鲜头批进献的五名处女中,朱棣不是嫌人胖,就是嫌人矮、嫌人麻,如果对号入座,一下就否掉了仨! 又说"都不甚好",结果全给否了。但从他异常宠爱权氏来看,他其实是尝到滋味儿了,这才吃着碗里,瞧着锅里,一边嫌美女不美,一边又巴巴地再去讨。

銮舆十月初起驾,缓缓地往南走,走走停停,这是为何呢? 原来皇上的爱妃权氏生病了。

正应了一句古话:病来如山倒。权妃这病来势凶猛,毫无征兆,一病即不起。朱棣很着急，但行间又无名医奇药，他想急速赶回南京，可病人又经不起折腾。正在焦躁彷徨、左右为难，权妃死了！

这位权妃，据朱棣自己说，可能是麻的、胖的或矮的，而据国内野史传说，却是“姿质秾粹，善吹玉箫”，整个一个多才善病的佳人，所以尤得帝之“爱怜”。

一个天降的美人忽然香消玉殒，朱棣大起悲怆，谥权氏为“恭献贤妃”。但他面临一个疑难：权妃葬在何处？此刻銮驾正往南行，已到山东临城，而他的陵寝长陵却在北京，他没法下令全队“立正、向后转”，为了葬他的美人又回到北京，况且天寿山空荡荡的，也没为妃子们预建园寝。朱棣思前想后，最后决定将权妃就地下葬，经过堪舆先生相看，权妃的葬地择定在山东峄县白茅山。该墓今存，当地人称“娘娘坟”。

朱棣怆悲之余，愈发惦记朝鲜的美女，权妃可还有姐妹啥的？马上派黄俨再去朝鲜，按权妃的模子，去给朕搜罗替补的来！

其实替补的早有啦！

当永乐七年（1409年）五月，朱棣派黄俨去给朝鲜带话，说你那里献的女子，又麻又丑，命该国再选时，太宗大王李芳远当即“钦依”，“于本国在城及各道州府郡县宗戚、文武两班（两班是朝鲜贵族阶层）并军民之家，尽情寻觅”，很快又选到两名“处女”：郑氏，年十八岁；宋氏，十三岁。照今天的年龄标准，一个刚上大学，一个才上初中。

看官，这“处女”二字可不是我说的，与本人的“处女情结”无关，明朝向朝鲜索取的，就是“处女”。

这两名“处女”以什么名目送上京师呢？黄俨临走前特地交代了：“必托他事以奏。”——贵国可随便想个辙，就是不能说是“奉诏献美”。

朝鲜也算善体“圣心”，很给色急急的永乐皇帝装谎子，乃给明朝礼部发出一道咨文，假说国王的亲兄、退位的“上王”定宗大王李芳果旧患风病，目下益加沉重，请求派人带着药单，到北京来采购药材——顺道把郑氏带过去，黄俨再悄悄送进宫，齐活儿！

可礼部的答复还没到，黄俨却在当年十月又来了。

黄俨人还未到，亟亟的警报已如春天的野火一般，从鸭绿江那边迅速横扫过来，直传到汉城。朝鲜获悉明军征北大败后，毗邻的辽东形势异常紧张，各种传言纷纷攘攘，有说“鞑靼军去京不远，皇都危窘”的，有说“王师畏鞑靼，尽入城堡”的。黄天使来干什么？盛传他此来，将“请兵十万、将帅二人”，从东北面配合明军，“夹攻鞑靼”。

这是很严重的事态，关系到朝鲜的国运，太宗大王惴惴不安地等候黄太监的到来。

永乐七年十月二十一日，黄俨奉敕书到了，李芳远率领百官迎于慕华楼，至昌德宫受敕。听了敕书，李芳远才略略松了口气，原来皇帝并没要求朝鲜动兵支援，而是让“王处有马，随进多少，以资国用”，并且申明“当酬以直”。黄俨还传皇帝口谕：“今朕将平元帝子孙之不顺天命者，朝鲜之马，形体虽小，亦可资急用，国王应尽力输送。”

李芳远当即表示：“敢不尽力！”

黄俨问，能进马几何？

李芳远说：“国小力薄，亦当进马万匹。”

黄俨道：“惟国王勉力供办。”

遂入住太平馆。李芳远亲率百官来馆，设宴款待。

老太监黄俨真乃不负使命，席间又问起选女之事。当听说还有备选“处女”，他马上表示要亲自挑选，于是连续两天在景福宫亲阅“处女”。

没几天，都知监左少监祁保又来了，李芳远没有出迎，而是命世子率百官在慕华楼相迎。祁保直入太平馆，屏开旁人，与黄俨两人密谈良久，不知所谈何事。

李芳远驾临太平馆宴请祁保，祁保这是第二次来了（上一次是作为祭吊使来朝鲜祭祀太祖李成桂），李芳远本想叙阔几句，不料祁保觌面即责问：“本使之来，国王为何不亲自出迎？”李芳远道：“祁天使此来未奉诏书，亦未奉敕书，依制，无诏、敕者不郊迎。”①

---

① 郊迎即出都城门迎接。

黄俨在旁代为解释，道朝鲜非比他邦，是慕义知礼之国，国王所言，正合《洪武礼制》。李芳远见祁保怒色未消，忙赠以鞍马等礼物，又问他此来何事？祁保道："本使此来，为求处女事也。"

李芳远察言观色，明显感觉到两位天使"色厉"之下的"内荏"，他很快通过在馆舍密设的情报人员打听到，祁保此来，实为催督朝鲜献马，而佯作是来求处女的。

明朝天使有求于朝鲜，且急如星火，显然是因为胪朐河之败，人力物力损折非常大。然而天使却不明言，还要装作镇静，李芳远知道，这除了硬撑天朝的体面，也是对朝鲜的不信任。

黄俨、祁保二人在朝鲜督办献马事，停留了二十多天，即押着第一批马回国，他们打算带着先选的处女郑氏一起走。李芳远在太平馆为他们饯行，黄俨摸着秃楞楞的眉骨，大话道："郑氏非美色，宜更求以待。"李芳远又好气又好笑，但不便面驳之，乃道："国小力薄，今所进马，仅及万匹耳，至若美色，则敢不更求！"意思是说，朝鲜是小国，贡马万匹，已经尽力了，如果还嫌处女不美，我们可以再选。

实际上，李芳远已经识破了，这是两只纸老虎，他对侍臣道："中国兵兴，采女岂其时乎？二使不过佯为舒泰耳，必于中途还矣。"

果不其然，黄俨出发没几天，就碰到奉使渡江而来的海寿。黄俨见过海寿，读了他带来的密敕，即对朝鲜陪伴使道："如今天气极寒，不可以处女行，且待春和，再来迎娶，宜善自梳洗。"还不忘叮嘱，"处女，宜再加选择。"说罢，留下郑氏，径去了。——这正在李芳远之料中。

陪同黄俨的通事从辽东返回汉城后，向李芳远报告，说听辽东人密言，朝廷听到朝鲜起兵助鞑靼进攻大明的流言，派内官海寿前来觇视，海寿入境后，表现得特别狂恣，动辄动怒，鞭挞朝鲜官员，其实是佯怒，不过借此刺探朝鲜之顺逆罢了。

李芳远听了，登时想到祁保之怒，不禁哑然失笑，这一出又一出的，做的什么戏嘛！

待到朱棣得胜还朝，已经翻过年了，突然侍寝的权妃死了，朱棣才想起，朝鲜还留着一口鲜儿没尝呢！

永乐九年八月十五日，也就是中秋节那天，黄俨为了圆皇帝的佳人之梦，又到朝鲜来了。这已是他第七次出使朝鲜。

黄俨被迎入景福宫，拿出礼部咨文。咨文说的是旧事，称："去年国王移咨，请求差人上京收买药材，本部节奉钦依：'药材不要他买，等有时着人送将去。'今打点完备，钦差太监黄俨送去，一共有药材二十九味。"

不知内情的人，一定为永乐皇帝体恤下国之心所感动，然而对"天恩"降临，太宗大王李芳远并没有丝毫的情感波澜，因为去年移咨明朝礼部，请求派人上京，为"上王"购药，本就是一个幌子，真实目的是送处女郑氏上京。事情过了一年，永乐皇帝派黄俨来送药，他这是要假戏真做啊！

果然，黄俨在国王读完咨文后，马上传谕："皇上更求有姿容处女。"

黄俨此来，还有一个任务：永乐七年首批赴明的五名处女中，有一位吕氏，她的父亲吕贵真被朱棣封为光禄寺少卿，不久前病故，朱棣命黄俨一并到"老泰山"坟上祭扫祭扫。

过了两天，黄俨带着猪一口、羊一腔、鹅二只，来到吕贵真墓前，高声朗诵祭文道：

"维大明永乐九年，岁次辛卯，八月朔，越某日，皇帝遣太监黄俨，谕祭于光禄少卿吕贵真之灵曰：尔温厚醇实，乐善有素，贵为内戚，愈执谦慎。以尔所履，宜膺寿考，遽殒于疾，良用伤悼。灵其有知，服斯谕祭。"

天子谕祭，是臣子莫大的荣耀。吕贵真若灵下有知，当知祭文称赞他温良醇厚，乐善好施，虽然贵为"内戚"（皇亲），却无骄奢淫逸之习，反而愈加谦恭谨慎。

这些评语其实都是些陈词滥调的虚词套话，撰文的翰林官儿哪里去考察朝鲜人吕贵真的品行？祭文说，老吕啊，照你所为，你本应享有高寿，怎料到突然就病殁了，实在令人悲伤啊。若此言成理，则要么是吕贵真善行未得善报，要么是他修善的功夫还欠火候，故此无报。

总之"谀墓"之词，不足为信。

祭文的宣读人黄俨就毫无悲伤,他对朝鲜国王所赠之马,横挑鼻子竖挑眼,就是嫌不够档次,一定要国王送给他“齿少而善步”的千里驹。

而吕贵真在阴司若和牛头马面套交情,当知一场巨大的灾难将降临到他女儿头上,几年之后,他的家族将遭受灭顶之灾。听着坟头那些口不应心的美丽词汇,他才不会开心呢!

吕贵真的女儿吕氏,是黄俨(依照他的眼光)从二百多名处女中拔出的绝色,在最终入选的五名处女中,排名第四。太宗大王李芳远并不认为吕氏是美女,他的评语很像当代选秀节目中的毒舌评委,说“吕氏唇阔额狭,是何物耶”。“是何物耶”,等于说,这是“神马”东西、啥玩意儿嘛!难道吕氏真那么丑?可惜她没留下写真,故此在下没法在黄俨和李芳远二人审美观的高低上做出评判。

吕氏入明时年仅十六岁,与她同时入明而最得皇帝宠爱的权氏,比她大两岁,时年一十有八。朝鲜使臣注意到,皇帝一见权氏,立刻在脸上笑开了花。果不其然,权氏很快步入宠妃的行列,不仅被封为贤妃,还让她“管六宫的事”,地位一下子蹿升为不居皇后之名的皇后。而其他几名朝鲜处女是否又麻又胖,不得而知,至少她们的封号都不高。吕氏得到的是“美人”的封号,朝鲜国史里称之为“吕美人”。当然,美人未见得美,如同“尚书”并不管书,那只是一个衔头。

古话说,自古红颜多薄命。权妃长得美,恩宠又厚,却没长命享受,入明宫仅仅一年多,就在銮驾南归的路上突然暴亡。朱棣哀痛不已,但人之寿夭,是老天爷的旨意,阎王殿里传票要收人,那也是没得法儿的事。朱棣尽管百般不情愿,也只好将冰冷的美人葬了,另图新欢。这一篇似乎就揭过去了。

可是树欲静而风不止,三年之后,权妃之死竟然掀起一场惨杀,受害者正是吕美人。

话说在权妃死后的第二年,朱棣命黄俨出使朝鲜,让他“谕祭”(即以天子的名义祭祀)吕氏之父吕贵真。这不是一般的优遇,由此可见,吕美人此时所邀的帝眷，虽然尚不能与权妃相提并论，应该也不甚薄。

吕美人得宠，引发了原权妃侍婢的不平。这些婢子都是随权妃从朝鲜来的旧人，眼见权妃受宠直如昙花一现，人一走，茶就凉，“万千宠爱”即流转到别的妃嫔宫里去了。她们成了没主子的奴才，被七零八落地拆散，打发到别的宫里奉职，从此再难有出头之日。其怨怼之情，难以抒发，便对准了“本是同根生”的吕美人。原权妃的侍婢与吕美人的宫人，两方面明争暗斗，矛盾很深。

权妃原有一个乳母，也姓权，人称“权婆婆”。她因为是权妃的旧人，又与太监大佬黄俨关系很好，甚至还有一点搭伙过日子的意思，便在明宫里很摇摆出一些风色。就连朝鲜都听说这位权婆婆，每回使臣上京，都要想办法见一面，好走一走内人路线。而每次权婆婆出来相见，都是由黄俨陪同，他们的关系非同一般。

随着权婆婆在宫中地位越来越高，开始成为权妃遗众的头目。权老婆子与黄太监深相比附，与后世的客氏与魏忠贤好有一比，这两个厉害角色盘结在一起，在永乐朝的后宫里攫取了“专主宫壸”的地位。

朱棣在徐皇后于永乐五年(1407 年)去世后，再没有立过皇后，这使得六宫长期无主，也给了黄俨和权婆婆趁机跳梁恣乱的机会。吕氏一旦被他俩盯上，还会有好下场吗？

渐渐地，就有一种风声传出，说权妃是被吕氏所害。

有一次，两家奴婢因为什么事再次“肆骂”时，权妃旧日的奴婢干脆挑明了对吕家奴婢说：“尔的使长(即宫中主子，又称‘侍长’)，药杀我的妃子!”

如此惊爆内幕！顿时听者大哗，悚然失色。

怎么在权妃初死时没有这声气儿，权妃死亡快三年了，却突然冒出这样的传言，明宫风声骤然紧张！

原来，此说出自一个叫贾吕的朝鲜奴婢的揭发。

这个姓吕的婢子，也是永乐七年随“处女”来华的，她出身商贾之家，故称“贾吕”。

商人在朝鲜社会地位很低，而古代朝鲜等级森严，尊卑界限分明，贾吕是绝无资格与出身官宦之家的“处女”们相提并论的，她只能做一名卑微的奴仆。但贾吕这妮子年纪虽小，心气却高，一肚子心思，跟肠子一样曲里拐弯。她想在明宫混出点声色，先是攀附最为得宠的权妃，权妃死后，她又靠拢吕氏。

贾吕想啊，咱一笔写不出两个吕，吕美人总该对她有亲切感吧。可是她料错了，吕氏门第观念很重，因为贾吕出身低，又知她是个用心深刻之人，便对贾吕贴上来的热脸报之以冷屁股，对其非常冷漠。为此贾吕既惭且恨，寻思报复。

正所谓宁得罪君子，勿得罪小人。历来小人欲掇奇福，必先造一场奇祸，才好借他人之血来浇自家的红顶子。贾吕见永乐皇帝为人多疑好杀，搞得后宫整日风雨飘摇，人心惶惶，遂动了谋害吕美人之心。贾吕主意一定，便开始四处造谣，说吕氏妒忌权妃，尤其是权妃入宫不久就掌六宫之事，令她醋意大发，曾当面对权妃说：“有子孙的皇后也死了，尔管得几个月？”

“这是什么话？”当权婆婆听到贾吕的投隙之言后，勃然动色，挑眉厉声问。

那时又没录音机、录音笔，更没有手机录音，吕氏到底说没说？即便说了，语境如何？贾吕可不管这许多，她鼓起如簧的巧舌，添油加醋，如此分析道：

皇后（指先皇后徐氏）是当今皇太子朱高炽与二王子高煦、三王子高燧的生身之母。可徐皇后才活了不到五十岁就死了，当今皇帝暴虐嗜杀，皇后是他糟糠之妻，还不是给他吓死了。你一个小女子，在此有多大的根基，不要以为今日蒙宠，就从此太平登仙啦！小心别得意忘形，跌到先皇后的坑里去！如此等等。

权婆婆一边听，一边抚着额角哼哼：“如此无礼！如此无礼！”

这个惊人的内幕，权婆婆告诉了黄俨，对他道：“权妃娘娘是万岁爷最可心的人儿，又是你亲自去朝鲜请回来的，不明不白死了，你管是不管？”黄太监当即道："此事须奏明圣上。"于是二人联袂到朱棣驾前哭诉，以权婆婆一哭二闹三上吊为主演，黄俨在旁寻机递话挑拨。偏偏"圣天子"又是个经不起撩拨的暴躁汉子，骤听此言，顿时龙须乱飞，暴跳如雷，贾吕的无根之言遂化作一场虐杀的由头。

随即一道严旨下来，将吕氏宫中的近侍宦官与宫人悉数逮捕，施之以毒刑，以索取皇帝需要的口词。

司礼监负责犯罪内官、宫人的处罚，而司礼监正由黄俨负责，这件大案落到黄太监手里，还愁"打"不出铁案？

严刑之下，很快审出"情由"，称吕美人宫里有两个内官（失名），与随侍吕氏来华的两名朝鲜籍内官金得、金良，主要是这四个人，"做实兄弟"，在吕氏主使下，一起谋划加害权妃。他们从一个北京银匠家里借来砒霜，私藏在宫中。永乐八年（1410年）圣驾回南京，才走到良乡县（在北京西南约四十里），他们趁机把砒霜研成末子，掺在胡桃茶里，献给权妃喝，结果将她"吃杀"了。

这就是贾吕提供的吕氏谋害权妃的"事实"，而黄俨据此打出吕氏及其宫人谋杀权妃的路线图！

胡桃茶是入了古医书的内科茶疗方子，胡桃为滋养强壮果品，可以配以川芎、山楂或人参等，各具调理及食疗的效果，主要治疗妇科炎症，有补肝肾、安胎等疗效。我怀疑权妃入明后，身子一直很弱，甚至怀了孩子而发生流产，所以经常服用一些滋补固本的食物和药品。也许在她突然发病时，恰好吃了吕氏派人送来的胡桃茶。

可是权妃已死快三年了，这一杯害人的"物证"早没有了，所以最终给吕氏定罪入刑的，还是单凭犯人的口供材料。吕氏当年或出于同乡情谊，或出于场面上的人情，而给予权妃的一点关怀，如今成为她下毒的铁证！

朱棣接到奏报，立刻对逼供而来的材料予以采信，现代称之为"逼供信"——逼供，不就是为了"信"么？

这只病虎翻脸不认人，大发雷霆，决计替自己的宠妃报仇。先把吕氏宫里的四个内官连同那银匠都杀了，然后拿"祸首"吕美人出气，要慢慢消磨死她。

关于吕氏之死，在朝鲜史籍里有两种说法，一是转述朱棣的自供敕谕，说“吕家便着烙铁，烙一个月杀了”，如此惨刑，简直就是明代版的炮烙之刑。朱棣还不知羞，“将这个缘故备细说的（给朝鲜）知道”，竟不怕属国之人疑他是商纣王复生再世！

另一说出自前文提到的朝鲜籍太监尹凤之口，据他透露：“吕氏毒杀权氏，而被凌迟之刑。”称吕氏是挨了千刀万剐，碎身而亡的。

尹凤是吕氏投毒案的亲历者，是当时之人，本身又是朝鲜人，对此案肯定十分关注，所记不应有误。两说其实是可以合并的，也就是吕美人在被处决前，遭受了长达一个月的残害肢体发肤的炮烙之刑，全身糜烂，成了一个半死的人，然后才被零割碎剐而死。呜呼哀哉！

朱棣对自己临幸过的女人，一旦变脸，便如此狼戾狠噬，似已失去人性，故我甚疑，他的老婆徐皇后之死，说不定真是被他害死的。这一段宫闱讳史，恐怕只好等长陵发掘时，再详加考证了。

吕美人生也苦，死亦苦，主观上皆因她冷傲的性格，在帝制的宫廷里，不善“事上”是极端危险的，不善于与下人搞好和谐，有时候也是致命的。客观上，则是心如毒蝎的坏女人贾吕的挟私妄造之言，以及奸佞黄俨和权婆婆的操弄倾轧。

因为事涉本国“处女”，朝鲜对吕案非常关心，认为“吕氏之死，实本国之耻”，所以事后太监尹凤来使时，向他打听到这样一些秘闻。

尹凤这家伙长着一张碎嘴儿，他到朝鲜出差，最喜欢卖弄嚼舌头，说帝室的是非。不过话说回来，还多亏了他，我们才能多看到一些明宫的内幕材料。

尹凤不认为吕氏有投毒谋害权妃的行为，他说，吕氏之死，“然非其罪也，（黄）俨诉之也”，指出此案背后的黑手，其实是大太监黄俨。朝鲜史官遂根据他的介绍，在国史中写道：“（黄）俨当太宗皇帝（朱棣）之时，专主宫壸，诬陷吕氏之失，灼灼明显！”黄俨死后，其罪行暴露，朝鲜人才喘了口气，说吕氏无辜就死，“而今稍雪”矣！

吕氏被迫害致死，朱棣仍不肯放过她的家人。永乐十二年（1414 年）

夏末，朱棣再次亲统大军北征，八月初从塞外奏凯，回到北京。他随即将击败蒙古瓦剌部的消息制成诏书，由随朝鲜使臣来京的通事元闵生带回国，并亲自口述了这次宫廷大案的始末，令他向国王李芳远通报。

朱棣敕令李芳远将权妃死亡的“真相”转告权家，并送权氏之兄权永均到北京来，他特地交代：“吕家亲的，再后休着他来！”——“吕家亲的”，就是“逆妃”吕氏的家族，但朱棣没有就如何处置吕氏一族做出具体指示，仅要求国王不要再送吕氏亲族上京来了。

吕氏本人都惨死了，她的亲族还上京干什么？莫非收一具残缺不全的尸体不成！他们也不敢呀。朱棣做这样完全不必要的附言，显然是要求李芳远对吕氏族人予以处置，只不过不明言罢了。

李芳远不敢怠慢，经过与议政府、六曹①商议，决定在接奉明旨之前，先将吕氏之母张氏及其亲族暂时监禁于义禁府②。

没过几天，朝鲜派往北京“行在”（指圣驾所在之处）的“钦问起居使”尹子当回来了，李芳远立刻召见于便殿，同时参加接见的还有宰相河崙、南在、李稷等人以及六曹判书等官。李芳远希望得到更多的关于吕案的报告，特别是了解皇帝对于处理吕氏亲族的真实态度——他本人对施刑于本国人是抱着谨慎和回护态度的。

李芳远惊讶地得知，吕氏进毒案事发后，皇帝竟然将她阖宫之人全部杀死，没留一个活口。

“皇帝之意，对吕氏亲党，似亦应如此。”尹子当奏道。

“近日因通事元闵生传旨，已将吕氏亲党囚禁起来，”李芳远思忖着道，“然则皇帝欲尽杀吕氏亲族，于法何据？权氏为妃子，吕氏是美人，虽有尊

---

① “议政府”是朝鲜的宰相府。“六曹”相当于明朝的六部，下文的“六曹判书”，即等于六部尚书。

② 义禁府隶属于兵曹（相当于明朝的兵部），长官为判义禁府事，从二品。这个机构兼具调查、审判等多种职能，但其对象主要是朝廷交办或关乎朝廷稳定的大案要案，与明朝的锦衣卫颇有相似。

卑，但并非嫡妾之分。况且所谓鸩杀，本就暧昧难明，若将吕氏一族置之族诛，本国虽远体皇帝之怒，亦有所不忍。”

李芳远所见极是，就算吕氏谋害权妃属实，到底权妃不是皇后，岂可遽然加吕氏灭族之刑？

“不如且先监着，”宰相南在和李稷见国王迟疑便提出建议，“尹子当亦不过猜测之言，莫如等权妃之兄从大明回来，明确了皇帝意旨所在，然后决之，亦不为迟晚。”

“皇帝说权氏管六宫之事，是否以皇后尊之？”李芳远踌躇地问，“如果这果为皇帝之意，则当如何？”

“如果权氏尊为皇后，则吕氏进毒，则是弑君之罪。”右代言韩尚德道，“可权氏并不是皇后，岂可以‘弑’论之，而夷灭其三族？但若论以‘故谋杀人’，比律似轻。不如以‘谋反大逆’论罪，将其族人没官，殿下以为如何？”

如以谋反大逆定罪，只需将吕氏亲族（主要是近属和同居之人）没为官奴，比夷灭其三族，便是从轻典了。

河崙抗辩道：“考诸律文，凡争斗于宫中者，亦是死罪，何况吕氏肆行如此之谋！吕氏上致天子之怒，下贻本国之羞，其亲戚虽不与谋，然生此尤物，自是家祸。臣以为，闻如此之变，不可缓也，宜速正王诛，以答天意。”他要求立即将吕氏近属处以死刑。

李芳远思虑再三，做出决定：“如果不能不杀，亦不可滥杀，诛止一人可也。”

要杀的，自然是吕氏最亲之人，那就是她的母亲。吕氏之父吕贵真几年前死时，永乐皇帝还派太监黄俨到他坟上吊唁，孰知沧海桑田，昔日之荣光，顿移作今日倾天大难！

李芳远回到宫里，反复思之，又觉不妥，他认为：“吕氏之罪，考之于律，则为大逆也。但大逆之罪，不可诛及其母。”

吕氏弑权妃，是皇帝钦定的案子，李芳远无法违抗。但作为朝鲜国王，他不愿轻易诛杀本国臣民。于是决定暂缓执行吕氏之母张氏的死刑，乃重新下教[1]:“以张氏定为官贱(即官奴),余皆释之。”

李芳远将新的决定周知宰臣,河崙当即表示反对,他道:“殿下之至仁甚善,然吕氏之罪,是为弑逆之大者也。弑逆之罪,必及其父母,今其父已死,则必杀其母,以惩后人。”他建议,不仅要迅速处决吕氏之母,还应让大明皇帝了解本国这种“善体圣心”的忠实态度。

河崙是德高望重的老臣,他主要从明、鲜关系的大局着眼,故拿吕氏之母做牺牲品。前文讲过,河崙曾因私下推动与大明联姻,而遭到贬黜,但很快就复了官。

其他宰相则顺从国王的意见,赞颂国王不忍以律外之刑加诸吕氏,是为至仁,都表示只以元闵生之言而杀吕氏之母,未为稳便,还是等权永均回国,确知皇帝态度后再处置不迟。

吕氏之母在义禁府里关了几天,突然国王下教,将她也放了。从李芳远对此事以软抗为特征的处理方式来看,他对永乐帝朱棣的暴虐狂躁是怀有极深的不满与抗拒的。

十二月四日,权氏、任氏、崔氏、李氏等朝鲜处女的父兄权永均等从北京回国了。权妃之兄权永均在北京受到朱棣的隆重接待,盘桓五十四天之久,皇帝三天一小宴、五天一大宴地招待,还赏赐他大量的羊口、马匹、白银和彩缎,并让他亲自到天寿山祭祀权妃。其实权妃并没葬在这座新建的皇家陵寝里,朱棣之所以这么做,不过为了凸显权妃的地位,做给朝鲜人看的:权妃生前管六宫之事,死后荣葬陵寝,即便没戴皇后的凤冠,身份上也是皇后了!

权永均带回皇帝的口谕,朱棣是这样告诉权永均他妹妹死亡的“真相”的:“吕氏不义,与宦官金得谋买砒礵,和药饮之,再下麫茶,以致死了。朕乃尽杀吕氏宫中之人。”据权永均了解,此案中被杀的宫人与宦官达数百人之多。

吕氏之母张氏在九月份已被释放,此后朝鲜实录再无记载,然而当年

---

① 朝鲜国王之令不称“旨”,而称“教”。

十二月底，通事元闵生再度从北京回国，却报告李芳远，说他向皇帝奏报，张氏已被处决，“帝然之”。显然，张氏终未能逃脱死亡的宿命。河崙说吕家“生此尤物，自是家祸”，真没说错，吕氏因为“傲骄”，把远在异国的老母都连累死了。然而，吕氏的命运，又岂是她自己所能把握的？

永乐年间，大明出使朝鲜的使团最多，多由黄俨担任正使。

黄司礼虽然长于文字，心思缜密，但他毕竟只是个阉奴，自幼年入宫，侍奉家主，圣贤之书读得多，却毫无圣贤的胸怀与节操。他虽做着朝廷的高官，受着万人的阿谀奉承，却仍然不自信，行事亦难免粗鄙。

好比他来到朝鲜，身居朝廷的正使，被朝鲜人尊称为“天使”，百般笼络，可是他还要吹牛，对迎接他的朝鲜大官道：“今国王遣先生来迎接我，是欢喜我也。我呀，也是皇帝所亲信的人，皇帝派我来出使贵国，也是看重殿下之意。”

朝鲜国王李芳远晓得黄俨是皇帝潜邸的旧人、驾前的红人，所以格外看重他，经常亲自宴请，各色礼物更如流水不断，黄俨嫌礼物不好时，还给他更换。

黄俨很受用，在一次酒中，又开动吹牛的火车，对李芳远道：“别人有什么事，都不可能奏达天听，为皇帝陛下所知，我则不然。我是皇帝最亲信的人，殿下事大之诚，我领受了，当一一为殿下面奏无余。”

其实黄俨“领受”的，是朝鲜孝敬的财物，而李芳远奉承此阉，所为者不过希望买通他，好将本国的“诚意”转致于皇帝。

朝鲜这么做有其很深的用意：虽然自立国之始，朝鲜就与明朝确立了宗主与臣仆的国家关系，两国关系紧密，但并非没有矛盾，比如在一些领土的归属上就存在分歧，特别是在处理与女真的关系上，还存在较大的利益冲突。朝鲜一直试图向北拓展疆土，女真各部是其主要的经略对象。朝鲜除了加强对本国境内女真部族的控制，还极力招揽生活在中国东北（当时在明朝辽东边外）的女真人来朝，与之建立朝贡关系。而这些女真酋长基本上都受了明朝的官爵，向大明称臣，如今又秘密地臣服于朝鲜，这是为明朝所不允许的。

对于那些拒绝顺从的部落，即便他们做着明朝的都督、指挥等官，朝鲜也会予以无情的打击，经常动兵围剿。这些部落打不过朝鲜，只好向大明求援诉冤，寻求保护。

永乐帝朱棣即位后，加强了对辽东边地以外蒙古、女真部族的经略，采取了积极进取的姿态，许多部落投降了明朝，明朝的羁縻卫所一直延伸到黑龙江、松花江流域（太监亦失哈建立“奴儿干都司”，都司是省一级的军事组织），这让朝鲜倍感压力。好比对太监王彦镇守辽东的疑惧，促发了该国与明朝联姻的设想，就是试图以缔婚的方式，缓和两国矛盾。这也表明，当国力较弱的朝鲜与强大的邻国发生利益冲突时，主要采取柔性的方式加以处理，尽量避免发生实力冲突。

所以当大明的太监使团在朝鲜作威作福时，朝鲜都尽力忍让，虽然表面看起来窝囊，其实是吃小亏赚大便宜，朝鲜不仅保持了与明朝的友好关系，还从自诩“天朝”的大明那里获得巨大的实际利益，最终，朝鲜王朝的边境扩张到鸭绿江、图们江一线，将大片女真人居住区纳入版图。

那么朝鲜人对黄俨的真实评价如何呢？朝鲜君臣对黄太监是极为鄙视的，常在背后指责他“性本无常”“贪婪狡狯”，是“天下之奢者也”，没一句好话。

不过，我把《朝鲜实录》翻来翻去，居然找到几句好评，不过那已在黄俨身殁之后了。

宣德三年（1428 年），才子兼圣君的宣德皇帝朱瞻基也派宦官到朝鲜选“处女”来了，来的是一个名叫昌盛的太监。昌盛是贵州都匀人，在东宫随侍宣宗十四年，宣德中始进用，就获得了出使朝鲜的美差。昌盛的墓志铭里说他“恭勤辅相，所为一出于正，并无诡伪骄矜之失”，真是个大好人。昌盛出使外国这件事，墓志铭里也没落下，称他“累使朝鲜，皆能宣布圣化，使夷人悦服，朝贡者接踵于道”①。见了这等谀墓之文，我恶

---

① 见《神宫监太监昌公（盛）墓志铭》。

心得几乎吐出来。本来明朝国史对昌盛所为没有太多的记载，墓志内容的真实性无以考证，然而我们从朝鲜国史中看到的昌太监，其光景却截然不同。

原来昌盛把出使朝鲜当作稳赚不赔、无本万利的生意，在朝鲜“纵欲求情，人皆曰贪”，种种情弊，不胜于书，总之就是一个贪字，而且是极鄙之贪，就是不顾脸面，伸手要钱，缩手还是要钱。古话说，“不怕不识货，就怕货比货”，朝鲜人拿黄俨与昌盛一比，才发现“天下巨贪”的黄俨尚还有可取之处。黄太监虽贪，但他面子还光，很少直接索贿，而是“因人讽晓”（即暗示），而新来的昌太监却是死不要脸，“贪求无厌”，从皮张鹰犬到一碟一碗，什么都要，甚至厚颜无耻到直接向国王（此时的国王是太宗之子、朝鲜史上著名的世宗大王）开口索取，甚是无礼！

而太监昌盛、尹凤等人领着所选“处女”回国，也是“怠慢不敬”。处女在半路生了病，昌盛等人都不下马，骑在马上，倾身撩开车轿窗帘探问，或与处女对坐，动手动脚，毫无顾忌。世宗大王听说后，忍不住责道：“这些家伙虽是内官，这么做，也太无礼了！”遂想起当年黄俨陪处女归国时，对处女“敬畏之至，如对皇后妃嫔”，岂如今日之所为？朝鲜大臣都叹息：“内官无礼者，莫甚于此辈！”还是老黄俨差强一筹。

这显示，虽然永乐朝宦官肆意威福的情况比较严重，但他们慑于皇帝的威严，纵然放肆，还是有所顾忌。朱棣放手任用宦官，但对宦官不失控驭之术，即便像黄俨这样的心腹太监，也不完全是偏听偏信。好比黄俨与少监海寿一起出使，黄俨对海寿颇为防忌，每当另有“讽取”时，总不忘提醒朝鲜人：“慎勿令海寿所知。”殊不知海寿瞪大眼孔，黄俨索贿之举全没逃过他的眼睛，回国后立马报告皇帝，并得到密旨，让他提醒朝鲜国王：黄俨索贿之事已为陛下所知，切勿再有行贿之举。显然，阉使之间有互相监视的任务，朱棣对太监们在外国的作为，并非昧然无知。但是到了宣德朝，公子哥儿出身的宣宗，对宦官倚赖有加，对其控制力却明显下降，这使得他们胡作非为起来更加放诞不拘了。

第八章　乘隙投石

自吕氏之案后，朱棣消停了几年，没再冲朝鲜招摇他的雄性荷尔蒙。这几年，正是大明皇朝的多事之秋，国家内忧外患日亟，而朝廷内部围绕“国本”(即储君之位)，党争激烈。虽然朱棣在北巡期间，总是委托皇太子朱高炽在南京监国，代为处理日常朝政，但他其实并不喜欢这个身体肥胖、反应迟钝的长子。太子又称东朝、东驾，随着朱高炽在储君的宝座上越坐越久，东宫逐渐成为皇朝的另一个中心。作为一个权力欲极为强烈的专制君主，朱棣对围聚东宫而形成的政治势力怀有天然的疑惧，为此他不断“琢磨”太子及其党徒(东宫官僚集团)。太子经常为一些小事得罪，受到过于严厉的处罚。这是皇帝(朝廷)与太子(东朝)的矛盾，也是当时的主要矛盾。

由于皇帝与储君之间裂痕难平，故太子之弟汉王高煦始终难以割舍对储位的非分之想，在永乐朝的大部分时间里，他从不停歇地攻击东宫，试图推倒兄长这堵危墙，重砌属于他的王朝未来。这是当朝政治的次要矛盾，它从属于皇帝与东宫这一对主要矛盾。

而皇太子居于这两大矛盾的中心，一方面遭到父皇的无情打击和压制，一方面又承受着汉王党的持续围攻，长时间内危如累卵，其地位始终处于风雨飘摇之中。

这是永乐十五年(1417年)前永乐朝政治的基本格局(详见《大明王朝家里事儿》第五卷《三雄争嗣》)。

永乐十四年十一月，朱棣依靠他强大的专制权力，不顾群臣的强烈反对，硬行通过迁都决策，决定营建北京城。

朝臣的反对是有道理的：此时北边形势并不那么严峻，蒙元势力已经分裂，对明朝的威胁大为削弱。自永乐七年以来，朝廷频频发动对漠北的战争，又下西洋、通西番，耗费了大量的人力物力，如今正是国力虚弱、民生疲敝、正望休息之时。若在此时又大兴土木，建设新都，必然加剧百姓的痛苦，很可能使国内出现新的动荡。况且，此时最大的军事危机，不在北而在南——纳入疆土不到十年的交阯行省(原安南国),动乱日炽。就在离京北行前,朱棣不得不派丰城侯李彬率重兵赴交阯镇守,对全境的骚乱进行武力弹压。车驾如能坐镇南京,不是更有利于调动南方诸省兵力,处理棘手的交阯危机吗?

可是,朱棣对所有的不同意见均采取置之不理的强硬态度。唉!有权就是这么任性,结果一个人的任性,就改变了历史的走向。

对于父皇一人推动的迁都计划,皇太子朱高炽一点都不认同,但他接受东宫辅臣的建议,违心地对营建北京表示了附议与赞同。

永乐十五年(1417 年)二月,大规模的新京营建工程启动。随即朱棣再度北行巡视,这是他平生最后一次北巡,从此再没回过南京,帝都南京已注定成为一座“废都”。

朱棣在出发前,做出一些必要的政治安排,首先将不安分的十九弟谷王朱橞废为庶人,之前他已废掉七弟齐王朱榑。这两位王子被削爵监禁后,宗室中再无人有能力对第四房燕王这一系攘夺来的皇位发起挑战了。在起驾时,朱棣公开宣布第二子汉王高煦的罪行,将他改封于山东乐安州。这等于向群臣表明,觊觎皇位、野心勃勃的二皇子已经失宠,在政治上一败涂地了。

跟前几次一样,太子朱高炽在父皇离京后,受命于南京监国。但与过去不同的是,父皇在临行前拔掉了他在政治上的劲敌,其太子之位从未如此稳固过。

拥戴皇太子的群臣(主要是文臣)大大松了一口气。他们希望从此之后,诡谲多变的朝政也能稳定,他们更希望在政治上得到皇帝信任的皇太子能够在时局上发挥更大的影响力。

但与朝官的感受完全不同,司礼监太监黄俨对日益明朗的朝政发展方向感到深深的忧惧和不安。他知道,他是皇太子深恶痛绝的人物,将来太子即位,他的命运如何,或干脆说,他的下场如何,将不敢想象。

他的宝押错了,这是一个赌徒从轮盘开始旋转之时就已注定的悲剧。

永乐十五年初,黄俨扈从銮舆去了北京。部分由于他的极力游说,皇三子赵王朱高燧也一起随驾北上。

赵王高燧与他二兄汉王高煦同年封王，两人都是年长的亲王，按照洪武旧例，皆不应继续留在京师。他们的父皇和皇叔们，都是在十几岁上就已就藩。汉王高煦一心夺嫡，所以不想远离京城。先封他到云南，他抱怨说："我无罪而受贬。"改封山东青州，他还是赖着不走。而他父皇宠惯着他，也不强迫他"之国"。高煦遂利用他在京的便利，拉帮结派，将许多勋戚武臣拉入旗下，为他争夺储君之位站脚助威；同时用尽心思，巧诋长兄皇太子，使永乐中前期政争激烈，很多大臣被牵连进去，遭到罢官贬谪的下场，甚至枉丢了性命。

一切都在永乐十五年（1417 年）决策迁都之后尘埃落定。朱棣终于将跳梁跋扈的汉王撵出京，打发他到新的封地。不知道朱棣择"乐安之州"为第二子的封地，是否有这样的暗示：汝好生在此乐居吧，切勿再存妄想！但乐安州本名棣州，因为冲犯了朱棣的御讳，才改的新名。朱棣将"棣州"封给心爱的二儿子，是否别有用意？这真说不清楚。总之，乐安州居于南北两京之间，如果要造反做巢，这里绝非善地。

朱棣在北行时，逼令高煦一起动身，几乎是押解着他到封地去的。在明眼人看来，一直自诩为秦王李世民的汉王在政治上是彻底没戏了。

亲王在朝，不利于朝廷的稳定，已有汉王的前车之鉴。可皇上这回北巡新都，却将赵王带在身边，这就不能不令人又起猜想。

所有人都知道，三皇子赵王高燧最得帝宠，莫非皇上在对汉王失望后，如京师官场所盛传的，又复属望于三儿子？如此，则太子高炽仍无法摆脱危殆困窘的境地。官民议论纷纷，可是无人敢谏。

赵王高燧在靖难之役时，辅佐兄长守卫北平，永乐初封王后，长期在北京"居守"，独当一面。他的地位开始凸显出来。但永乐中期前，朝政的主要矛盾集中在朝廷与东宫、太子与汉王上，赵王还隐在幕后，颇为低调，不为百官关注。

其实高燧也不是一个安分的人，但他将三只筷子（筹策）在桌案上拨来拨去，发现自己实力薄弱，根本无力与长兄太子与二兄汉王逐鹿。况且两位兄长争夺正烈，双虎相斗之时，他何必入山搏虎呢？不妨暂作壁上之观。这一等就是十几年。

高燧占了年幼的便宜，同时也吃了年纪小的亏。靖难之役时，他没法像二哥那样横刀野战，立下军功，而后方守城调度之功则属于他大哥。无论是在军中，还是朝臣里，他都缺乏人力班底，百官“站队”时，谁也想不到还有一位不甘寂寞的三皇子！

赵王高燧多文善思，却只能将满腹才情消耗在吟诗作赋上。文艺之事，往往寄托两种情怀，一为激奋，一为失意，我们的“非著名诗人”朱高燧的诗里，正浸满了无尽的哀怨和悲情，为了那终将逝去的帝位宝座。

当汉王高煦突然失意，被剥夺了皇位竞争权后，高燧忽然看到了新的希望。

有些地方把家里最小的儿子称为“老儿子”。“老”者本是不必劳作、安享晚年之人，最晚出生的儿子，讨了年纪小的乖，总能得到父母的格外呵护，啥子家务农活，都尽哥姐去做，他只需在家高卧，如同退休老人一般，所以得称“老儿子”——大概是这个意思吧。

永乐皇帝的老儿子高燧，也最得父亲溺爱。而皇帝的偏爱，对臣子或皇子，都是重要的政治资本。正因为太子高炽这方面资本太薄，导致地位长期不稳。而汉王高煦正倚仗着父爱“本息”丰厚，才敢于向储君挑战。

但两位兄长得到的父爱，均不及老儿子高燧。当二哥失败后，高燧作为最得帝宠的皇子，其地位自然而然凸显在聚光灯下。皇帝不把他打发出京，而是留在身边，一如汉王高煦，自然让人产生推想：皇帝是否对赵王存有新的期待？一些投机客便不失时机地向赵王示好、靠拢，分一部分赌注在赵王这边，将来不管哪位皇子即位，都可以做到两头开花。

赵王高燧真正的拥趸，其实主要是宫廷里的阉奴宦官，而他最为依靠之人，正是司礼太监黄俨。

黄俨还是燕王府承奉正的时候，就是朱高燧的老师。燕王即位后，开始出现继承人的长期纷争，黄俨希望自己的学生能够成为最终的获胜者。

长年的宫廷生活与血的洗礼，使黄俨深刻体会到，时间才是检验一切的真理。为此他不断告诫自己，凡事须等待，慢三拍是舒缓厚重，快三拍则着急跳墙，急躁只会倾楼覆车，犯下致命的错误——这是他的生存之道。对要搏噬的猎物，他从不急于出击，而是安静地伺蹲在夜影中，等待扑出的最佳时机，一招锁喉。

老鼠借着暗夜的掩护在墙脚窃行时，哪里看得见猫？但它们就是抑制不住恐惧。因为老鼠知道，猫就悄没声息地隐藏在某个看不见的角落里，等着某个倒霉鬼撞到它的利齿之下。如果猫得意地在屋里巡行，还能逮到老鼠吗？

黄俨的老师就是他家养的一只大黄猫，他经常像画师一样长久地观察猫的举动，从中揣摩政治场上决斗的要诀。

黄俨一生唯谨慎，他“日近清光”，本可以门洞大开，招财进宝，财源广进。可是不然，每日撵财千万欲入其门者甚多，然而若与黄太监无深厚之私谊，虽认其门，却不得入门之径。

黄俨对常人，即便是高官贵戚，也多敬而远之。他明白，保持与朝官的相对超脱，是他维持皇帝信任的不二法门。人家送他钱，还不是为了请他办事？贿金就是他们投机博彩的本钱。他不糊涂！不义之财的钱串子，说不定哪天就会变成一根缚妖索，让他作茧自缚，或化作一条绊马索，不定在哪里将他绊倒，再爬不起来。

京师居之不易，孰知宫廷生存，伴君如伴虎，更是危机四伏，尤其是在那样一位“察察之君”的眼皮子底下！皇帝对他敛财并不在意，只要不太过分，不会拿贪赃之法来办他，但对什么人送他钱，却是十分敏感。

皇帝鼻子发炎，近侍黄俨马上要打巨响的喷嚏，喷嚏不止，更是全身红肿发炎。宦官毕竟不同于外朝之官，他们作为政治生物的存在，其生命及力量的源泉，全在于皇帝的信任，一旦失去，将一文不名！黄俨深明此理，他不得不谨小慎微地处理与外朝文武将吏的关系，既要拨弄他们，又要保持至少外表上的距离。

但黄俨对自家孩儿——他众多的义子干孙儿的孝敬，却是一概受纳。

所谓“不是一家人不进一家门”,自家孩子回家,提着篮篮筐筐,端着盆盆钵钵,再正常不过,皇帝老子也说不起。

每当此时,黄俨便成了一种著名的美食——“开口笑”。

自从黄俨在燕王府稍微挂个衔、任个职,就开始收养义子。他后来官运亨通,做到燕府承奉正,又做到司礼监首席大太监,膝下的孩儿们,个个得他抬举,一些还趁着“靖难之役”的东风,直飞上天,成为煊赫一时的大太监,在永乐朝东征西伐,建功立业。好比那镇守辽东,为朝鲜所恐惧的王狗儿王彦,对他干爹的奉养,比一般民家子弟孝养父母更为尽心。不单年节都有大宗的孝敬与献纳,他还上体父亲奉佛的心,自己也成为非常沉迷的佛教徒,在北京、辽东大建寺院,不仅自己讨佛的欢心,还大掏腰包,帮助义父建立家庙。

这是一笔很大的开销,庙里聘来全国著名的高僧住持,由礼部给发度牒,命为僧官,还向朝廷请来“护敕”(由朝廷颁发的保护寺庙的敕谕)。黄太监的徒子徒孙们一齐来凑热闹,有钱出钱,有力出力,不仅营建费用解决了,庙的香火地也是田连阡陌,以数十百顷计。

黄俨撑起一把大伞,伞下栖息着众多的猢狲儿。

黄俨是众太监的养父干爷,又称“本官”“本管官”,他的义子们做着内官、内使,是黄太监看顾的“名下官”(简称“名下”),义子之间互称为“同官”,而称与黄俨同辈之老太监为“老叔”。

这样,宦官们在宫廷之内,爹、叔伯、儿子、孙子都有了,并各自承担着相应的义务:上辈提携下辈,下辈对上辈尽孝道,同辈之间相互扶持。于是以一位著名太监为核心,在明朝的内廷就形成了家族式的人脉网络。这种现象又称“拉名下”,从永乐朝就开了头,后来愈演愈烈,要想在大明的后宫出人头地,必须于入宫之初,投入一有力之太监大佬之门,方得照顾,然后充任差使,节次升迁,逐渐发达。有势力的老公公,也借此开枝散叶,培植自己的超血缘势力。

黄俨是一棵大树,众多的藤萝攀附缠绕着他,而黄老太监则紧紧依附在参天大树——永乐皇帝的树干之上。

皇帝的信任这些年明显减弱了。果真减弱了吗？黄俨盘腿坐在随驾北行的暖车里，倚靠厢壁，瞩望前方，眼中空然无物，沉浸在冥想之中。

随着年龄的增长，他的精力与敏锐性都在减退，即便在揣摩皇帝的心思这样至关重要的问题上，他也难以做到持久兴奋了。

厚厚的轿帘以及车轿内富丽繁复的装饰消融了他富有穿透力的眼光，辚辚滚动的车轮，指尖缓慢转动的佛珠，使他渐渐迷离，陷入一种半醒半睡的状态。

近几年来，皇帝的性情变得愈加暴躁，为人反复无常，连黄俨都觉得难以跟上他的节奏。这才是他感觉到与皇帝疏远、亲密关系减弱的关键——他不再能准确把握皇帝的心思了！许多时候，他仅能任凭惯性将自己送到远方，比如，对三皇子赵王高燧的鼎力支持。

想到这里，黄俨在车厢里仄了仄身，让略感酸痛的脖颈舒服些，也为了摆脱陡然而生的烦躁。每当念及储嗣之事，他都觉得前程充满了未知，内心不禁焦虑恐惧。

谁都知道，他是赵王高燧最坚定的支持者和幕后军师。建文三年(1401 年)夏天，黄俨将朝廷派来联络世子朱高炽的密使擒拿下，直接送到燕王军前，从那时起，他已与世子，也就是当今皇太子决裂。虽然皇太子对他的态度并无异样，但他深知，主奴之间已结下死梁子，只有血才能化开。

黄俨不怕得罪世子，却怕得罪皇太子。因为世子即位，不过是亲王，而他作为燕王府承奉正，做的是朝廷的官，任免之权在朝廷，世子承袭王爵之后顶多请旨罢了他的官。而皇太子则不然，太子一旦即位，就是皇帝，那时取仇人项上首级，岂不如寄？

在皇帝即位一年多的时间里，对储君的人选犹豫不决。黄俨深知，虽然皇上最疼爱老三高燧，但要跳过两位兄长，直接立三子为嗣，无论从哪方面都说不过去。但他最不愿意看到世子被立为太子。为此他采取了迂回的战略，不去为他的学生高燧杀出一条不可望的血路，却去力挺那位野心勃勃、势力正强的二皇子朱高煦。朱二皇子见黄太监主动加盟，大为高兴，常忍不住夸口黄公公如何如何。但黄俨很谨慎地保持着与高煦一党的距离，从不公开表明他的态度，只是按他的方式，暗地里出手(或者说出言、进谗)相助。

然而,传统的伦理力量最终战胜了专制暴君的一意孤行,永乐皇帝最后没能按照自己的心愿,在储君的备选名单里勾除名分早定的长子,朱高炽顺利保住了继承人的地位,由世子升为太子。

黄俨大为惊恐,但他并不特别害怕,他告诉自己,皇帝春秋正盛,在位之日还长,只要时间还在继续,大事就还没到尽头。在接下来汉王与太子的激烈角逐中,他继续力捧高煦,他要做的,就是在一旁吹火,让一星小火延烧成燎原的烈火。他在皇帝耳朵里说了无数太子的坏话,而把二皇子捧上了天,同时,他告诫不安分的三皇子保持低调,等待时机。

可惜,时局的变化不由太监操纵,甚至都不完全由皇帝主宰。原先势单力薄的皇太子自在东宫坐定之后,身边集聚了大量人才,他们忠心耿耿地维护少主,即便拼出身家,坐十余年的黑牢,亦在所不惜。太子还得到绝大多数朝臣的鼎力拥戴,他们拒绝接受朱高炽之外的任何新人。随着时间的流逝,东宫的基石日趋坚固。而由"靖难"亲贵组成的汉王党,却日渐凋零,继淇国公丘福战殁后,其他成员也由于各种原因或死或免,在两雄的角逐中,高煦明显趋于下风,直到永乐十五年(1417 年)被驱逐出京,彻底丧失了夺嗣的可能。

耐人寻味的是,高煦一度下狱,他父皇将他关在西华门内,威胁要废了他,先令其面壁思过。皇帝派来监守他的,不是别人,正是把他捧成天上独一、世间无二的太监黄俨。皇帝此举何意?黄俨惶恐毋宁,甚至怀疑自己也失宠了,亦将遭到贬黜的命运。

幸好汉王不久释放,虽然保住了王爵,但从此被打发到山东封地,再不许回京。黄俨此时百般忧惧的是,他的好弟子赵王高燧可能也要被撵出京,那将注定皇太子将一帆风顺地继承皇位!这也是高燧最大的担心,他找到黄俨密商此事,竟扯住师傅的衣袖,哭鼻子,抹眼泪,说父皇若赶他走,他一定要到宫里去大闹一场。

黄俨迫不得已,爹着胆子去见皇帝,提出赵王年纪尚小,最好随驾北上,让他多历练历练;况且他一直在北京居守,如今北方大兴土木,庶事孔棘，皇上应该留一位皇子在身边帮忙。

他讲这件事时，朱棣半卧在御榻上，认真地读一本书。黄俨一边讲，一边翻着眼皮往上偷觑，发现皇上看的是福建方士手录恭进的一部丹药秘籍。这些年，万岁爷越发迷恋道教那一套，用了大把时间在内廷斋醮修炼，服食丹药，性情也愈发变得狂暴。此刻他却很安静，黄俨伏在地上说时，他手中的书一动不动，露出半边脸，没有任何表情。

黄俨在讲了几件公事后，把赵王之事当作一件小包袱塞进来，好像是不经意间讲到的。然而皇帝始终一声不吭，不接话，也无质询，黄俨便无法在这件事上再进一些"补药"，催出更明显的"疗效"，只好继续讲他的公事。

黄俨拿着几份本章，一件件地讲，惦着此次面奏的主要目的没有达到，甚觉局促，心中漾起无限的怅惘。

皇帝手里的书始终没有翻动，这一细节很快被他注意到：皇上虽然捧着书在读，其实在很用心地听他口奏。待公事奏毕，哗啦一声，书页马上翻过一页，随即皇上开口了。

"老黄你……啊！"一口气从肺部提出来，在嗓子眼里堵住，带着混浊的痰音，朱棣用力清了一下。左右宦者忙递上蜂蜜柚子茶，这是由朝鲜处女引入明宫的一种清热化痰的茶品，朱棣经常服用性燥的丹药，这种茶他非常喜欢喝。他坐起身，接过来，饮了一大口，用帕抹了嘴，然后吩咐道：

"你去传旨，让高燧府中准备，随我北上。"

黄俨心中大喜，但随即头上冒出一圈冷汗。他奏了这么些事，皇上一件不答，单只挑这一件来答复，岂非窥破了他的心机和肺腑？而皇帝心里对此应该早已有了定见。

"那……"黄俨将手中黄袱包着的题奏本章一抖搂，他本欲再扯几句别的话题，好冲淡一下内心的慌张与虚弱。可突然觉得这全属多余，欲盖弥彰，遽然变词说道："奴才领旨。"

老狐狸带着慌乱起身，从殿中辞出。回到值房，立刻叫来一名心腹宦官，让他立刻将皇帝令赵王扈从北巡的喜讯报告三王爷。

永乐十五年(1417年)三月,朱棣带着众多的宗室、妃嫔、宦官、宫人,以及扈从文武、卫士,在大批军马的护卫下,向他的龙飞之地,也是皇朝未来的新都北京进发。

这是朱棣在决定将帝都北迁后的第一次大搬家,所以不仅随行官吏为数众多,装满了朝廷图籍文册以及后宫珠宝财货的箱箱柜柜,更是不计其数。

这支庞大的队伍没有走运河漕路,而是选择了旱路。

这两年,正是北方人民异常痛苦的时期。上一年的春天,北京、河南、山东大饥,朝廷不得已,开仓发粟一百三十七万石,赈济之后,才没有出现大规模流亡、饿殍遍野的惨剧。然而到了夏间,北方又遭遇数十年未见的蝗灾,飞蝗蔽空,万里赤地。当年七月,黄河又在开封决口,万物凋敝的大地更是一洗而空。

灾异迭至,民生痛苦。但就是在这节骨眼上,朱棣坚持派太监郑和再使西洋,招揽各国来朝,并于永乐十四年九月,不顾京师地震,突然南下。一回到南京,即召群臣集议营建北京之事,并强行通过了大规模兴建北京宫苑、庙坛、城墙的决策。大计已定,朱棣立即离京北上。

一年之计在于春,永乐十五年春,正是农忙之时,皇帝老儿打着伞盖,率领大势人马向北席卷而来,其势比蝗虫更为汹汹。官府除了倾竭府库承奉,还将无数农夫从农田里强拉了去应差。而护驾军马骑着高头大马,在田间肆意横行,将新播的种子与新插的秧苗踩得稀烂,沿途农作遭到极大的破坏。

黄俨陪伴着赵王高燧,心情格外开朗。虽然皇帝的心思难以猜测,但他觉得,只要赵王留在御前,夺嫡之事就还有希望。至于是何等之希望,他难以说清,至少在一片迷雾里,隐约能看到一盏模糊的白灯。他按照一贯的哲学给自己打气:只要还有时间,时间里便蕴含着无限的机会和可能!

銮驾走了两个多月,五月才到北京,朱棣随即入住在原燕王府旧址上展拓新建的西宫。西宫之东,大规模的土木工程随即展开,这里将是大明王朝新的皇城。

朱棣在西宫住下,阳气随着炎夏的到来而腾腾升起,顿感技痒难耐,便把权婆婆和黄俨找来，让他们去给朝鲜使臣传话："恁回去，国王根底（跟前）说了，选一个得当的女儿，奏本上填她姓名、年纪来。"

为了皇帝雄根的享用，无根的老黄俨义不容辞地再度亲赴朝鲜，帮皇帝拉皮条。而朝鲜所贡者，并不止"一个得当的女儿"，有黄氏、韩氏等多名处女及其侍婢，皆为绝色，尤其是韩氏，色冠群芳，入朝后也最邀帝宠。

不想朝鲜从两班贵族官员之家"尽情选拣"到的处女黄氏，在家已有相好，而与她情愫暗生、私相授受的，不是别人，正是伴送她上京的姐夫金德章。情郎送情妇上京，这叫啥话咧！两人在进京的路上即行为诡异，经常窗里窗外，窃窃私语。黄俨发现后，严厉斥责了金德章，可他万没想到，黄氏与其姐夫偷情，已然珠胎暗结！

黄氏已有身孕，只是瞒着家人，当她被"天使"选中，成为本国献纳天朝的"处女"后，黄氏非常害怕，金德章主动要求陪小姨子兼情人来华，就是希望与她共渡此难，顺便想办法消解祸患。

情急之下，黄氏唯有努力将"祸胎"打掉。一路上她偷偷服食堕胎药，对准渐渐隆起的肚腹，又是推揉，又是捶打，终于使可怜的胎儿抵不住连环拳加毒砂掌，在半道上流产了。黄氏的从婢不知所措，将大如茄子、皮裹的一个肉块丢弃在厕所里。但此事不密，马上被人揭发，并在一行处女及众婢中哄传（足见朝鲜人内斗非常严重，她们知晓吕氏之祸，而不知灭顶之灾正等着她们呢）。

黄俨闻讯大惊，可是他带着处女已进入辽东境内，无法打转退货了。而黄氏之名又是在朝鲜国的奏本上填了姓名、年纪的，做不得假账，就是想来个偷梁换柱，一旦暴露，欺君之罪，孰敢当之？

黄俨一时没了主意。当初黄氏入选时，她是千般不情，百般不愿，一味耍赖；待到启行之际，又称有病，迟迟难以成行，耽误了很长时间。黄俨还亲临黄府探过病，当时以为她是装病，如今看来，嘿嘿，这位"家门儿"（指同姓），还真有"病"！

黄俨明知选了一位假处女，他难辞其咎，但事已至此，也只好捏着鼻子糊眼睛,希望侥幸蒙混过关了。黄俨想,即便皇帝发现黄氏不是处女,也怪不到他头上,有朝鲜国王顶包呢!于是决定冒一次险。他命人将死婴速速掩埋,并假称黄氏得了怪病,阴中所出乃一异物,令众人不可乱传胡言。

"处女"就这样糊里糊涂地进了明宫。

然而永乐皇帝朱棣是风月场上的老狐狸,御女无数,经验丰富,是不是处女探手便知。这位霸王一上弓,立马发现黄氏不是原装,已被人抢先开了封。堂堂天子,竟然戴了绿帽儿,岂不狂然而怒!且他早就风闻宫人间有淫乱之事,如告发朝鲜处女吕美人毒弑权妃的贾吕,便被人告发与宦官私通,事情败露后,畏罪自杀。与她同时上吊的,还有朱棣正施宠爱的小可人儿鱼氏。本来还未查到她头上,竟也吓得与贾吕对吊而亡,显然也有与宦者偷腥的情弊。

听到消息,朱棣怔怔然不解,仿佛无数顶绿帽子乱飞,纷纷向他头顶掼来。一股冲天之怒,陡然而生,一定要把这"绿色桂冠"掀翻!掀翻!

朱棣怒不可遏,便老账新账一起算,把黄氏及其侍婢、宦官抓起来,严刑讯问,并由此辗转攀扯,将无数人拉进来。账本做成了,遂大开杀戒,对宫娃宦寺展开一场惨绝人寰的大惨杀。其结果导致几乎所有来华的朝鲜女子,除了少数几名幸存,尽皆遭到杀害。最为骇人的一种传闻,说此役中被杀宫人达到三千余人。事详《大明后宫有战事》,兹不赘述。

此事过后,永乐十七年(1419 年)的春天和秋天,黄俨又去过朝鲜两次。头一次是因太宗大王李芳远退位,其子世宗大王①继位,他代表朝廷去

---

① 前文讲到,朝鲜太宗曾计划令世子娶一位大明公主,结果无果而终。这位世子在永乐十六年被废,随即太宗主动退位,将王位让给第三子李祹,也就是世宗大王。这位国王在朝鲜历史上非常有名,他最主要的功业有二:一是发动"己亥东征",这是朝鲜王国对日本发动的唯一一次主动出击,今日韩国最先进的一艘军舰被命名为"世宗大王号",并非无因;二是发明了现代朝鲜人使用的书面文字,即谚文,又称韩文。不过古代朝鲜的官方文字仍是汉语,谚文只供下等阶级的人使用。

给新国王颁赐诰命，并索求小火者[①]。另一次是当年八月，奉皇帝之命来求佛舍利。也是可笑，永乐皇帝一边溺道，一边崇佛，多次派老黄到朝鲜来搜求佛骨舍利，搬过去的少说也有百十来斤，在国内搜罗者，当更难计数。那得有多少佛才行啊！朱棣也不想想，“佛骨”中就没掺杂着什么猪骨头、鸡骨头和狗骨头？否则，便是如乐山大佛一般伟然的一座佛，浑身都是铁，又能打几斤钉？哪能剩下恁多骨头渣子做舍利！

这是黄俨最后一次赴朝，其后政治形势大变，他再没机会出使外国了。

自从汉王高煦冲击储位失败，黄俨作为二皇子的喇叭筒，在政治上已失去皇帝的信任，除了帮皇帝干一些猎色的勾当，基本上已失去对朝政的干预能力。尤其是经过永乐十五、十六年间的宫闱大杀戮，永乐皇帝朱棣的精神受到极大刺激，身体加速走下坡路，他为严重的疾病所折磨，多数时间都深居不出，就连司礼太监黄俨也不能时常见到他。

雄心勃勃的皇帝在晚年表现出强烈的倦态，他除了对迁都和对北用兵这两件大事还能用心，其余政务都懒得管了，统统交给皇太子打理。永乐十八年(1420年)，北京郊庙、宫殿建成，皇太子朱高炽携皇太孙朱瞻基，领着南京所留监国班底全部来到北京，年底正式宣布迁都，大明王朝始定都于北京。[②]

当皇太子来到北京，“东朝”(东宫)遂与“行在”(銮舆所在)两套行政人马合并，由于皇帝端拱九重静养，托政于太子，朱高炽已为事实上之摄政王，全盘掌控朝廷庶政，其储君地位已坚如磐石。

赵王朱高燧虽然一直待在父皇身边，但在兄长愈来愈重的阴影里，他

---

① 火者，即阉人，与处女一样，也是朝鲜经常进献的人贡。故在明初时，有许多宦官都是朝鲜人。

② 迁都之后，北京为京师，南京降为陪都。明代在南京仍保留了外朝院部衙门及内府二十四衙门，所有内外衙门及官衙前均加“南京”二字，如“南京兵部尚书”“南京司礼监”等。

除了蜷伏，似已无所作为。高燧有些心灰意冷，但炉火的余烬里，仍存一丝火苗，为此他始终赖在北京，不愿离开。而微妙的是，皇太子到北京后，皇帝竟然也不下旨，令礼部为三皇子择一善地以封之，让其离开京城。

一些政治上的失意者，以及反对太子的势力，便攀住这一条缝，拼命往里面叮。

在明代的正史以及明人笔记里，仁宗朱高炽（即皇太子）在政治上的主要反对力量，被划定为阉人，称因为他“往往裁抑宦寺”，所以遭到宦官的强烈反弹；甚至有传说，仁宗即位一年而亡，就是被宦官暗害了（详见下文）。

事实上，朱高炽确实有一个以黄俨、江保等太监为首的对立面（江保此人出身及事迹均不详，他在正史中唯存一名）。长于守的朱高炽，在击破二弟高煦的进攻后，还剩下一个看起来弱小得多的对手——三弟高燧。

黄俨等太监并不构成一个独立的政治集团，由于历史的原因，他们与皇太子不和，极不愿意看到太子顺利登基，所以力捧他的弟弟们。如今汉王高煦倒了，他们便如蝇逐臭般地围聚在赵王高燧周围。

这些近侍宦官是皇帝的心腹，他们属于朝廷上顶厉害的一种力量——佞幸。在专制王朝时代，佞幸们比所有人都更亲近皇帝，他们整天蹲在御榻之旁，虽然官多不大，但论其权势及尾藏毒针的致命性，却比外朝那些威武的大将军、大司马、大司徒还要厉害。

朱高炽不得不以极大的韧性与忍耐力，迎受他们的挑战。但这种交锋，本质上是他与得到父亲偏爱的三弟高燧之间的博弈。黄俨等太监，只是高燧兵团的奇兵猛将。

可惜的是，高燧的这些兵团战士，并非勇士，他们上马不能骑，下马不能战，唯一厉害的，就是一张进谗的巧嘴儿。与当年太子、汉王相斗时的风起云涌比，赵王高燧夺嫡之役，更像一场不见风云的暗战。

朱棣晚年怠政，父子很少见面。黄俨、江保等人利用一切机会，抓住皇帝多疑的心理，于御前大嚼舌头根子，大泼污水，不停地讲太子的过失，离间其父子之情；同时利用在御前当差、接近天子，而内外隔绝、外朝难晓宫闱之事的条件，不断向外放消息，说皇帝所属意的继承人，还是赵王高燧，太子已失爱于皇帝。

当朱高炽、朱瞻基父子来到北京后，“黄蜂”们感到时不我待，其蜇刺不仅没有松缓，反而愈加密集。这让朱高炽感到如芒在背，日夜不得安宁。

高炽对黄俨等阉奴恨得牙痒痒。有一天，他忍不住内心的孤寂彷徨，对东宫辅臣杨士奇说：“天可欺乎？非赖至尊圣明，尚得在此哉！”意思是，若非父皇圣明，我的地位早不保了。

史书惯常采用春秋笔法，记事讲究曲里拐弯，含糊朦胧，费人思量。我严重怀疑，这并非朱高炽的原话，他与杨士奇私下嘀咕，肯定是商量如何应对黄太监等人“数造危语，谮之于上”，并对朱棣的心态进行揣摩，相当于战棋推演。

因为“至尊”若果然那样“圣明”、不“可欺”，怎会继续容忍奸佞留在身边，离间其父子？不打“老鼠”的人，绝对是老鼠兄弟，不是猫。

而杨士奇给朱高炽出的主意是：“殿下益宜自处尽道。”提醒他（肯定是反复、多次提醒），殿下您作为储君与人子，只要尽孝道就行了，别的都不要管不要顾。

对此朱高炽深表赞同，他说道：“尽心子职而已，他有何道？”

可见，无论对于防守方的太子，还是进攻方的赵王党，他们成败的关键，都在于“父爱”。一旦某一方失去了，立刻将遭到失败的下场。

从这个角度上来说，正因为朱棣在表示父爱上态度暧昧不明，才给了赵王、黄俨等人某种暗示与鼓励，让他们以为夺取储位，仍然有机可乘。可见，朱棣在继承人问题上，是完全谈不上“圣明”的，而朱高炽之所以能够在百难之中危而不倒，从根本上来说，在于他忠实地、无怨言地做好孝顺儿子，对父亲的种种不公绝无任何反抗，并且避免任何让父皇发生猜忌的行为。父亲是那样刚猛，他作为儿子，则必须阴柔，这才是他在政治上立足的根本——想当年，只为一句错话，他挨了二十多年的板子，教训深刻啊！

在永乐时期，朱高炽尽管对黄俨恨之入骨，但在外表上仍与之虚与委蛇，亲热得好似金兰兄弟一般，就是因为他若表示出真实的态度，很可能会使他满腹的不满与怨怼全部暴露。而作为皇太子的他，虽然看起来有些窝囊无能，但他至少是温和、恭顺和善于忍耐的，父皇将天下交给这个孝子，相信他会像古人一样：三年不改其父之道。

然而，朱棣全看错了，当朱高炽继位之后，几乎将他所有得意的大政都翻转过来，全盘否定。众人大吃一惊，这才发现，原来外表柔懦谦退的皇太子，竟然是一个敢作敢为的人！而这正是朱高炽以柔克刚的长技，是他的高明所在。

但是，就在朱高炽登基的前一年，突然发生了一件大事，使即将平稳过渡的政权差一点发生大翻盘。

第九章　身败名裂

这是一次胎死腹中的宫廷政变。

其发起人是一名中级武官——指挥孟贤，隶属于赵王高燧的常山中护卫[①]，他纠集的造反兄弟们，也多是一些中下级军官。这些武疯子的计划，是先干掉皇帝和皇太子，然后拥戴赵王即位。由此他们将继“靖难功臣”之后，成为新一代的“开国”功臣。真是一场好梦！如果干成了，那么明代立国不过五十年，就产出三批“奉天辅运”的世家功臣了。

政变的参与者主要有三类人：一是孟贤、彭旭、马恕、高正等一批基层卫所军官，主要成员都属于常山中及常山左、右三护卫，即赵王的随侍亲军三卫。

常山三护卫并不是京卫（在京卫所），因为赵王没有就藩，所以三卫军马也都随他留在北京差操（即应差与操练）。其中彭旭是京卫羽林前卫的指挥，羽林卫掌管着皇城及宫城的防卫，属于禁卫军。其他所涉卫还包括

---

① 亲王统领之卫，称为护卫，与一般的卫不同。

通州右卫、兴州后屯卫等。

第二类人，是内廷一些宦官，如此案中被杀的都知监太监杨庆的养子某（失名）。

明代的太监，多收养义子干孙，已如前文所述。但太监所抚养者，并不全是小阉，许多大太监在宫外都有私邸外宅，他们没有儿子，往往将侄、甥等亲男认作己子，作为传宗承祀之人。例如黄俨就有一个养子，名叫黄贵，多次随养父到朝鲜去发“洋财”。

至于杨庆的养子，我们从其墓志中可见到一个叫杨仁的，在杨庆死后替他处理后事[①]。太监养子多凭借老公公的恩荫，得以在在京卫所，特别是锦衣卫等亲军卫寄名拿干饷。锦衣卫愈到后世，人员愈猥滥，很大程度上就是因为该卫成了太监子弟的“托儿所”和“福利院”。

而牵涉到此案中的养子，很可能是一名宦官。因为根据政变的安排，首先须“连接贵近”（贵近在此特指御前近侍宦官），从宫中进毒于上，等永乐皇帝晏驾，即发兵劫夺内库兵仗及符宝，同时分兵执拿公侯伯等勋臣及五府、六部大臣[②]。为此，造反派已请老军高正（又作高以正）伪造了一份皇帝遗诏，交由杨庆养子，秘密收藏，就等皇帝毙命，即加盖御宝，从大内颁出，废皇太子高炽，立赵王高燧为皇帝。

可见，谋反路线图是：毒死皇帝——颁降伪撰遗诏——废皇太子——逮捕大臣——立赵王为帝。倒是严密，看起来有戏！

杨庆养子在其中的作用非常重要，在前两个环节，即进毒和颁诏两件事上，都离不开他。因此这个家伙应当是一名很“近御”的宦官，他养父太监杨庆则是他的后台大老板。

但杨庆本人对养子的狂肆行为，并不知情，所以当谋反以闹剧收场后，

---

① 见《大明故都知监太监杨公（庆）墓志铭》。

② 五府指左、右、前、后、中五军都督府，六部指吏、户、礼、兵、刑、工六部，分别为武官与文官的最高衙门。需要指出的是，内阁不算是衙门，只是大学士们的办事机构，虽然它在明中期以后被称为“政府”。

他本人没有受到太多的牵连。

司礼监太监黄俨,作为赵王高燧最大的政治支柱,并没有直接参与逆谋,因为从后来审讯的情况来看,赵王对以拥立他为目标的政变似乎也毫无所知。这场谋反,只是民间"自发"的拥戴行为。

可赵王并无仁政,因何得人冒死推戴?黄俨、江保等人持续不断的"吹风",显然起到了直接的催化作用。《明太宗实录》就说:太宗(朱棣)、仁宗(朱高炽)父子亲爱,虽然奸人之谗言终不能间(离间),但太子亦稀得觐见。黄俨因为素与赵王交厚,所以"常阴为之地,且诈造毁誉之言,传播于外,谓上注意高燧,以诳诱外人。由是(孟)贤等遂萌邪志"。指出此案发生的根本原因,首先在于皇帝父子两龙不相见,其次则是黄俨等人的煽动拨弄。

参与谋反的第三类人,以钦天监官王射成为代表。

自从西汉董仲舒拿阴阳五行之学重新包装儒家学说,提出"天人感应"的观点,祥瑞灾异之说在中国就非常有市场,从某种程度上可以说比"仁义礼智信"更受欢迎,人们践行更为自觉。

天人感应说将天地自然之变均视作上天对人事的启示或警诫,故人间的得失,往往会从天象上得到微妙或显著的征兆。例如彗星的尾巴扫过紫微星,就是皇权面临威胁的预警;而文曲星一动,则是要出状元的意思,等等。

当时人很信这一套,(不能说现代人就不信了,现如今不还是各路"大师"辈出?)好比太祖朱元璋、仁宗朱高炽,皆精通"术学",是富有经验的"观星"爱好者。正因为"天文"显示的都是关乎国家稳定的绝密情报,不能让普通人探察知晓,所以官府禁止民间人士私习天文,主要是害怕一些捣蛋鬼妄解星象,以此蛊惑百姓,危及其统治。合法的习学者都聚集在官府,替官方办事,地方上当差的是阴阳生,在京师则有钦天监。

王射成虽然做着朝廷的官,但他本质上是一名术士。作为一种特种手艺人,术士们掌握着天庭的机密情报,因此常常成为朝臣、宦官的座上宾。这些人靠着在京城坐拥广泛的人脉,信息灵且广,又多是老江湖,鬼机灵特别多,活动能力强,所以能量不小。

这些术士多与宦官结成孪生共体的怪胎,宦官凭其言以固宠,术士则借宦官搭桥,得以接近皇帝。当某些术士成为皇帝的亲信时,他们就被称为佞幸,成为官职低微而权势显赫的大人物。这在成化、嘉靖两朝特别明显,后卷将予详解。

且说回那位钦天监官王射成,他与造反司令孟贤是好朋友。孟贤邪志初萌,毕竟是杀头的买卖,初始还有几分犹豫,便找王射成密商此事。王射成一听,马上跑出檐外,看了好一会儿星星,然后回转来笃定地对孟贤说:“观天象,不久当有易主之变。”

由于得到天象的指示,孟贤等“邪谋益急”,差点把大事做成了。可以说,如果黄俨等人放出的消息是孟贤等人产生逆志的催生剂,那么王射成之言则是其迅速蔓延的肥田粪壤。

通观以上这三类政变大戏的舞蹈者,用如今的话来说,他们所代表的阶级与阶层非常狭窄,主要就是一些权力狂和丧心病狂的投机客,他们的成功,只能冀望于侥幸。

这一帮为了富贵凑在一起的亡命之徒,蠢蠢欲动,突然因为一个偶然的变故而遭到失败。此非天乎?否则,那威风一世、以圣明自居的永乐皇帝将不免于隋炀帝一样被弑的可悲下场。

永乐二十一年(1423 年)五月,已经六十多岁的朱棣突感身体不豫,病情陡然沉重,有不起之势。这促发了一个小人物关于“易主”的神思。造反头子、护卫指挥孟贤与赵王关系如何,史书没有记载。想来,此人拼得身家性命去力顶赵王爷,如果不是经常出入王府,与赵王较为熟悉,似难以想象。

赵王又不是大明星,怎么可能有不认识的铁杆粉丝,死也要“追”他呢?

当政变败露之后才发现,还真有不少人加入了孟贤的谋反传销。这些人也不是乡愚野老,笨乎乎地就被忽悠上当了,他们多数都在京城做官。西市杀头是京师一景,这些京油子们是看惯了的,怎么也算见过一些世面,总不至颟顸到把灭族之祸当儿戏来耍吧。

而事实是，这些人一被孟贤说项，马上心悦诚服地加入进来。好比兴州后屯卫老军高正，只是一名“资深列兵”，长于文字，伪造的遗诏就出自他的手笔。我怀疑此人并非军户出身，而是刀笔吏、落魄书生一类的人物，因为犯了重罪，被罚为世代为军（即充军，高正所属的兴州后屯卫在北直隶三河县，属北平行都司）。

他一听说有这等好事，顿觉这门生意靠谱，虽然本钱大（失败了要掉脑袋），但获利也是巨万，富贵如山不说，还可以世代传家。

是好事就不能独吞，要与家人分享，这是做人的基本准则，也为了多拉一些人手，高正将此事偷偷告诉了他外甥常山中护卫总旗王瑜。谁让甥舅不是外人呢！

总旗是卫所低级武官，地位在百户之下。王瑜也是赵王驾下护卫军官，但他并不知道本卫指挥孟贤的造反企图。可见孟贤虽为常山中护卫最高指挥官，但本卫下层军官均未参与他的谋逆，也就是说，孟贤起事时能够调动的兵马应该非常有限。他起义成功的关键，全在于由宦官进毒，毒死皇帝，然后趁乱发出伪诏，废太子，扶赵王。他盼着皇帝老儿一死，群龙无首，赵王再往金銮殿上一坐，百官只好顺从。这倒不是完全在发梦天，二十多年后，内廷发生“夺门之变”，废帝英宗复位，百官入朝，乍见宝座上坐着的不是景泰帝，居然换作了英宗，竟无一人抗争，全都默默接受了。孟贤希望看到的，正是这一幕。

可见此案虽然要借助外朝兵马，施加军事压力，但其真正的枢纽，亦即决定成败的最关键因素，却是内廷宦官。想杀死皇帝、废掉太子、拥护赵王的，主要就是权势骎骎而大的阉奴们。

这些年来，虽然永乐皇帝赋予了宦官很大的权力，但他对宦官的控驭也十分严厉，即便是潜邸出身的亲信宦官，一旦得罪，以前的功劳全然作废，难免化为齑粉的下场（详见下章）；他还在宫中大开杀戒，血洗宫墙，杀死大批无辜，幸存者们虽然一时逃出生天，但终日栖惶，不知将死在何地。

在大明王朝的新宫里，酝酿许久的反抗情绪，终于要爆发了。

参与密谋的宦官宫人期望杀死暴君，既为舒一口气，给不计其数的蒙难者报仇，也为将来的日子好过一些。伴君如伴虎的苦头，他们算是尝够啦！他们之所以计划废掉皇太子，并非太子对他们多么不好。这与个人恩怨或人情无关，因为皇太子是法定继承人，叛逆者杀死他老爸，则必须连带处理掉他的继承人，否则便没法洗脱“谋大逆”的罪名。而只有拥立本与大位无缘的赵王，才能为他们的行为找到合法的依据，从而最终从弑逆中获得巨大的利益。

所以，杀死朱棣，则必须杀死朱高炽。除非弑逆者有谋朝篡位之心，则必须从被弑者的子弟中重新扶立一位合法的继任者。我们可以从无数的宫廷政变中找到相似的例子。

然而被串烧入伙的王瑜，他虽然也是赵王护卫的在编武官，与赵王殿下利益相关，但他并不愿意拼了一家性命去保赵王登基。亲娘舅跟他讲入伙的好处时，他略略劝了一句：“娘舅哇，这可是灭族之计啊！”但见高正一副执迷不悟的样子，便不再多言，而是沉住气，细细地听，掌握了造反者的全盘计划，然后一转身，就跑到宫里“告变”去了。

朱棣在病榻之上惊悉这个政变阴谋，不由得七窍生烟，并且深觉耻辱。肯定是娘希匹、妈了个巴子，痛骂不已。因为政变之谋，不仅要他的命，还是对他圣明之君形象的公然蹂躏！自古以来，被政变推翻的，不是暴君，就是昏君，圣明仁德之君总是寿与天齐、安享天下的。他仿佛屌间的屁帘儿被人撩起，使他这么多年来竭尽心力营造的盛世英主形象轰然倒塌。是可忍，孰不可忍！他当即下令，展开全宫、全城大搜捕，将那些“预备功臣”从梦中揪醒转来。

盛宴顿时变为酷刑！

当黄俨听到宫里宫外联合造反，欲辅赵王登基的消息，大吃一惊。他不相信赵王高燧会是主谋，依他对高燧的了解，他没有这样的气魄——三皇子有的是气，然而这些气全化作怨怼之气，通过发牢骚宣泄掉了，所余底气并不太多，而且，他如果真欲冒天下之大不韪，做出此等以子谋父之事，不可能不和自己商量。

想到这里，黄俨把心定了定，他马上想到，杨庆之子是案首主谋，还不知要牵累多少宫人无辜惨死。黄俨没想错，当王瑜告变的消息像朔风一般在宫中呼啸而走时，全宫惊愕哗然，都觉得一场惨烈的搜捕与屠杀就在眼前！

歃血为盟的谋反者很快悉数就逮，无一漏网。

朱棣拖着病体，驾临右顺门（今故宫熙和门），他把皇太子、赵王及公侯伯、都督、尚书、内阁学士等朝廷重臣都召来，要亲审逆犯。

我觉得此事十分可笑，当朱棣亲自提审那些欲谋杀自己的人时，一定不停地在心里问：我与尔等什么仇什么怨?!

然而，在御审的现场，门里门外，鸦雀无声，每个人都能听见自己沉浊的呼吸，仿佛空气也变得凝固，不再流动了。高正伪造的遗诏在皇帝手里都捏皱了，可他仍看了又看，还不时冷笑。孟贤、王射成等十来个梦想家兼倒霉蛋身穿囚服，戴着重镣，跪在门下，瘫若烂泥，全没了英雄气概。朱棣严厉的目光如刀芒一般从他们头上扫过。

这些人都是参与政变的军官，而所有在内串通接应的宦官，包括杨庆养子在内，已经处决了。

如果天子乘着暴怒，欲在内廷严究共犯同谋，势必再次掀起屠杀的狂潮，不知多少人将被那张致命的巨网罗住，粉身碎骨。但这一次，那头脾气乖张、性情暴戾的霸王龙，居然没有兴起血潮，只是将逆案有名的宦官抓起来，经简易程序审讯后，即迅速处死，没有穷追“逆党”。这大大出人意料。由于史料缺乏，我们尚无法判定黄俨是否在其中起到了积极作用。

此时，黄俨站在皇帝右侧稍下的位置，皇太子与赵王分立于御座两侧，再下是勋戚及文武重臣。两旁武士枪戟林立，在炽热的阳光下反射着炫目的亮光。

“给赵王，”朱棣将伪诏递给黄俨，厉声道，“请他自己看！”

赵王高燧此刻正侍立在身边，可父皇连瞟都不瞟他一眼，将那张纸甩给黄俨，就当他不存在似的。父皇何曾如此冷漠和严厉过！高燧又惊又怕，只好硬着头皮接过伪诏，一行行读下去。那上面字字如针尖，扎痛他的手指，尤其是当他读到那些该死的家伙意图废掉太子，立他本人为帝时，不禁脸色煞白，双腿上的筋好像被一股强力反向扭转，抽搐不已。

高燧虽然并未与闻孟贤等人的逆谋，但他明白，参与政变的军人都是他的护卫军官，政变又以拥立他为目标，而且孟指挥还是他的相识，常往他府中走动。他平时言语不慎，经常议论朝政，讲一些对朝廷、对太子不满的话，这些没深没浅、大逆不道的话，他都记不得讲过多少，对什么人讲过，现在想起来，后怕得浑身颤抖。

这真是黄泥巴掉裤裆里，不是屎，也是屎了。

高燧仿佛掉进黄河里，浊浪滚滚，令他神志不清。他已是百口莫辩，连忙挤眉弄眼，向黄俨求救。

“这件事是你做的么?”父皇突然发问。

这一问恍如五雷轰顶，高燧像个充气的假人，顿觉下气泄漏，双膝一软，便瘫倒下来，伏在地上，觳觫战栗。黄俨没想到赵王竟这般没用，连一句自辩的话都说不出来。

其实黄俨内心也十分焦灼，但因事发突然，他也搞不清赵王到底牵涉此事有多深，又无暇亲自找赵王求证。在拷打杨庆养子等内臣时，他反复追问，虽然没有口供直接指向赵王，但他却有一个很不好的预感，因为他愈是问，愈不能无疑于赵王。他在心里暗怪高燧太糊涂，怎么掺和到这种烂事上!

他悚然警醒，假若赵王真是孟贤一伙的背后主谋，今日算休矣，自己还是与他保持些距离的好，莫要多言为贵。

黄俨与赵王这一对师徒各怀鬼胎，均无语以对，当下便冷了场。倒是皇太子朱高炽忽然开口了。太子一直静静地站在父皇身旁，这是一个前所未有的特殊情境——他与父皇同为这起谋逆案的谋害对象，他竟然与父皇共患难了！他作为皇太子的姿态从未如此雄杰突出过，他挺立于御座之旁，显得那样英姿飒爽，充满自信。

显然朱棣也切实感受到这一点，所以当太子照例未开口，先整衣清嗓——这在过去，被他视作迂腐迟缓——现在他却觉得太子的举止是那样的舒缓凝重，充满人君之体；相形之下，那个自小被他娇惯过头的三儿子，简直就是一个不争气、无用的纨绔子弟。

当皇太子转过身，举袂朝上，将要发言时，老皇帝的眼睛里竟充满了柔情和期待。

“此下人所为，高燧必不与逆谋。”

所有人都听清了，皇太子没有落井下石，作为兄长，在弟弟身处危难时，他选择了为之开脱求情。

在场的所有人，包括黄俨在内，对于高燧是否为此案主谋，本不能无疑，即便高燧没在幕后指使，至少他也做过鼓励或暗示，否则孟贤等人凭什么甘冒身家性命去捧他的角儿？没有人相信心高气傲的赵王是清白的。但事实归事实，如果这时太子请求彻查此案，严究幕后指使，虽然这是再正常不过的要求，但人们将很自然地怀疑，太子是欲借大案以施报复之计，除掉自己的亲弟弟——尽管这个弟弟从未尊重过他，这也是不符合道德标准的，特别是对于一位储君。

然而，皇太子开口便为赵王辩解，他不是从皇太子、国家储君或逆案受害者的立场，而是以长兄的身份，义无反顾、毫无怀疑地选择相信和支持三弟。

皇太子的沉稳大度、宽阔的胸怀，以及储君的大体，于此彰显无遗。五月炽烈的阳光从右顺门东斜射进来，在太子胖大的身躯上加染了一层绚丽的光晕，而那位漂亮小伙儿赵王高燧，却龟缩为一只可怜的小老鼠。

朱棣对皇太子的姿态非常满意，他假作沉吟，强忍住一阵从肺的深处直冲上来的剧咳，然后缓缓站起身，对黄俨道：“此乃十恶不赦的逆案，当由在廷文武重臣与三法司①会问，务必揪出主使与同党。你且留在这儿监着。”

明代制度，凡大政事，多由群臣在内廷集议。谋反案的审理，也属大政

---

① 明清的“三法司”，指刑部、大理寺与都察院。

之一。皇帝下旨，令文武群臣与三法司主官一起鞫问罪犯，司礼太监黄俨不参与审理，他的职责是“代圣”监审，即作为皇帝的耳目，对审讯的全过程进行监督，并向皇帝报告。

于是廷臣以英国公张辅领衔，会同内阁大学士杨荣、金幼孜等人，以及勋臣、都督等武官，各部院衙门尚书、都御史等文官，一起参与对案件的审理。其实，审案子是法司的事，讲究的是专业，而不是人多口杂的热闹，大臣集讯，不求他们提供专业性意见，主要是让他们一起商量，就这个大案如何审，定出大的方向，至于“审讯作业”，不过走流程而已。毕竟这是谋逆大案，关系到皇帝与太子兄弟，非同小可，谁也不敢马虎。

张辅爵位最高，众人便公推他为召集人，一齐到午门外的棕棚下，先商量出一个章程。皇太子的态度事实上已经给审讯定下基调：此案为下人所为，与赵王无关——尽管赵王殿下是谋逆者拥戴的对象，如果谋反成功，他还将是最大的受益者。

商量已定，张辅客气地询问黄太监的意见。黄俨是高燧一党，自然赞同，他把胸脯一挺，道：“先生们说的是，皆秉于公心，万岁爷也正是此意。咱家敢拿全族老少作保，三爷绝不知情！”

皇帝派来的监审太监既然拿自家性命来为犯罪嫌疑人作保，那还说个屁呀！案子还没审，先把最大的主谋嫌疑给排除了，众人心知肚明，这就是个糊涂案，而且必须糊涂审。

案子很快审结，次日由张辅领衔进奏，称孟贤、王射成等所犯大逆，证据确凿，当并治极刑，并籍没其家（抄没家产）。

朱棣看了奏章，立即批示，将各犯家产即日查抄，王射成以天象诱人，先行诛之。但对孟贤等犯所供，他仍觉未尽，命锦衣卫再施重刑“穷鞫”“研治”，他特地加了一笔：“毋令遽死。”不要教他就这么死啦！既要撬开他的嘴，还要让他供出更多的同谋。

大臣们脱了身，可事儿摊到锦衣卫，让该卫堂官们犯难了：孟贤等人把该供的都供了，还要供出谁？犯人架不住严刑，肯定会发疯地胡撕乱咬，如果再把赵王爷给供出来，那可怎么好？锦衣卫的头头们只好去找黄俨讨教，并探询圣意何在。

不单锦衣卫，赵王坐在府中，也是如坐针毡，不停派人找黄俨，询问案件的审理情况。

事实明摆着的，赵王此时是最大目标，如果一定要严究主使，将不可避免地把风暴的中心引向他那里。

生性多疑的朱棣自经过“宫变”这一吓后，对身边人愈发不信任了，他怀疑身边还隐藏、潜伏着随时会进毒害他的坏蛋，欲把他们像米桶里的虫子一样，一条条全给挑出来，这是他命锦衣卫“穷鞫”的本意。但他很快发现，穷问逆犯与保护赵王，这两个目标不可能同时实现，遂决定迅速了结此案。所以当锦衣卫再次奏报谳词（即审讯所得供状），尽管仍没捞出大鱼，只是多了几条小鱼虫时，他还是画了朱批，下旨将逆犯全部处死。

当赵王的“粉丝”在北京西市掉了脑袋，赵王却关起府门，连呼庆幸。俗话说，常在河边走，哪能不湿鞋。他岂止湿鞋，他简直是落进粪坑里，一身臭浆，居然洗干净了，全身而退，没有受到牵连。这当然全得仰拜父皇所赐，是老父保护了他，也赖长兄皇太子替他维持。不然削爵废罢之祸，其可免乎？

经过这一番挫折，高燧从此“益敛戢”，不敢再对皇位存丝毫奢想了。

黄俨在这件大案中，为保护赵王、护佑其同类，立下了功劳。这场内外勾结、以谋害“圣躬”为主要目标的流产政变，没有在内廷引发大杀戮，从一个侧面表明，到了永乐晚年，经过多年的深耕，宦官势力盘根错节，相互借重、荫护，已经达到一个相当稳固的程度，即便朱棣本人也无法摧枯拉朽，将其一击捣毁了。好比赵王高燧，他之所以逃脱惩罚，毕竟他是皇子，皇帝、皇太子都要保他。然而此案中另一个陷得很深的人物——太监杨庆，也没有因为他养子是谋逆案的主谋而受到太大的波及，只稍稍沉寂了一段时间，依旧风生水起，正是这一状况的很好体现（杨庆事迹，详见下章）。

常山护卫指挥孟贤等很快被处决。

次月的第一天，天空出现了日食。

在古人看来，日食是上天对政事失宜的严重警告，尤其是在刚刚经历一次政变危机之后。一般情况下,朝廷都要命百官“修省”,结合本职工作,认真检讨过失,好挽回天意。而在永乐末年,在群臣眼里,最为不当的政治举措,就是持续对朔北用兵。然而朱棣听不进不同意见,即便是户部尚书夏原吉这样的老臣,稍有劝诫,都遭到毫不留情的打击。日食这样重大的灾异,也仅仅让朱棣在北京多待了一个月,七月初,他再一次冒着酷暑,率领大军,亲征漠北。

这又是一次劳师动众、劳民伤财而得不偿失的用兵。明军在塞外艰苦游行了一大圈,在十一月回到北京。朱棣对此并不满意,在第二年夏天,再次不顾群臣的强烈反对,出兵塞外,这一回他在回师途中,死在一个叫榆木川的地方。

朱棣的遗体被运回关内,由皇太孙朱瞻基迎接至京。皇太子一边安排大丧,一边在灵前即位,他就是明朝的第四位皇帝仁宗朱高炽。

黄俨的末日到了,朱高炽此时不必再小心地隐藏自己的爱憎,他马上下旨逮捕黄俨、江保等人,甚至没经过审判,就将这两个多年来折磨他的政治对手杀死了。

对于黄、江二人之死,明朝国史没有记载,王世贞《中官考》载曰:“太子即位,俨、保皆伏诛。”但据朝鲜《世宗实录》所记大明使团头目黄哲告称,说“黄俨死后,被斩棺之罪,妻与奴婢没入为公贱”。若此说为真,则黄俨在朱高炽即位前已死(不排除是自杀),仁宗为了泄愤,将他的尸体从棺材里拉出来再杀一遍,同时将他的老婆和家人都没官为奴。

第二卷
这是一个“太监”繁荣的时代

本章关键人物：郑和、王安、李谦、孟骥、云祥、燕琦、福山、王景弘、洪保、杨庆、侯显、亦失哈、首任东厂太监、倪忠、阮安

第一章　相面大师眼中的燕府群阉

咱首先得把“太监”这个词说清楚。

太监一词出现很早，大约在北魏时就有了。但北魏宫里的太监，不是阉官，而是宫女，是宫中女官。后来这个官称，断断续续被沿用着，直到元代。但元代的太监，等于说“大监”，是某监的长官，如秘书监有太监，还有少监、监丞等官，皆非宦官。

太监明确地与阉人挂钩，还是从明代开始的。

明初的宦官机构统称“内使监”，是内官监的前身，不久陆续增设许多监，如司礼监、御马监、御用监等，一共十二监；另外还有司、局、门、库等众多衙门，从而形成内府“二十四衙门”的雏形。但监的头头，最初不叫太监，而叫监令，下面是监丞。直到洪武十七年，在重新更定宦官官制时，监的主官才改称太监，副官为少监、监丞，遂为定制。

一个“太”字入官衔，真真了不得！看官您数数，挂“太”字衔的都是啥官？往大了说，太上老君、太上皇、太子、太师、太傅、太子太保……往小了说，搁知府那儿，还叫太守，再往下，百里侯（知县）就不敢以“太”字入衔了。而民间的狠人、牛人、大财主，下人都尊称太爷、老太爷……可见宦官做到太监，不是白瞎滴！

太监，按官制，是正四品的内官，相当于地方上大郡的知府。至少在永乐时期，能做到太监，是很不容易的，许多人在内廷混了几十年，还熬不到太监做。可打宣德开始，太监就多起来，许多宦官多年媳妇熬成婆，数年间超升太监，举不胜举。尤其是到了晚明，一方面是宦官越来越多，一方面是太监之官益发猥滥，一般人已搞不清楚内官官衔的差别，乃一概将内臣统称为太监。这时，“太监”之义已发生变化：既是最高品级的内官，又是所有宦官的通称。清代则在官制上接受了这种改变，不管宦官级别和地位的高低，全部称为太监。至此，太监便与宦官同义了。

明代大规模地任用宦官，众所周知，是从永乐时代开始的，之前虽然也用，但影响不那么大，有点“随风潜入夜，润物细无声”的意思，而到永乐之后，宦官之声势，则如惊雷霹雳了。

有一种广为人熟知的说法，称朱棣在建文四年（1402 年）“举兵直赴南京，不复为归计”，是因为得到建文宫宦官密泄的情报。大兵既入城，天下大定，“内官言功不已”，朱棣不知道该怎么办（“文庙①患之”），于是派其中有勇有谋者到边藩镇守，假以大权，赐公侯服，其地位甚至在侯、伯等勋臣之上（见姜清《姜氏秘史》）。

然而事实并非如此。

前文讲到，朱棣入京后，许多建文朝旧阉经过重新甄别上岗，恢复了职位，有的还得到重用，我们举出的例子有赵琮、沐敬、姚铎等人。尤其是沐敬，做到内官监太监的高位，皇帝北征不还，昔日旧臣皆不敢谏，唯独他敢

① 朱棣最先的庙号是太宗，至嘉靖年间方改为成祖。朱棣的庙号既称“太宗文皇帝”，故又称“文庙”。

谏诤,并且大捋虎须而不死,还得到“吾家养人皆如此,何忧不治”的高度评价。

然而朱棣是一个比曹操还多疑的人,他怎会将天下兵权交到那些本就缺乏忠诚的投降宦官手里?真正在永乐朝掌握边方大权的,是出身燕府、在靖难之役中立下大功,相当于朱棣“家生子”的亲近阉奴们。

当朱棣登上天子之位,随他打天下的造反信徒们个个攀上龙廷的大柱,这叫攀龙附凤,也叫从龙登天,或称一人得道、鸡犬升天,又喻之为鲤鱼跳龙门。总之,中国话里,类似的词汇非常多,够得分,不患不均!

那么到底朱棣潜邸里都出息了哪些太监?咱们且借一位相术大师的预言来做一个不完整介绍吧。

这位大师姓袁,双名忠彻,是一位“相二代”:他本人做相面的营生,他父亲也是靠相面发家。了不得的是,他父子皆为大师。

第一代大师,也就是袁忠彻的父亲,名头非常响亮。响亮到什么程度呢?我都想为他专门著一部书!此公单名一个珙字,名叫袁珙。袁珙在相术界(不是相声界),是与汉代的许负、唐代的李淳风与袁天罡等大师并驾齐驱的人物,人称“袁神相”或“柳庄神相”。我在《大明王朝家里事儿》一书中详细介绍过二袁在洪武、永乐两朝的活动,特别讲到,袁氏父子曾在洪武末年,应燕王之邀,到北平给燕府众将以及朝廷守臣分别看过相,并给出截然不同的吉凶判语,后来为事实所证明。

其实,家学渊源绵长的“相二代”袁忠彻不仅相过龙颜,还奉皇帝之命,相过政敌,相过文武大臣,甚至相过储位的候选人,自然皇帝驾前“亲臣”——权势熏灼的太监们,他也都相过。

袁忠彻一生宦海沉浮,正统年间退隐后,写了一本相书,名叫《古今识鉴》。这是一本相术的实战书,记载了从远古以来上百位名人的相貌,并根据相术原理对其命运进行了解构。其中第八卷所记为《国朝》人物,包括太祖朱元璋、成祖朱棣、仁宗朱高炽、宣宗朱瞻基及一批臣僚,尤其是记载了几位出身燕府的大太监。这种材料是非常独特而珍贵的,以下逐个介绍:

第一位,是越到近世越吃香的太监郑和。

在明清两代，郑和就是颇富传奇的人物。自梁启超为他写了一本传记《祖国大航海家郑和传》，他更开启了“伟大”的航程。以宦官的出身而享有民族英雄的地位，上下五千年，东西两万里，独郑公一人而已！

可见，国人调侃宦官，还是分对象的：说到司马迁，大家满口赞赏；说到蔡伦，只剩下佩服；而说到郑和，更牛，大家一齐忘了他是太监。这就是选择性记忆。

我们还说郑和的外貌。袁忠彻在书里这样描述他：

> 内侍郑和，即三保也，云南人。身高七尺，腰大十围，四岳峻而鼻小，法反此者极贵；眉目分明，耳白过面，齿如编贝，行如虎步，声音洪亮。后以靖难功授内官太监。

三保，亦作“三宝”，郑和又称“三宝太监”，这是无人不知的。袁忠彻称郑和“身高七尺，腰大十围”，给人的感觉是伟人之态。历代计量尺不尽相同，大概来说，“七尺男儿”，是男子的一般身高，估计约在一米七左右。若做文献比较，郑和身高七尺，与蚩尤、张巡、武松差不多，比刘备（七尺五寸）、张飞（八尺）要矮一些。考虑到“身高七尺”之后还衬以“腰大十围”，袁大师眼里的好汉，肯定不会是一个啤酒肚儿，定是一位将军肚儿，那么郑和个子不矮，再加上膘肥体壮，大概还面露福相，绝对观瞻甚伟。

据说，郑和和朱棣长得比较像，那么朱棣应该也是个头不太高且体态壮实之人。现在传世的朱棣画像是一幅坐姿像，看起来挺拔伟岸，俨然一位美男子。但考虑到他的儿子、孙子都属于胖大和尚之形，而很像他的郑和又长得“腰大十围”，估计朱棣本人绝不像一棵生于绝岭的迎客松，更像一棵长在热带的面包树。画工笔下的御容，将他美化了。

“十围”之后的话，都属于相术语言。

相书里有“五岳四渎”之说，五岳是指人的面部以鼻子（中岳）为中心的五个分区。“四岳峻而鼻小”说的是郑和的额头（南岳）、两颊（东西岳）及下巴（北岳）较为突出，而中间搁了个小鼻子。这是一副什么尊容？看官想象吧。但您可别说好看不好看,因为古人论相貌,只说贵不贵,奇不奇,不太在意是不是一个漂亮小伙儿。人说朱元璋很丑吧,可歪瓜裂枣偏偏是个帝王造!

袁忠彻说郑和"四岳峻而鼻小",又说"法反此者极贵",难道说郑和的脸上要来个厉害的地壳板块运动,四岳低下去,鼻子突起来,才是极贵之相?而郑和的脸恰恰长反了,还在地壳运动的第一阶段,所以没贵起来,反挨了一刀,做了阉官?

如果这样解,则与后文说郑和的"姿貌"在众阉中"无与比者"不合(意为郑和之相最贵,燕府其他宦官谁都不及他),可能这个"反"字有误,莫非是个"及"字?想来,中国版图上,东西南北四岳,都是巨山雄岭,唯独中岳嵩山不太奇崛,正应了一个小小的鼻子,郑和的脸部,还是符合自然之态的,所以是好相、极贵之相。

下文说他"眉目分明,耳白过面,齿如编贝,行如虎步,声音洪亮",就爽然易晓了。

郑和因为参加靖难之役立下军功,在永乐初年晋封内官监太监,这已是太监的极品。而他在永乐年间的主要作为,便是"下西洋"。据袁忠彻说,朱棣任用郑和,还是出自他的推荐。

袁忠彻说,永乐初,欲通东南夷,皇上打算起用郑和,问他的意见。袁忠彻表示很看好郑和,说道:

> 三保姿貌材智,内侍中无与比者。臣察其气色,诚可任使。

在袁大师眼里,郑和气色极佳,就面相而言,在诸太监中无与伦比。由他这一相,郑和才获得那项伟大而艰巨的任务。果不其然,七下西洋,"所至畏服焉"。

《古今识鉴》中一共介绍了九位太监,唯独郑和名头大、名声响,所以我先将他摘出来,放在第一位来讲。其他八位,名气就要次许多,他们是:王安、王彦（狗儿）、田嘉禾、李谦、孟骥、云祥、燕琦、福山，其出身及命运如次——

王安，又名不花都，是燕府众多女真籍宦官中的一个。前文已介绍过，朱棣潜邸之阉，女真人颇多，如王狗儿以及刘通、刘顺兄弟等皆是，这与朱棣镇守北京地区有关。

王安骁勇善战，在靖难之役及随后对漠北的战争中，常与王彦并为前哨，立下血汗之功。这一点可从明代学者王世贞收集的永乐八年与十二年两次北征中的诏令得到印证（见《弇山堂别集》之《北征诏令》），朱棣在军中频繁地给部将下达指令，其中多次提到王安和王彦，两人均担任大军前锋骑队的指挥官。

王安善骑射是没说的了，他为人也好，袁大师说他“明晓时务，识达大体，所向立大功，而未尝矜伐”，颇有大将之才。他生得还漂亮，“人物聪俊，语言清亮”；面容亦是上佳，在袁大师眼里，王太监“五行俱正，唇红齿白，耳朝口，白过面，三停平等，背负肩圆”，是个俊美青年的坯子。

与他相比，黄俨的干儿子王狗儿（王彦）就差多了，袁忠彻说他“五事俱小，三停平等，面麻声亮，处事急躁”。

“五事”是相书中的称谓，即五官。五事俱小，等于说王彦小鼻子小眼，还有一张小嘴儿——嘴小不小不要紧，关键要甜，看官说是吧？

“三停”，又作三庭，是将人的面部从上到下分为三块，“三停平等”，即三块大小均等，生此相者为优。

大概说来，王安很像年轻漂亮、沉稳有度的二郎神，而同是女真人的王彦，却像个蹿上蹿下，一刻不得消停的孙悟空。

尽管二王性情不同，但这哥儿俩，都是朱棣手下的得力干将，每每“同事，战阵功居多”。王安一直做到尚膳监太监，王彦则任尚宝监太监，分别在永乐年间出镇东西两大边——宁夏镇和辽东镇，可谓朱棣的哼哈二将。

田嘉禾，原名哈剌帖木，温州平阳人。此人曾在永乐初年同黄俨一起出使朝鲜，从其姓名及原籍来看，他很可能是一个达达人，已见前文。

田嘉禾也是从幼年起即侍奉燕王朱棣，袁忠彻说他“达时务，善机变，宠遇过隆”，参与靖难之役，“多奇功”，说明他也是一位军功出身的宦官，仕至尚宝监太监。

田嘉禾在明朝国史中仅见于永乐八年(1410 年)出使朝鲜，其结局不知。然而袁大师的相语中，“过隆”二字颇值玩味，莫非他因“宠遇过隆”而不幸遭嫉、遭妒，以致招来杀身之祸？俗话说，过犹不及嘛！

伴君如伴虎，在脾气暴躁、性格冷酷的朱棣驾前当差，欲蒙圣宠，须得能耐，若想维持圣眷，则不仅需要本事，更需要一定的运气了。以下三位，都是朱棣潜邸出身的私人，亦都曾得到过宠幸，但终不免于败亡。袁大师将其归诸面相的缺陷，大家姑且听之，不可尽信。

第一个姓李，单名一个谦，小名保儿，同郑和一样，也是云南人。洪武中，召各大藩世子及庶子之年长者(即稍稍长成的孙辈)到南京，读书于大本堂。李谦此时就陪燕世子朱高炽在京读书，后来由太祖朱元璋任命为燕王府承奉之职，是燕府中地位极高的宦官，应该也是一位识文断字的“阉秀才”。

此人长相如何呢？袁大师形容他“仪表魁岸，肩圆背负，岳渎丰深”。翻译成大白话，就是说他身材高大，只是肩有点耸(双肩向前，呈半圆之形)，背还有些弓。在王彦的相语里也有“背负肩圆”这个词，据说这个体态常见于伏案久坐以及健身不得法，过度训练胸肌的人士身上，而我怀疑李谦、王彦等人因为经常趴着脑袋，撅着屁股，大磕其头，才把形体塑成这副“尊容贵相”的——大概属于拍马屁的后遗症吧。

“岳渎丰深”之岳渎，是五岳与四渎的合称，即中国的五座名山和四条巨川。岳渎在相术里用来形容人的面部，“岳渎丰深”意指李谦脸上棱角分明，该高的地方高，该低的地方低。这样的样貌，却让我想到一个眉目如刻、狠傲褊狭的阴谋家，再看他，“目神浮露，面肉横生”，一副凶态，大概也是个杀人不眨眼的。

因为李谦与皇太子朱高炽关系密切，所以在永乐初年皇太子地位未稳时，尽管他的资格很老，尚在郑和等人之上，但仕途一直偃蹇，许多人迎头赶上，甚至直接超越了他。

李谦郁郁不乐，一日在内府行走，迎面碰上袁大师。袁忠彻一把将他拉住，打量着他说："李公双目下有一道红紫之气，上贯天庭（额头），归来转为黄气，形如七七二字……"

"当如何？"李谦内心惶惑，又充满期待。

袁忠彻将右手所执之扇往掌心一击，说出判语："李公今日之相，主晋职、远动，好事啊！"

话说当今皇帝最信袁氏父子，万岁爷一信，下边人则无不信。这话有两层意思：一是俗话说的"上有所好，下必甚焉"，主子之信仰若似泥塑，则下人之信仰便如精钢了，如此方能于此"进步"中彰显出对主上忠诚的强化，达到"愚忠"的最高境界。二是皇帝信赖神相父子，经常召见，关起门来秘卜大事，谈天说地。他父子比一般人更近天颜，在皇帝面前损谁一句，抬谁一杠，都够人喝一壶的。而皇帝所问，许多都是关于朝政、枢密和高层人事布局的，当袁大师从御前款款走来，神兮兮告诉你，你将走红运了，他虽然说的是谶语，但在闻者听来，那不是鬼画符，简直就是南天门来的天使在宣读玉皇大帝的敕令！

看官，不要以为写书的写人看相算命，也神神道道着了道，以假作真了。我对相术这一套是不大信的，尤其不信那所谓的"神相"，好比袁忠彻观李谦之面，见一团紫气在他脸上盘旋，竟准确地预判李谦在某日将加官晋爵——您信不信？反正我不信。

而我们的主人公李谦深信不疑。他一个失意久了的人，遽然一听要"晋职"，一阵狂喜之潮，登时从心底里涌起，从此便坐在家里等好消息上门。

好容易熬过一个多月，果然在第七七四十九天，旨意下来了，加封他为都知监太监，并且准他回云南老家归省老母——这不"晋职、远动"都应验了吗？

李谦十分感激，拿出许多宝贝玩意儿来报答袁大师。袁忠彻也不推辞，欣然接纳——这不他该得的嘛！在皇爷驾前当差，做甚生意都容易，大师这回又赚啦。

其实在处世做人上，袁家公子远不及他父亲老成。神相袁珙虽然得皇帝信任更深，但御前那些悄悄话，他从不向外人轻泄一句，更不敢拿机密消息做本钱，来换银子使。所以袁珙历经洪武、永乐之际的政治波澜，慈航得度，保得身家平安。而他的公子，道行高是高，可就是为人机根外露，喜欢自炫，好借相术来拉关系、卖人情。人的舌头就几根大筋，是不长骨头的，可它在袁忠彻嘴里一翻滚，在人听来，便极有“骨感”——谁不知道，大师的话，常常“谈言微中”，岂可轻忽？

但久而久之，袁大师这德行就讨不到好了。他后来在政治上失意，被打发回老家，赋闲之中，百无聊赖，才写了一部意淫的《古今识鉴》。为何我说这部书属意淫之体呢？缘因其中许多事都是他自说自话，把他父子的“神技”吹得呀，好像老袁只要往人脸上一觑，就能知道人家肠子上有几道褶。在自费刊印这部大作时，他还私自冒用“敕撰”（即奉旨编撰）二字，典型是失意之人的聊以自慰。

还说李谦。

李谦自当上太监，衣锦还乡，风光得意了一把，不过好日子也很快到头了。

这回袁忠彻不当喜鹊，当起乌鸦。那是永乐十二年（1414 年）的事，年初朱棣再次筹划北征，在扈驾随员的名单里，有李谦的名字。袁忠彻看见了，急忙进奏说：“臣观李谦眼睛之下横着一道赤黑之气，直贯入耳中，恐致颠踣，不可带他赴敌。”

我因不信袁大师的手段真那么高明，不得不用恶意来揣测他进言的动机：他是在给李谦下药呢！可能此时他对李谦已生了嫌隙，想让皇帝疏远他，遂找了一个所谓“赤黑气入耳”的借口，把李谦抹黑为不祥之人。可是，黑气入耳难道像妖精入洞，是容易察觉的吗？假若李谦洗把脸，再抹些雪花膏，这道气还在否？此次亲征，随驾者数万人，难道就李谦一个人脸上妖怪纵横？难道都要袁大师一个个地相看检验？还不累死他！这不就是无稽之谈嘛！

朱棣听了，便上了心，把李谦找来，对他说：“袁忠彻相你有难，临阵慎勿轻进。”还是同意他扈从，但是叫他临阵时，小心轻进，怕有失蹄之虞。

李谦这回是不信袁大师了：谁想疏隔他与皇帝之间的关系，谁就是恶人和仇敌，自然也是神棍和骗子。袁忠彻没想到，皇帝把他的相语直接告诉了李谦，他本来打的是冷枪，却不小心把消声器弄掉了，轰一声巨响，令他又恼又怕，知道把李太监给得罪了。像袁忠彻这种人，干的就是泄露“天机”的活儿，本就是小偷小摸，所以他害人也喜欢施放暗箭，不喜欢明里刀枪。

得罪李谦可不是好玩的。李谦是皇太子的人，在永乐初年还陪皇太子受过许多委屈，皇太子地位渐趋稳固，他也开始得到重用，目下正以都知监太监的身份，随侍皇太孙。

皇长孙朱瞻基（即未来的宣宗），深得皇祖朱棣喜爱，将其破格立为皇太孙。皇太孙原是建文帝居储位时的名号，因为建文帝与太祖朱元璋是爷孙关系，立之为储，则封之为太孙，合理应当。可而今永乐朝既有皇太子，似无必要再立一位皇太孙。因为中国人是不讲究“顺位继承”这一套的，等将来太子当了皇帝，他可以自己再立太子，何必老皇帝多劳，在太子之外再立一位太孙？然而朱棣这一封，具有双重意义：首先，给皇太子的地位加了双保险，储位的觊觎者基本上可以死心了，就是废掉太子，储君之位还是在长子这一房，不会落到第二房汉王那一支去；其次，确立了朱瞻基未来皇位继承人的地位，即提前确立了未来两朝皇帝的人选，先长子高炽，再长孙瞻基，如此传承。

李谦是监国皇太子的旧人，如今又服侍深得皇祖喜爱的皇太孙，政治前景一派光明。袁忠彻得罪了他，将来还会好吗？也是他作的！

永乐十二年的北征，为了培养、锻炼未来皇朝的掌舵人，朱棣把小皇孙瞻基也带上了。李谦是太孙宫里的负责人，他所领导的都知监又掌管着皇家扈从禁卫，相当于御前带刀侍卫，对皇太孙的安全负有直接责任，担子重大。加之他刚被袁忠彻蜇了一下，那一痛应该令他愈加警觉，百倍小心才是。可李谦急于立功，也为了让皇太孙显摆一下“武功”，居然带着太孙引兵出战，与蒙古兵在九龙口发生小规模的遭遇战。

这一下让袁忠彻抓住了把柄，立即进言，说李谦太胡闹，圣上已经提醒过了，叫他临阵时莫要轻进，莫要轻进，他居然还挟持太孙殿下，贸然抵敌作战。李谦一人死了不要紧，可太孙为国家之本，一旦乘舆失陷，纵然将李谦碎尸万段，亦难赎其辜啊！

袁忠彻以一个成功的预言家兼义愤忠臣的身份，在朱棣面前给李谦进了伐命的猛药。朱棣闻言大惊，仿佛他的乖孙儿就要被李谦害死了，急忙飞檄召太孙回营，不许再战。然后把李谦大骂一通，按照他的暴脾气，还不知道怎样“死奴才、贼配军”地乱骂呢。

恰在这时，皇太子的地位再一次发生危机。本年七月间，北征大军入关，太子从南京派人前出到沙河（今北京昌平）来迎。八月初一，朱棣回到北京，在奉天殿受贺，然后大赏从征将士。这一仗号称大捷，其实根本谈不上捷，由于北边形势恶劣，朱棣被迫在庆捷之余，对从甘肃到开平、辽东各边的防守做了重新部署，这表明他持续的北伐，根本没能转变北边的军事形势。

回师两个月了，风平浪静。突然在闰九月，一阵风暴骤然从内廷爆发，朱棣以太子遣使迎驾迟缓为由，下令将东宫内外辅臣黄淮、杨士奇、金问、杨溥、芮善等人下狱。

据说这次风暴由汉王高煦挑拨而成，其详情不知，但对东宫的打击异常残酷，除了杨士奇很快获释外，黄淮、杨溥等人在牢里一坐就是十年，直到太子登基才得到释放。太子的地位一时岌岌可危，这是他自登储位后所遭遇的最为严重的一次危机。

对皇储的打击也波及太孙宫里，储宫一派肃杀恐慌。李谦想起皇上指责他陷太孙于险地，宣称回銮之后一定严办他的话，惊惧不已，竟然上吊自杀了。

他的死，除了自动消失，除掉了袁忠彻内心一大隐忧，还为袁大师的大著添加了一条鲜活的例证——大师好牛！我说你发你就发，我说你死你就得死。其实，李谦之死，堪称冤枉哉！

讲完了云南人李太监，再讲一位西番人孟骥。

西番在明代泛指西域及其以南广大地区的非蒙古各部族。元代的色目人，有许多都是西番人，但不清楚孟骥是明军在甘肃、青海等地征进时俘获的幼童，还是元亡后留在内地的色目遗种。

孟骥这个名字很可能是后取的，或立功后主子所赐，他的小名叫添儿。其外表如何呢？袁忠彻形容他“五岳丰厚，三停平等，眉目分明，肉多骨少，上长下短”，是一副有福之相，宣宗皇帝就曾夸赞他是“福神”。

袁大师的话得解释一下：“五岳丰厚”是说孟骥脸上五官长得比较大，眉目分明，挺有精神。五官大则如何呢？表示有肉，“肉多骨少”，依据相理是富贵之相，反之者为贫贱。肉多者，自然不忧饮食，比“肉少骨多”者（瘦皮猴，皮包骨头之人），从概率上说，是一位富贵之人的可能性更大。但古代没有B超，袁大师也没有透视眼，人家肉之多少可以目测得知，但他骨头几斤，将如何测之？总之皆由相面先生临场拨弄唇舌，科学道理自然是乌有的。

孟骥身高不知，但他上半身长，下半身短，宛如猿猴之态——看官，不要以为这副猴儿样砢碜，什么风姿龙章、虎背熊腰，不都跟动物比着的吗？好比大贵人皇叔刘备，最典型的身体特点即是手长及膝，他一定也是宽肩长身，下面安着一对罗圈短腿，稍微一屈，便可蹲坐在地上剥香蕉吃，这不也是一只猿猴嘛！

依袁大师的意思，孟骥孟添儿，就是靠着这副贵相，“遭逢列圣隆遇”。而孟骥本人又“聪慧有智，内外莫不钦礼”，官儿直做到司礼太监。正统、景泰年间人叶盛在回忆本朝“中官之宠任，肇于文皇”时，所举的例子，就是“孟继（骥）诸人”——可见孟公公在永乐、洪熙两朝是一等一的“大内相”。

宣宗即位后，孟骥宠幸不衰，不知因什么好事，他还被皇帝称为“福神”。然而“孟福神”不幸让袁忠彻那张铁嘴给啄着了。一日袁忠彻对宣宗说：“此人太宗皇帝时有保驾功，但面肉横生，近来我观其色如紫茄，此乃福去祸来之兆也。”他说，孟骥这个大福人的福气到头了，可是他是死是活，“全在圣恩宽贷”。

袁忠彻说这话时并未背人，宣德时的另一位大太监陈芜就在旁边听着。

结果怎样？袁大师写道："果不满三月，（孟骥）禁锢而死。"又给他算着了。

话说孟骥在明代国史明实录中仅出现过一次，是在宣德元年（1426年）八月，即汉王高煦"谋反"的那个月，宣宗朱瞻基听说汉王据城而反，立即御驾亲征，很快给皇叔来了个瓮中捉鳖，然后派太监孟骥、陈芜驰奏皇太后，并将胜利的消息谕告北京的文武群臣。

显然，孟、陈二人同在军中扈从，这是孟骥在正史里唯一的一笔纪事。

实录的记载与袁忠彻的私家载记在一点上是相合的，即宣德初年孟骥与陈芜差不多等于宣宗的左膀右臂，总是一哼一哈地随侍在皇帝身边。但他们又如此不同：番子孟骥的荣光时代在永乐朝，已为西下之夕阳。而交阯（今越南北部）人陈芜是宣宗在储宫的旧人，随宣宗即位而飞腾，赐名王瑾；作为新贵，他理所当然地将孟骥之地位视作其遗产而准备加以接收。他们之间应该存在激烈的利益冲突。

当袁忠彻在陈芜的监听下说着孟骥气运不佳时，其实已选择站在陈芜一边，帮助他推翻把持司礼监大权的孟骥。终于，孟骥没能维持新主的宠幸，很快由皇帝口中的福神变成老不死的厌物，最后得到广大宫廷群众欢迎与支持（"内外莫不钦礼"）的孟老太监被"禁锢而死"。

这对于明宫来说，属于新陈代谢，所谓一朝天子一朝臣，对内臣而言，亦是此理。

倒霉催的，不止李谦与孟骥，还有一位胡人出身的内侍云祥，原名猛哥不花。此人也是"自幼入内，靖难时有功"，永乐初年任尚膳监监丞。

"胡人"在明代泛指北边之外的各个民族。云祥的外貌，据袁忠彻形容："四渎深，五岳隆，目秀，但眉粗，声如破锣。"这副容貌就像出自一位拙劣雕工的刀下，面目刻画很深，是刻刀反复凿刻的结果，技法低劣者往往都犯这个毛病。云祥眼睛长得还说得过去，可那一对"秀目"，压在一对扫帚粗眉下，秀气全失；声音大，调门高，却还是个破锣嗓子。如果袁忠彻不是相面，而是写小说，他这几笔描摹可算生动，一望而知云祥就是个厨子头（尚膳监管宫内饮食）。

永乐七年淇国公丘福等一公四侯征北，云祥也随去了（可能是监军），结果大军覆灭于胪朐河，云祥也被俘了。第二年，朱棣亲征时，云祥趁机逃脱，回到明军大营。朱棣见他在虏营“放羊”一年，对鞑靼人的情况比较了解，就物尽其用，派他做使者，来往于大军与鞑靼首领阿鲁台之间，传递消息。

但朱棣并没拿他当作明代苏武，反而对他被俘而不死，心怀不满，无论云祥怎样卖力，都无法重新获取皇上的欢心。没多久，就因为“使命失礼，惧罪自经”了。

看来，像李谦、云祥这等“岳渎丰深”或“岳隆渎深”的长相，多是个“上梁自绝”的造化。

袁忠彻还写了一位内侍，姓燕名琦，旧名王定住，是处州人，即浙江丽水人氏。他做阉人，最先是在魏国公徐达府上，服侍仁孝皇后，也就是朱棣的老婆徐皇后。徐氏嫁给燕王后，燕琦也随到了北平王府。燕琦是有专长的，他在王府主要负责药物（“专治药”）。据洪武十四年的《祖训录》，王府内官中设有“司药内使”二名，可能燕琦干的就是这活儿。

靖难之役后，燕琦“以守城功”，封印绶监左少监。这从四品的官儿大概只是个随喜之赏，燕琦整日坐在宫里配方煎药，哪里得空上墙执兵守城？不过因为他是皇后的内侍，朱棣心疼老婆，才重重提拔她房里的下人。燕琦的官儿，其实是白捡的。

燕琦的长相，实在糟糕。袁忠彻说他“骨肉相称，面部停匀，声清”。“骨肉相称”介于“骨多肉少”与“骨少肉多”之间，不多不少，不贵亦不贱。“面部停匀”，就是“三停平等”之意，但要稍差一点。另外他“声音清亮”。

上面三条，是个常人之相，但袁忠彻从燕琦的眼睛里看出潜伏的祸事来了，他说燕琦“羊睛四白”，乃“凶祸之相”。原来燕公公长了一对滴溜儿圆中带瞪的羊眼，眼仁小，眼白多，就像两碗豆腐脑里各搁了一粒黑芝麻，是典型的“凶祸之相”，大事不妙！

袁忠彻说：“（燕琦）后果受戮。”燕少监因何挨刀送命，详情不知。但他是徐皇后的私人，皇后死后，没了靠山，一步走错，路没看准，跌到山沟沟里，也是有的——谁让他眼珠太小，又爱瞪人呢？

袁忠彻在《古今识鉴》里最后介绍的一个宦官是福山，此人出自北元太尉乃儿不花的部落，也是一个胡人。朱棣还做燕王时，于洪武二十三年同晋王朱㭎北征，在此役中俘获福山。那时他还是个童子，在兵乱中与母亲走失，从此孤身流落于明宫。

福山很得宠信，一日朱棣对袁忠彻说：“福山是个孝子，每次说到他母亲，都要落泪，你给他相相，看他母亲还活着不？”袁忠彻就给福山相了一命，然后奏道：“臣观福山天庭黄气若蒸雾，至月角归来，喜气朝三阳，异日必见其母。”

相书说：“日角塌陷父先走，月角丰满母还在。”人的双眉内梢上，左为日角，右为月角；所谓“三阳”，在《柳庄相法》里特指印堂、颧骨和准头（鼻尖），这三个部位的气色，决定了人运势的好坏。袁忠彻此时说福山额头上黄气如蒸，从月角入三阳，喜气旺盛，将来一定能够见到他母亲。

袁大师说得笃定，福山初闻喜极而泣，再思却是将信将疑。他和母亲离散时，还是个无知丱童，弹指一挥，二十多年过去，哪里还能指望母子团聚！大概袁大师是逗他开心吧。

后来福山随驾到了大宁①，一次骑马打猎，追逐一只野鸡，野鸡飞入一家院内。这福山也真淘气，竟然翻墙入内，继续追撵。一妇女不知何故，惊慌慌跑出来，两人迎面撞上。福山努目一瞧，这不是咱老阿娘么！那妇人也认出了他，母子俩不料有此奇逢，相抱痛哭。

福山回来报告了皇帝，朱棣也很高兴，就让福山奉母以归。第二年，袁

① 大宁，洪武时为大宁都司，地在东北辽河以西，为宁王镇守，永乐时弃与兀良哈三卫。

忠彻来京，朱棣在祭祀的堂子里召见他，想起这事，对他说："福山果然与他母亲相见了！"让福山出来，亲自拜谢袁大师，连连称誉大师"相术之有征焉"。

以上就是袁忠彻在《古今识鉴》里记载的九位宦官之面相及其命运，虽然其主旨在于自我吹嘘，但毕竟间接留下了不少史料，尤其是这些宦官材料，多为独家，足补正史之阙漏。

这些燕王府出身的宦官，绝大多数都不是汉族，折射出的正是明代初期内廷宦官种族之复杂。在正统以前，明宫宦官数量不甚多，没有统计数据，我推测应不过数千人，其中"夷人"占了主体，包括女真人、胡人、西番人、西南夷（云贵等地少数民族）等。看官您可别说这些朋友来自五湖四海，为了一个共同的革命目标走到一起来了。他们啥目标都没有，多数是战争中俘获的幼童，还在懵懵懂懂之龄，就被人下黑手阉了，从此做宦官伺候人。另外，外国进贡的阉童也比较多，除了朝鲜，安南国（今越南北部）也经常向明朝贡献阉人。永乐初年平定安南、郡县其地后，新设立交阯行省，成为内廷宦官的主要来源地，其数量可能达数千人之巨。成化朝以前，许多有名的大太监都是交阯人。

宣德以后，明朝靠征索或俘获获取阉童的途径越来越窄，宫廷宦官主要靠土产自收，到弘治年间，明宫中的少数族裔或外国宦官已经很少见了。宦官来源之变，引出一个"自宫"的话题，下文详述。

第二章　三位"下西洋"的云南同乡

上一节我们详略不一地介绍了九位燕王府出身的宦官。在永乐朝呼风唤雨、大展宏图的宦官，其实多是朱棣潜邸的这些旧人，而不是什么建文宫廷的叛徒。所谓"衣不如新，人不如旧"，既然皇帝掌握的最高权力是私有之权，他当然愿意将其寄托于私人、旧人和老人。

宦官们的事业，有好多看起来公私不明，好比下洋、下番，既有公的成分，但飘忽着也有私的影子。这也很好理解，在帝制时代，朕即国家，国家即朕，我的是我的，你的还是我的，宦官们在许多时候正充当着皇帝攫取公物或他人之物的爪牙。白居易的名作《卖炭翁》，写宫里放出来的宦官如长了獠牙的生番见什么抢什么，不啻皇帝从红墙的狗洞子里伸出来的狗腿子。皇帝自以为“普天之下莫非王土，率土之滨莫非王臣”，但他不动手，财宝女色不会自动跑到他卧房里来；他自己行动又受限，无法时常亲自出马，像乾隆皇帝下江南那样，亲驰龙船，奋勇南下，载着箱箱柜柜去搬抬，于是派出太监阉奴做替身，则是必须的了。

天子权力没有止境，但天子只有双拳和双脚，天下之大，他无法都裁量得到。虽然官僚体制异常庞大，官儿们做的都是皇帝家的官，但官员各有层级，县官不如现管，皇帝不可能直接下旨给某一级官员，令其如何如何。而宦官作为皇帝的代表（称钦差、钦使），则可一竿子插到底，指哪儿打哪儿，运转如神。皇帝把宦官从宫城里派出去，就像孙猴子从脖子后揪一把猴毛，搁嘴前一吹，顿时化作无数个手持金箍棒的小猴儿，这岂不是皇帝的分身之术？难怪地方上的官民，最怕这些得势便猖狂的小齐天大圣了。

明朝的宦官在两个时期非常强势，一是永乐年间，一是万历年间。但两个时期的情况完全不同：永乐时，专制皇权异常强大，但造反起家的皇帝对在京在外的文武官员又极不信任，他凭借以暴力为支柱的强大威权，抛开官僚体制，直接差遣大批宦官到地方上去执行使命，或令其监临于地方官之上，成为地方有司的“太上之官”。而到了明代晚期的万历朝，皇权衰落，宦官势力萎靡不振，万历皇帝与士大夫集团的冲突与对立，却是愈演愈烈。当皇帝的各种欲望遭到官员集团的消极抵制而束手束脚、无法展布时，他决定抛开外朝官员，直接起用宦官到地方上去开矿收税。虽然皇权至上，官员没法将皇帝的手脚都捆起来，但他们决心坚决抵制宦官，从而在全国范围内引发了剧烈的动荡，使万历末年的政局扰攘不宁。

从这两个时期的情形来看，皇权强势，需要宦官；皇权弱势，仍然需要宦官；唯有皇权与有司之权保持了平衡，宦官力量的发展以及朝政才能保持相对的平衡。这是我们认识明代“皇权”和“宦权”抑扬的一条基本线索。如果我们再进一步拨草寻蛇的话,会发现它的病根儿还是在洪武时代,正是明太祖朱元璋苦心孤诣地将宦官制度揳进本朝制度之中,才养成了有明一代近三百年宦官现象之存在。

万历朝的矿监税使搁后卷讲,此处先讲永乐一朝太监的出使。大致来说,永乐时宦官奉差到外地办事,主要分三种类型:一、出使,包括出使周边诸国、下西洋、下番;二、领兵出镇边方,如甘肃、辽东等地;三、其他杂事,如采办、采买等。

先从第一项出使太监说起——

永乐朝的大太监,《明史·宦官传》里只写了两位,一位郑和,一位侯显,他们的事业,一个是下西洋,一个是下番。

西洋在明代特指南海以西的广大地区,我们知道,郑和的船队经东南亚,一直远航到印度、西亚和非洲东海岸,皆泛指为“下西洋”。

《明史》所记郑和第一次下西洋,是“永乐三年六月,命(郑)和及其侪王景弘等通使西洋”。而据发现的手抄本《海底簿》《宁波温州平阳石矿流水表》,郑和在永乐元年即“奉旨出使异域,前往东西洋等处”。其职责一是开谕诸夷,令其输贡来朝,二是了解沿途的海岛、山屿、水势等,为日后大举下洋做准备。其同行宦官还有李兴、杨敏等人,这三人日后多次同时奉使出洋。

郑和等人此次奉旨可能只是做相关的准备,并非真正出行,而朝廷为了准备“遣使下西洋”,命福建等处大造海船,郑和遂于永乐二年出使日本。

郑和出使日本的背景,是永乐初年倭寇纵恣,经常寇掠浙江、南直隶等沿海地区,所以派郑和去传送敕谕,令该国讨本国之海贼,等于是奉天子之命,给日本国下书。而当时源道义①便拿住一些倭寇“渠魁”进献给明朝,借以恢复、改善明日外交关系。两国交往自朱元璋以与日本沟通谋反的罪

① 日本天皇无权,掌握国政的是幕府征夷大将军,明朝封之为日本国王。源道义即幕府将军足利义满。

名诛杀丞相胡惟庸后，断绝已久。

明成祖朱棣大喜，于永乐三年再派鸿胪寺少卿潘赐、内官王进等带着九章冕服等物，渡海赐给源氏，封其为日本国王。从此明朝与日本建立起朝贡关系，日本对明称臣，而明朝则准许日本十年来贡一次，并对贡期、入贡地点及来贡人数做出规定。

郑和出使日本，事见郑舜功《日本一鉴·穷河话海》一书。

郑和下西洋，故事太多，本书从略，不复呶呶。而每次下西洋，担任皇家宝船船队正副使，或分船队首领的，都是宦官，其中涉及的名姓非常之多，不胜记述。本书只略讲三个人，他们是王景弘、洪保和杨庆。

王景弘就是《明史》所记与郑和通使西洋的那位“同侪”（同类、伙伴等意），他的名字又或记作王贵通。在下西洋诸宦官中，王景弘地位仅次于担任“总兵太监”的正使郑和，他与郑和共同出使的次数最多，经常充任副使，后期乃与郑和并任正使。

永乐二十二年（1424 年）八月，下西洋宝船陆续回航，驶抵东南沿海，第一批船队在太监王景弘的率领下回到南京，下碇于江口。此番下洋的任务是护送来朝庆贺迁都北京的各国使节回国，郑和、王景弘等人出行时，皇帝还是永乐爷，等他们回来时，坐在宝座上的已是昔日的皇太子、今日的仁宗皇帝朱高炽（年号洪熙）。

朱高炽即位之后，马上改其父之政，在即位时照例颁布的大赦诏书里，下令：

一、下西洋诸番宝船悉皆停止；

二、往迤西撒马儿罕、失剌思等处买马等项及哈密取马悉皆停止；

三、往云南、木邦、缅甸、麓川、车里等处采取宝石等项及收买马匹等件悉皆停罢。

也就是说，凡下西洋、下番以及各种采办、买办之事全部停止。诏书要求所有奉差前去的内外官员火速回京，不许借故停留，违者重治。

以上内容通过“大赦诏书”的形式颁布，有赦无辜之民于水火之意。在好大喜功的永乐皇帝的治下，百姓太苦啦！故新朝的首务，当与民休息，必须将这些浪费民力与公帑的事体停下来，将公差宦官全部撤回。

王景弘率舟师回来时，仁宗刚刚在北京即位，朝廷就命他率领下番官军赴南京镇守，凡宫中诸事，同内官朱卜花、唐观保，外事同驸马都尉西宁侯宋琥、驸马都尉沐昕（宋、沐二人都是朱棣的女婿）计议而行。随即大赦天下的诏书正式做出“下西洋诸番国宝船悉皆停止”的决定，要求返国的船队及官军在福建、太仓等处安泊者全部到南京集中。

不久，郑和领着下西洋官军也回到南京，遂奉命镇守南京，内府之事与内官王景弘、朱卜花、唐观保协同管事，外事同襄城伯李隆、驸马都尉沐昕商议施行。显然，郑和回国后成为南京内官之首，与王景弘、朱卜花、唐观保等协同管理旧都内府之事，他们还与勋臣李隆、沐昕一起，会商议决南京军民政务。这实际上是南京设立内外守备之始。

仁宗朱高炽并不赞同他父亲的迁都之举，即位后，立即做出决定，仍将都城迁回南京。仁宗在洪熙元年四月给王景弘下敕，明确表示，“朕以来春还京（还都南京）”，命王景弘提督官匠，修理南京大内宫院。仁宗爱恤民力，特地要求王景弘，大内宫殿“凡有渗漏之处随宜修葺，但可居足矣，不必过为整齐，以重劳人力”。

但仁宗不幸于次月即暴崩，回都南京的想法从此作罢。宣宗在北京即位后，正式设立“南京守备”一职，分别以武臣（多为有爵之勋臣，称“武守备”或“外守备”）与宦官（称“内守备”）充任。首任武守备是襄城伯李隆（一人，后增设副守备一员），首任内守备为郑和与王景弘。

作为守备太监，朝廷要求他们协同守备武臣，“整肃军伍，严固守备，审察机微，以防不虞，戒戢将士，务循礼法，使军民皆安，以副国家委任之重”（这是敕书文字，规定了南京守备太监的职权）。不久，又以南京兵部尚书“参赞守备机务”，形成武臣、太监与本兵（即兵部尚书）“三堂”会政的体制。

王景弘虽然排名在郑和之后，但他们的地位已然相等。宣德五年（1430年），宣宗见即位后外夷久不来朝，再次命郑和、王景弘下洋“诏谕诸番”，而这一次王景弘与郑和同任正使，副使有太监李兴、朱良、周满、杨真,左少监张达与右少监洪保等,而改由太监杨庆、罗智、唐观保,大使袁诚担任南京守备之职。

看官,接下来我们要讲的洪保、杨庆,就在南京交集了。

当南京守备初设之时,至少有三位云南籍的宦官担任此职,他们是郑和、洪保和杨庆。

洪保,字志道,云南太和县人。太和是云南大理路(入明改为府)的附郭之县,洪武十五年(1382 年)初为明军攻取。洪氏及他祖母所属的杨氏、母亲的何氏,都是大理当地的著姓,洪保很可能是大理白族土著。据其生前聘人所撰的寿藏铭[①]载,洪保生于洪武三年(1370 年),“以龆年来京师”,建文元年(1399 年)“从侍飞龙于潜邸”。飞龙就是燕王朱棣,故洪保也是燕府潜邸之臣。洪保应该也是明军在云南俘获的夷童,入宫时年约十三岁,先在南京宫廷做事,后来不知什么机缘,在建文朝廷与燕王开始干仗的那一年去了北平,供职于燕王府[②]。

洪保投到燕王门下,有三种可能:一是正常调动。一般宫廷失意之人,或在内廷遭到排挤者,可能被打发到王府任职,称为“劣转”(转是转官之转,劣转虽然不是降级,但新任之官却是没有前途的冷局,相当于贬谪)。如果是这样,那对失意的洪保来说,则是侥天之幸,实属转祸为福,塞翁失马。第二种可能,是洪保参与了对燕作战,结果被俘,他没有守住臣节,归降了燕王。第三,洪保是燕王的同情者,他见朝廷与燕王打起来,便主动跑到北方报效去了。但此种可能性,我觉得不大,毕竟一个宦官,千里走单骑,去投奔“明主”,不是那么容易。

洪保何以在那个特殊的时刻突然改换门庭,其缘故实在不好说,他的寿藏铭对此一笔带过,没有做出任何交代,其中必有隐情。

虽然洪保“侍飞龙于潜邸”时,已经三十岁了,但朱棣“爱其聪敏缜密”

---

① 寿藏铭相当于墓志,所不同者,墓志是人死后请人撰写,而寿藏铭则是在墓穴修成后即请人撰写或自撰。墓即“寿藏”之所。

② 见《大明都知监太监洪公(保)寿藏铭》。

(这不过是虚词),让他“常随左右”。登基后,即授他内承运库副使的官,并赐予洪保之名。

洪保的名字中带一个“保”,这个赐名真是不同寻常。

后来洪保便与三保太监郑和一起,赍捧诏敕,乘坐“大福”号等五千料①的巨舶,出使西洋各国,又统领官军铁骑,陆行万里,出使西域灵藏、管觉、必力工瓦、拉萨、乌斯藏等地区(皆在今川、藏一带)。

洪保的寿藏铭说,洪保“航海七渡西洋,由占城至爪哇,过满剌加、苏门答腊、锡兰山及柯枝、古里,直抵西域之忽鲁谟斯、阿丹等国”,也是一位“七下西洋”的太监。英国人孟席斯在《1421——中国发现了世界》一书中辟有专门章节描绘洪保的远航,孟席斯称大量确凿证据证明,洪保率领的船队到达过澳洲、南极洲和美洲大陆。

宣德五年(1430 年),洪保升任都知监太监,充任正使,出使海外。这一次与他同为正使的郑和死在途中,由洪保率领船队归国,完成了明代最后一次航海的壮举。

这样一位可在中国航海史上标名立号的大人物,可惜《明史》没有为他作传。

在国史实录中,洪保最后一次见诸记载,是英宗正统元年(1436 年)九月:“太监洪保请度家人为僧。许之,凡度僧二十四人。”可见洪保是信佛的,他一次申请了二十四张度牒②,都得到朝廷的批准,显示他在晚年仍是有影响力的宦官。

洪保最后一次泛海回来,年事已高,便在南京城南牛首山祖堂禅寺之左择址营建百年之后的藏魄之所,完成后请人撰写了寿藏铭(铭文作于宣德九年十月)。他除了修造祖堂寺轮藏一座,还投资修建了一座寺院,名为东峰庵,剃度僧人十二名。

东峰庵作为洪保的家庙,所养僧人就达十二名之多,可以想见其规模

---

① 料为计量单位,5000 料相当于 2500 吨的排水量。

② 度牒是官府颁给僧人的身份证明文件。

之大。寿藏铭说他营建东峰庵的资金来自“所得恩赐内帑财物”，所用宝钞达“五百千贯”，总计五十万贯，足见洪太监财力之雄厚了。

洪保卒年不详，大约在正统初年或中期（洪保最后见于史籍，是《皇明诏令》所收正统六年中的一份敕谕），年约七十岁。

说过洪保，再说杨庆。

杨太监此人前文已经提到，他的养子在永乐二十一年（1423 年）五月参与谋杀永乐帝的宫廷政变，失败被杀，但杨庆竟然没有受到太多牵连，很快又在宣德朝威风起来。

据实录记载，宣德三年（1428 年）六月，杨庆在京营建私邸，少保兼工部尚书吴中拿公家的东西做人情，私自以官木砖瓦相助——连少保大人都要捧他的臭脚，可见杨太监如何贵盛了！

一日宣宗闲来无事，登上皇城门楼，遥看京城风景。忽见一座府邸修建得高大宏壮，便询问左右，那是何人所居。有人趁机下药，向宣宗揭发吴尚书拿官家的建筑材料私赠杨庆这件事。然而天子一怒，却只打送礼的，将吴尚书下狱关了几天，而将纳贿的轻轻放过，杨太监仍然“安堵笑傲”。

过了两天，管木厂的内官裴宗汉因为盗卖官木，被下了锦衣卫狱。裴老公眼见大事不妙，急忙出钱讨救兵。他找的谁呢？还是杨庆。大概他平日里白送给杨庆的木材不比吴尚书少。

杨庆这一段可能正走背字运，裴宗汉的贿金才入门，又被人告发了。宣宗接到民间纪委的揭发信（匿名信），勃然再怒，立将裴宗汉拿送法司，以“盗官物”的罪名，问了他死罪，可仍是不动杨庆。真不知杨庆是怎样一个妖精，把宣宗迷得——不懂！

杨庆是郑和的同乡，父名寿奴，在元代做着姚安万户的官。他生于公元 1367 年，即洪武开国的前一年，在“发始垂髫”之年，“入侍皇宫”。显然，杨庆与郑和、洪保、李谦等人一样，也是在明军从元军手里夺取云南的战役中俘获阉割，然后送入宫廷的。这批幼童中的许多人，后来被分送到各个藩府，杨庆等去了北平燕王府。他因为“谨密志诚”，得到燕王的赏识，赐名为“庆”。

我们前面讲了许多太监，原来都只有小名，直到发迹，才得到所赐的大名。

当靖难军兴后，杨庆“祗奉天戈，克平内难。厥功居多，恩升（都知监）太监”。可见杨庆不仅是朱棣潜邸出身的旧人，也在靖难之役中立下了军功。

朱棣登基后，杨庆多次扈驾北征，并奉命镇守京北重镇永平（即后来“九边”之一的蓟州镇）。杨庆在永乐十八年（1420 年）十二月曾奉命下西洋，出使忽鲁谟斯等国公干，又在第二年年底，会同御史点勘南京并直隶卫府州县仓粮，并为郑和、洪保等太监再度出使海外提供后勤保障。此时朝廷已经迁都北京，杨庆可能承担镇守陪都的使命，管理旧都宫里宫外的事务。足见杨庆是深得皇帝倚信的大太监。

永乐末年，杨庆因受养子牵连，沉寂了一段时间。宣宗即位后，他这爿冷灶又旺旺地烧起来。宣宗学他祖父，率军出关，号称亲征，在喜峰口外稍稍转了一圈，还不等大部队会齐，就假称祭祖的日子要到了，赶紧溜回关内，留杨庆与都督任礼率军二万断后。宣德四年（1429 年），杨庆又受命率领神机营①铳手，前往蓟州、永平、山海关等处，会同都督陈景先备御，一切军务必二人“计议而行”。永平，杨庆在永乐年间曾经镇守过，实为羽翼京北的雄镇“蓟镇”的首任镇守太监。

宣德五年（1430 年），因为郑和、王景弘要出使海外，宣宗遂命杨庆南下，接任南京守备一职。杨庆于当年三月二十四日抵达南京。但他在路上已经扶病，到四月十九日，病势愈为沉重，已不能视事，七月二十二日便死在南京三山里的私邸，时年六十四岁。

杨庆死后就葬在城南窑头山，他死时“公卿奔吊，车马盈廊”。太监们的官儿，是越做越大发、越热闹啦——生也如此，死亦如此！

---

① 明代称火器为“神器”。神机营是京师三大营之一，主要使用当时先进的火器铳炮。

第三章　西行，北进！

上节讲了郑和和他的两位滇南老乡，都是领兵下过西洋或者为下西洋提供过后勤保障的大太监。下西洋走的是海路，还有一位走旱路，往西番藏地那一路公干的名太监，此人姓侯名显，初任司礼监少监，《明史》称他“五使绝域，劳绩与郑和亚”。

侯显出使乌斯藏是在永乐元年(1403年)四月。说起来，这一趟他完全是帮永乐皇帝办私活。原来朱棣跟所有中国人一样，也是个出门拜四方的多神教信徒，他既亲近艳羡道家的仙风鹤骨和长命之术，对佛教的圆融豁达，也基于实用主义的态度，生出一种亲热的劲头。如果有一位大师，学通释道，兼修内外，那就更讨好了——藏僧哈立麻，正是这样一位人物。朱棣听说这位藏传佛教的名僧，不仅经念得好，还长于道术，善于幻化，立马兴致勃然，寻思派人去请。

到西藏去可不是好玩的。即便在当代，青藏铁路都开通了，从北京坐火车可以直坐到拉萨，可人们对入藏仍怀有一定的畏难情绪，以致有人才到石家庄，就嚷着喊晕，说起了高原反应！今人尚且如此，遑论靠马驮人扛的古代了。

为什么派侯显来承担这一使命呢？除了侯显是朱棣信任的私人，还因为他“有才辨，强力敢任”，是个极有能力的人。当然，哈立麻作为一位博学的活佛，去请他的人就不能寒碜，不能在神仙门口闹笑话，把木鱼儿当鱼，点了要吃。关公门前玩刀的，至不济也要有小李飞刀的水平。所以侯显肯定还是一位佛学造诣颇深的教徒。我想他任着掌管内廷礼仪的司礼监少监，可能内府“番经厂”正由他分管，是朱棣在宗教事务上的重要助手。

好，人选定了，侯显遂于永乐元年初夏出发，陆行数万里，一路向西，道途艰辛不提，关键是他真把哈立麻大师请来了。三年之后，即永乐四年十二月，侯显陪着哈立麻来到南京。朱棣大喜，命驸马都尉沐昕代他出迎，并亲自在奉天殿接见大师。二人相谈甚欢，就双方关心的心灵世界的重大问题坦诚交换了意见，皇帝一嗨皮，遂重重颁赏，赐给哈立麻的仪仗鞍马什器，多用金银装饰，让这位“西方”活佛在南京大街上轧马路时，“道路煊赫”。

哈大师亲自在灵谷寺主持普度大斋，为故去的高皇帝、高皇后（朱元璋两口子）荐福。大师来时，只带来一路风尘，可他在南京把秘经一念，立马好事儿都随来了，什么卿云（祥云）、天花、甘露、甘雨、青鸟、青狮、白象、白鹤及舍利祥光，天天都能看到。还有人奏告朱棣，说听到“梵呗天乐，自空而下”，大约是上帝的仪仗队也降凡了。群臣也会凑趣，上表祝贺。内阁学士胡广等人还联手写了一首名为《圣孝瑞应歌》的诗，大意是说，这些美好的祥瑞一齐呈现，都是被皇帝的孝心感召来的。

当年朱棣不忠不孝、大造其反、大肆屠杀的劣迹，都被掩盖在一派浮华的喧嚣中了。

朱棣要的就是这效果，不禁心花怒放，马上封哈立麻为“大宝法王西天大善自在佛”（尊号一共三十三个字，此处省去二十二个字），令他“领天下释教”，做了“天下”佛教的总头领，颁赐给他的印信和诰书，一如亲王之制。哈立麻的三个徒弟，也都封了大国师。朱棣多次在奉天殿开筵，宴请他们。

这些好事仿佛一门亲，是谁做成的呢？当然是少监侯显啦。朱棣不忘他的功劳，以其奉使之劳，擢升他为司礼监太监。

侯显下一次出使，已到永乐十一年。这年春天，他奉命远行到西藏以西的尼八剌（今尼泊尔）、地涌塔二国，召其王来朝。又于十三年夏，率舟师到“去中国绝远”的东印度之地，通榜葛剌诸国——侯显也算偶尔起兴，下了回“西洋”。由此我们可看出，永乐时期的出使太监，并非专主一路，下西洋的下西洋，下番的下番，许多人是既下西洋，也通西番，既是岸上猛虎，亦为水中蛟龙，好比郑和，就曾到过西域一带。

侯显所到的榜葛剌国，其西有一邻国，名沼纳朴儿，经常侵犯榜葛剌，估计是个地区小强。榜葛剌国王便借贡方物，向明朝求救。朱棣爱管这些闲事（尽管地方远，许多事他实在是心有余而力不足），就于永乐十八年九月命侯显再使故地，赐沼纳朴儿金币，令其罢兵。不过天朝的势力离印度正如远在天边,那小强的沼纳朴儿国哪识得大明永乐皇帝为何方神圣,辄给他面子?侯显有没有亮剑,给该国一点天朝颜色看,不得而知。

宣德二年(1427年),侯显再次出使诸番,这回他遍历乌斯藏、必力工瓦、灵藏、思达藏等地(都在今西藏一带)而还。前几次出使,侯显均无战绩可表,这一次路途不宁,道上竟遇着了“寇劫”。侯显督率将士力战护宝(永乐中太监出使四方,都是带着重宝的!谁敢在黄泥冈上一声吼,都是发大财的节奏),“多所斩获”——大概为所斩者头颅、所获者首级吧,否则,强盗还有什么可被天朝将士所获的?侯显回朝后,奏报功绩,录功升赏者四百六十余人,应该战果不小。

此后,侯显便没了事迹。太监总是这样,常在史书中不明不白就“太监”了。

《明史·宦官传》说:“当成祖时,锐意通四夷,奉使多用中贵[①]。西洋则郑和、王景弘,西域则李达,迤北则海童,而西番则率使侯显。”

说明奉使四方唱主角的,非旦非丑,皆是宦官,其中李达、海童事迹太少,本书不讲了。

《明史》这段总结性的文字,其实大有文章。为何这么说?缘因少了一位非常重要的人物,那就是在辽东边外开辟了奴儿干都司的太监亦失哈。

明朝在东北的疆域,只是辽河以东一小部分(辽东镇),与今天辽宁省的地盘大致相当。而亦失哈九下奴儿干,率领舟师直抵黑龙江入海口,在元代东征元帅府故地设立奴儿干都司[②],管辖着数十万平方公里的广大地域。同志们哪,数十万平方公里的土地啊!如果经营得当,不得了!亦失哈能不能说是明初开疆拓土第一人?

然则《明史》何以对他避而不谈呢?

这倒不是因为亦失哈是阉人,而是因为亦失哈建功立业之场,主要是

---

① 中贵,或称中贵人,代指宦官。

② 都司是都指挥使司的简称,是明代省一级的军事机构。

女真人（包括建州、海西、野人女真部落）的故地。如果写亦失哈，等于承认满清的老祖宗被明王朝成功经略，并向明朝称臣的事实，这在撰写《明史》的时代，已为讳史，不许人触碰了。《明史》纂修官们只好硬着头皮，将这段由太监主导的史实硬生生删除了，就当它不曾存在过。明末的好多史实，也是这么在“正史”中丢失的。

关于这位东北边疆开拓者的事迹，不单清修《明史》不记，就是包括《明实录》在内的其他史书，记载也非常少。比较详细的材料，存于亦失哈立于黑龙江下游悬崖上的两通石碑上，一方是永乐十一年（1413 年）九月所立《敕修奴儿干永宁寺记》，一方是宣德八年三月所立《重建永宁寺碑记》。这两通碑已被人故意捣毁，但拓片保存了下来，以下内容即主要依据这两通碑文来写——

入明以后，在东北奴儿干国（碑文虽称之为国，实不为国），生活着吉列迷及诸种野人部落。永乐帝即位后，三次派敕使前往该地，“招安抚慰”，各部族纷纷来朝，或“悉境归附”。对于这些依附归顺的部落，明朝依其土地、人口的多少，分设卫所，给其首领授予相应的官职，赐以诰印、冠带、袭衣。到永乐七年，在鄂嫩河、嫩江、松花江、精奇里河、格林河、亨滚河、乌第河、黑龙江、乌苏里江流域等广大地区，新设卫所已达到一百三十多个，在此基础上，开设都指挥使司（都司）加以统驭的条件基本形成。乃于当年，正式设立奴儿干都司。永乐九年春天，都司长官都指挥同知康旺、都指挥佥事王肇舟，以及朝廷钦差内官亦失哈等，率官军一千人，巨船二十五艘，来到该地，着手建立都司。

永乐十年冬天，亦失哈再奉天子之命，来到该地，招抚女真、苦夷等部族之民。为了宣示大明对奴儿干广大地域的宗主权，也为了通过宗教的方式“柔化”当地蛮族，朱棣下令择地建一寺院。亦失哈遂在黑龙江下游东畔，亨滚河口特林（俄罗斯称蒂尔，下距庙街，即尼古拉耶夫斯克 250 里，南距宁古塔 2721 里）的一块危崖之上，建立永宁寺。都司衙署就在寺东几百米处。

在永乐、宣德年间，亦失哈前前后后一共九下奴儿干，每次都大会诸部，“抚谕慰安”，为这块“新疆”的建设与维护做出重大贡献。

宣德七年(1432年),已经升任都知监太监的亦失哈,率官军二千、巨船五十艘再来(这也是他最后一次巡察该地)。只见几年之间,永宁寺已遭破毁,唯基址尚存,寺碑也被推仆在草莽之中。永宁寺虽然只是一座佛寺,但它同时也是明朝政府不能在奴儿干地区常设统治机构的条件下设立的临时行政和文化中心。破坏寺院,等于是刻意破坏天朝的权威。

亦失哈将其视为反叛行为,下令严究,很快查出是吉列迷部落的人所为。为此,亦失哈采取了两手措施,一方面对军队进行紧急动员,准备武力讨伐,一方面严责吉列迷部酋长,指其悖逆之罪,但同时表示,只要该部改过,本监上体皇上好生柔远之德,还是会饶恕其罪行。

吉列迷部慑于大明的兵威,听说朝廷肯宽恕,急忙赴营谢罪。亦失哈守约,当即宽恕其罪,并设宴款待,抚恤之情比前尤过之。同时决定重修永宁寺,而各夷部闻讯,纷纷来助,工程很快完成,新寺"华丽典雅,优胜于先"。

在永宁寺重建完成后,亦失哈率领内外官员,再次立碑,以示纪念。碑文说:"国人无远近,皆来顿首,谢曰:我等臣服,永无疑矣。"

由于奴儿干离本土太远,自然条件恶劣,当地部族林立,不相统属,在这样的条件下,明朝很难对奴儿干都司实施有效的控制,甚至无法建立城池,设立官署,驻兵也难以做到,只能时不时地派军队巡察。亦失哈对此是明了的,所以他对当地部落主要采取"以德怀远人"的措施,而不是一味用武,以争取各蛮夷部落的诚心归顺。

事实上,宣德七年也是明代拓边史上的一个关键的转捩点,从此明朝的对外政策全面转向收缩,永宁寺碑几乎成为"天朝大国"照射在远方的最后一抹余晖。自此亦失哈再未到过边外这么远的地方,而转为经营辽东。明朝财政紧张,国力不足,已无法继续支持亦失哈在奴儿干地区的努力。每次亦失哈率官军往奴儿干,都先得于松花江造船运粮,"所费良重"。而往边外颁赐"外夷"缎匹等物,也是一笔巨大的开支。然而这些付出,并不能立竿见影地得到好处,当国库空虚之时,便难以为继。正如宣宗一份给工部的敕谕所说:"造船不易,使远方无益,徒以此烦扰军民。"宣宗晚年,明朝实际上已经放弃了对广大野人、海西女真人地面的经略。

景泰元年(1450年)五月,辽东镇守太监、女真人易信被召还京。他被召还的原因,是因为土木之变后,明朝对辽东边外的控制力骤然降低,建州卫女真都督李满住遂潜通朵颜三卫胡虏,散兵剽掠。兵部尚书于谦以易信等是女真族人,"皆其亲党",恐泄事机,经秘密奏请后,才有此调令。说来也是好笑,易信虽然是女真人,但他为大明臣子、经营辽东及东北近五十年,怎么可能会潜通外敌、泄露事机呢?其实这也不能单怪于谦乏宰相之才,器识太窄,明朝在经历了可称"天崩地坼"的土木之变后,面对着倾危的国势与势如滔天的"虏患",对那些为大明王朝建功立业的异族宦官,早已失去了信心,生怕他们趁机背叛。易信是永乐以来众多异族宦官中所剩不多的一个。随着他的"老战友"一个个凋零,他已感到孤独,在土木之变后,他更感受到来自朝廷的猜忌,为此他积极为保卫边疆建言献策,好比他在当年二月刚刚就改造火器给朝廷上了一章。他说,明军所用手把铳,操作不易,难以连发,这个弱点已为敌人熟知,往往趁火器装填时突击。他建议将手把铳的柄加长到七尺,上装枪头,如果铳药用尽,可转为用枪,并且用木头做了一个样本,连奏疏一起送到。他的建议得到采纳,朝廷命兵仗局照图示制造。其实,这并非易信才到任三把火提出的改进意见,他在明代"九边"中最东边的辽东镇守的任上已经做了十四年了。他仓促间提出这样一个技术性建议,实在是为了表明,他鞠躬尽瘁,与所有人一样,正在为维护疆土而殚精竭虑。为了避免对他身份更多的疑虑,他甚至在不久前改了名字。易信本来的名字是:亦失哈!

亦失哈回到北京后,从此就被淹没在历史的尘埃里,再也看不到任何的记载了。

第四章　林中之鹰:初设东厂

朱棣靠造反上台,"篡弑"二字是挂在这位皇帝脸上的刺字,人人皆得观瞻。朱棣宛如大明朝的"青面兽""贼配军","反"字就刻在他脸上,他自己也深以为耻，只恨不能像宋江一样将脸上那金字抹去。他从西藏大老远地请来一位活佛，大做法事，显示他的“圣孝”；不怕倾其府库，花了无数的钱粮财宝，派人下洋下番；又不停手地大兴土木，不住脚地北征南伐。搞那么大的场面，就是希望人们的目光从他脸上那块难看的刺字上挪开，转移到他头顶盛开的“圣君”光环上。

瞧，我这皇帝干得不赖，总可以挽回一些形象，提振一下低迷的评语了吧！——他大概是这么想的。

极端的自卑，是篡逆者心思的一个侧面，而另一面，则是极度的恐惧；他虽居于安，而无一日不思危。

朱棣上台后，对内外文武臣僚，怀有疑惧和防忌之心，害怕他们学自己的样儿，来个否定之否定，也来造造反者的反。为此，他设立了特务机构东厂，养了一大群大小特务。

前文讲到，洪武朝已开始尝试建立固定的“缉事”机构（锦衣卫职能的一部分），但还没有充分的证据显示，朱元璋已经开设专门的秘密侦查组织，并由宦官统领。我提到的“绳顽司”，是否具有这项职能，仅是我个人的推测，证据链条并不完整，况且该司不久后就并入了司礼监。

但朱元璋、朱棣父子任用亲信宦官，出外刺察外廷之事（称刺事、从事、缉访、缉事，都是间谍密探的古称），确实有记录在案的。我所举出的明代第一个宦官特务头子，就是燕府旧阉出身的太监刘通。不客气地讲，此公还是我从故纸中将他拉出来的。

永乐帝登基后，在内外事务上放手使用宦官，那么，他于此时建立由宦官把持、直接向他密呈情报的侦缉队伍，则是顺理成章、水到渠成之事了。人们熟悉的东厂，正是永乐年间开设的。

东厂是什么时候建立的，史料绝无记载。

看官，你看“东厂”这寒碜名号，就不是一个正儿八经的衙署。“厂”的原意，就是一块空地，划给你了，归你使用。京城内外，堆竹木的、烧炭的地儿，有许多叫作厂。大概新设的这个国家保密机构在皇城东边得到一块闲地作为办公用房，它遂以东厂命名了（事实上，东厂衙门就在皇城东门东安门外)。东厂二字,不是正规的官衙名称,只相当于一个代号,如现代某个秘密工程,并不会给它取一个响亮的大号,常以它动工开建的日期,或别的数字命名。

东厂相当于今天的国家安全局,属于隐蔽战线和保密单位。同时东厂又没有编入国家机构的序列,而提督东厂(俗称"东厂太监")始终也只是一种差遣。东厂衙门开张时,没放鞭放炮,也没贴大红的喜字,人们都不知道有这么一个机构的存在。直到它采取霹雳手段,搞出一些大动作,人们才惊觉皇上竟豢养了这样一只猛虎,不禁悚然畏惧。至于东厂设立的具体时间,则无从查考了。

东厂设立的时间,主要有两种说法,一说是永乐初年,一说是永乐十八年(1420年)。对于普通读者,东厂何时开设,无关痛痒,也不感兴趣,或许还觉得讨论这些问题,纯属学究吃多了饭闲打嗝,总有一股酸气在里面。其实不然。像东厂这样一个特殊的强力部门的出现,与永乐篡立之后的时局尤为关切。它为什么早不设立,晚不设立,偏偏在这时粉墨登场?背后必有一种隐形的推动力,与当时特定的政治形势的发展有其内在的联系,或者说,是时局发展的结果与必然。任何时间,都作为一个特别的节点,被焊接在特定的历史框架之中。弄明白了这一点,才能知道,学历史绝对不是"记时间",而时间压根儿就不需要去记。

清初人谷应泰《明史纪事本末》主张初年说,它记道:"永乐中,尽戮建文诸臣,怀疑不自安,始设东厂,主刺奸。"称东厂设立的目的是"刺奸"。朱棣即位之初,最令他害怕的"奸"是谁?自然是建文帝留下的臣子们,朱棣不放心他们,遂设立东厂,由他信任的宦官统领,对文武群臣进行严密监督、秘密审查,这在逻辑上是说得过去的。

但问题是,东厂不可能设立于百官所在的京师南京。

我们知道,永乐七年上半年,朱棣离开南京,开始他第一次北巡。假如像许多史料所记述的,东厂设立于永乐七年冬天(如《明书》《罪惟录》),那么东厂也应该开设于北京,而非当时的帝都南京。如果东厂初设于北京,那么它的主要目标,就不可能是"建文诸臣"了。因为跟随圣驾来到北京的，都是忠于永乐皇帝的亲近臣僚，他们都经过严格挑选，在政治上特别可靠，才得到护驾北上的荣耀。

从我发现的锦衣卫千户李宗之妻邬氏的墓志铭（《锦衣卫千户李君妻邬氏权厝墓志铭》）来看，东厂应该就是初设于北京。

李宗，字文玉，以字行，浙江上虞人。他是永乐中从“中贵”缉事的锦衣卫官校。

需要说明的是，东厂的总头子是“提督东厂太监”，唯独这一位是公公，而在他下面当差办事的，如缉访、理刑等，都是从锦衣卫抽调来的校尉。李文玉就是其中的一个。

李文玉本来习儒学文，准备参加科举考试入仕的。可李家不是普通的民籍，而是锦衣卫籍。作为朝廷在册的军人，李家世代承担相应的军事义务。永乐年间，李文玉的父亲李杰受到征召，随驾北行（“以锦衣卫士征赴阙”）。文玉不忍心父亲那么大年纪，还要远行劳顿，就对父亲说：“由此到北京，有几千里的路程，父亲大人以垂白之年而往，就是路上无事，做儿子的又岂能忍心？我决计弃儒从军，替父应征！”于是脱去儒服，换上锦衣卫大红的戎装，代替父亲来到北京。

李文玉生于建文元年（1399 年），朱棣即位时，年仅四岁。他代父从征，至少应该成丁（十六岁以上），而永乐七年他才十一岁，断做不出花木兰那样的孝行。故此，李文玉代替他父亲，到北京应差，至少要到永乐十几年，即永乐的中晚期。

墓志说，李文玉到京不久，“会文皇帝（朱棣）出中贵人侦天下事，名其署曰东厂”。明确指出，东厂是永乐皇帝在北京设立的。

东厂开设后，随即从天子亲军卫锦衣卫中挑选“多智善隐”“技绝伦者”“良于行者”“儒而愿者”，充任东厂官校。东厂初设之际，对人才的需求非常大，而且所需人才是多方面的，有长于智谋、善于化装侦查的（“善隐”），有掌握各种超群技艺的，行为举止端良可靠的以及能写会算、声誉较好的（即“儒而愿者”）。

李文玉代父从征，已经获得极好的口碑；他为人又形神明爽，论事风生，是个形象健康、充满活力的青年；加之他是读书出身，舞文弄墨的事，正是其本业，操觚在手，笔走龙蛇；他还工于书画，尤其擅长在扇面上画水石竹虫，作品非常生动，令人称赏。他的这些特点，在以武夫为主的圈子里，是非常突出的。因此，李宗在锦衣卫“能声大腾”。东厂一“抡才”，他便以“儒而愿者”入选，从此进入东厂当差。

像李文玉这样通经书、长于文字，又精思善谋的人才，自然容易得到信任和提拔。果然，“久之，（李文玉）益以缜密韬戢见任使”，成为东厂太监的亲信。

东厂之设立，其主要职责何在呢？李文玉之妻郇氏的墓志里亦有记述。

话说东厂成立后，探子们为了立功，像苍蝇一样嗡嗡乱扑，到处嗅腥，听到一点流言蜚语，就像打了鸡血，饮了兴奋剂，立时捕风捉影，掘地三尺，非把小面团蒸成大馒头，把鼠偷的小案张扬成窃国大案，才肯罢休。那些捏造谣言倾陷他人的坏蛋，在东厂反成了香饽饽，成为厂役争抢的对象（“遇到凿空飞语告变者，同事无不欣悦掠为己功”）。京师官民很快就领教到东厂的“威力”，偌大一座北京城，被无处不在的东厂番子、厂役搅得人心惶惶，不可终日。

李文玉见到这种状况，非常忧虑，当同事们抢着立功时，他“独愀然”，每当“罪人”联翩拿到，他必与同事“根考蔓究，明争暗沮”，绝不搞逼供信那一套，只要缺乏证据，没有事实根据的，一概释放，绝不诬枉一人。阿弥陀佛！李文玉此举，如同造了百级浮屠，功德无量。

他还劝东厂太监，希望“厂监”能正确认识并合理使用天子所赋予的这项重权。他说：“主上以公为肘腋亲臣，所以才令公柄此秘权以锄奸。”

插一句播报：古人套叙时，对姓李的称李公，姓王的称王公。李文玉说“主上以公为肘腋亲臣”之“公”，可不是“公公”的缩称。

我们不知道李文玉效劳的这位“厂监”姓甚名谁，但李文玉是以“公”相称的。宦官虽为宫廷阉奴，但在日常交际中，他们还是乐于像士人一样，被人尊称为“公”。“公公”的称呼从何时而起，恐难以考证，但此语应该只用于对话中，凡书面遣词，就我看到的，都只称“某公”，而不是某公公。

李文玉将东厂之权理解为一种“秘权”，他继续作喻说：“东厂应如鹰隼一样，栖息于密叶之中，以防兔子狐狸鼠雀伤害农田的粮食。粮食之所以不受祸害，不正因为密叶中潜伏着令害虫恐惧的猛禽吗？道理是一样的。”（原文：“犹栖鹰隼于密叶中，防兔狐雀鼠之虐嘉谷耳。苟嘉谷无伤，则密叶中固畏之在。”）

李文玉认为，东厂存在的最佳形式，应该是保持一致隐形的威慑力量，人们虽然看不见它，但不能不畏惧于它——这就仿佛一个国家拥有核武器，即便永远都可能不会使用，但它就能起到极大的威慑作用，令任何强国都不敢轻举妄动。东厂应该栖息在密叶之中，不该总在天空盘旋，令所有人惊恐。

李文玉的比喻令厂监很受启发，他沉吟片刻，忽然起身，向李文玉拱手谢道：“若非先生教我，咱从哪里能听到如此精妙的高论！”从此之后，加强了对东厂行为的规范与克制，东厂番役播虐害民的现象少多了。厂权这朵乌沉沉的黑云，从普通老百姓头上移开，转到真正的奸恶之徒头上去了。多年之后，邬氏墓志的作者还怀念道“故今犹传永乐中无横罹于（东厂之）祸者”，说现在还传说，永乐中，没有无辜者受害于东厂，并将其视作李文玉劝谏的功劳。

其实，李文玉对东厂定位的认识，也符合后人对东厂职权的普遍看法：东厂应该着力于缉访谋逆、妖言、大奸大恶等事，而那些鸡毛蒜皮、琐屑不堪的街坊吵骂、经济纠纷以及一般斗殴、摸窃等刑事案件，不应在其侦缉范围之内，即东厂不应该骚扰市井，令普通官民感到惊恐不安。然而事实上，由于东厂权柄太重，它由皇帝直接指挥，并直接向皇帝密报大案的侦查与审理情况（每当东厂太监奏事时，司礼监掌印太监都得回避），即所谓“上可通天”，所以东厂所掌握的“秘权”很难被约束在权力的笼子里，此为后话。

李文玉多次随永乐帝朱棣北征，又随宣宗亲征武定州（平汉王高煦）、巡视塞上万全等地，“皆著扈跸功”。后升任锦衣卫班剑司百户（班剑是天子卤簿中的一样物事），景泰二年病卒，赠锦衣卫副千户①。李文玉是我们所知的最早的一位东厂官校。

关于东厂成立时间的另一说，是永乐十八年（1420 年），多数史料，包括《明史》都持此说。

此说的源头，见于明朝嘉（靖）万（历）时期的著名学者王世贞的记述（见《弇山堂别集》和《中官考》）。既然东厂之设，不见诸国史，那么王世贞是如何得知的呢？他是从史料中推算出来的。

成化年间，东厂之外又增设西厂，两大特务机构争权，闹得非常厉害。大学士万安上疏请罢西厂，疏中提到，东厂之设自文皇帝，“至于今五六十年”云云。这份奏疏就收在《明宪宗实录》里。

实录本为秘籍，藏于金匮石室（明代实录，正本藏皇史宬，副本藏内阁），不许外人窥视。但在王世贞的时代，社会上已经流传着实录的众多手抄本，大概王世贞看到的版本有误，抑或抄录时一时疲劳眼花，反正他将万安奏疏里的“至于今五六十年”错写成“五十六年”，然后从上奏时间一倒推，便算出东厂设立的时间是在永乐十八年。

这位明史的大权威一犯错，后人则不免跟着错，清修《明史》未加考订，就沿袭了王世贞的错误，书中两处提到东厂，都说设立于永乐十八年。此点被本人指出，可纠《明史》之失（参见拙作《明代“东厂”新证三说》）。

虽然王世贞所称东厂设立于永乐十八年说由于所依据的史料出现问题，成了无源之水，但综合各方面材料来看，东厂设立于永乐中后期是无疑义的，大致来说，就是永乐十五年朱棣最后一次北巡之后。

从那年开始，北京开始进行规模宏大的营建工程，这里汇聚了来自全国各地的数十万工匠和民夫。同时皇帝还倾尽全力准备对漠北的征伐，使北京成为一个巨大的兵营。为了支撑皇帝无尽的野心，全国各级政府不得不极力盘剥百姓，以满足朝廷不断膨胀、毫无止境的需求，大批农民被迫离开力作的农田，来到北京充当劳役，海量的物资像龙吸水一样，通过陆路与

① 赠官是人死后所得到的加官。看官万勿望文生义，以为“赠”是白给的官。

运河持续地向北京涌集。

在政府空前的压迫下，不少地方发生了不同程度的反抗，其中最著名的，就是山东妇女唐赛儿领导的起义。起义失败后，唐赛儿逃脱了追捕。朱棣怀疑她化装易容隐藏在出家妇女之中，竟悍然下令逮捕北京、山东等地的全部道姑和尼姑。尽管永乐皇帝如此残暴而荒唐地使用权力，唐赛儿终是没有落网，这真是一大讽刺。

在这样一个扰攘和充满反叛的环境里，朱棣需要强化对国内（尤其是北方地区）的监视与压制，于是东厂顺应他的这种需要，适时地呱呱坠地了。

第五章　厂卫并行

或许有敏锐的看官要问了，不是还有锦衣卫吗？这个问题可算"问到点子"上了。我正要说到，东厂的开设，与锦衣卫权势之涨缩沉浮，存在着密切的关联。

东厂开设的初衷，正如李文玉所理解并为首任东厂太监所赞同的，是为了缉访"谋逆大恶"，而这也是锦衣卫的重要职责。永乐初年，锦衣卫缉访权大张，有一位"缇帅"①，姓纪名纲，是满朝皆惧的人物。

纪纲，《明史》有传。他入的是哪个传？《佞幸传》。"佞幸"二字不中听，但在专制帝王的治下，真正手握大权的，往往不是重臣高官，而是那些官职卑微的佞幸们。永乐初年，纪纲把持锦衣卫，一时间权倾朝野，锦衣卫的权势也达到有明一代的最高峰。而永乐中后期增设东厂，实为制衡锦衣卫，与纪纲势力之衰败乃至死亡，具有直接的因果关系。纪纲之败，与东厂之设，显示出永乐朝激烈残酷的政治斗争。

---

① 缇是橘红色。锦衣卫官校所穿袍服都是红色，故锦衣卫士称缇骑，卫的主官则称缇帅。

朱棣初即位时，杀人无数，而帮他杀人的，是一文一武两位酷吏：文的是都御史陈瑛，武的就是锦衣卫指挥使纪纲。

纪纲同李文玉一样，也是文人出身，起初是一名“诸生”（县学的学生）。靖难之役时，燕军南下，从他家乡临邑县经过，学生纪纲马上意识到，他出人头地的机会来了，急速抛下书本，赶到反王的队伍里，“叩马请自效”。

燕王朱棣那时正在招兵买马、广纳贤才，特别礼贤下士，眼见纪纲是个读书人，格外亲热。原来跟他造反的，皆是一班不要命的武夫，而读书之人拘于礼仪，或性格怯懦，多不愿从贼，很少有主动投靠他的。可见纪纲不是那种把书读迂了的人，他头脑精明，善于投机，为人还“便辟诡黠，善钩人意向”，坐在燕王行帐中，信口开河，滔滔不绝，句句都凿在燕王心坎上，好像燕王的心曲儿就是他谱的。

纪纲的本事是全套儿，等到他当权，人们才发现，原来他还是个特别的“忍人”，天生一个酷吏的坯子。

朱棣和他一聊，发现此人不仅经书讲得通，还善于骑射，大为高兴，当即将纪纲收入帐下，授予忠义卫千户之职。纪纲从此弃文从武，走上一条酷吏的道路；他半路出家的起点也高，第一个官职便是正五品的千户。

当然，反王封的官，最后能不能兑现，还得看他的反造不造得成功。

人们习惯从过往的历史中寻找今日进退的依据。那么遍翻史书，史上从未有过一个王朝在盛世与和平时期有过藩王造反成功的先例，若依常人之见，则“逆燕”朱棣必败无疑。然而纪纲眼光独到超群，不同凡响，他投靠反王，必然像一位现代的炒股家，对着电脑上的股票走势图，做过一番认真而深刻的分析。他深邃的目光犀利如电，刺破尘俗，看到燕王事业的无穷潜力，遂以身家做本，断然投逆从贼，做了朝廷的叛徒。南无阿弥陀佛！燕王最终反上金銮殿，创造了历史。纪纲投资的这份“千户”的期货，大大升值。改朝换代之后，立马被拔擢为锦衣卫指挥使，“典亲军，司诏狱”。

所以，请看官记住一句话：历史从来没有简单的重复。

话说锦衣卫是天子亲军中最亲最近的一卫，借称“金吾”（故缇帅又称金吾帅），居明朝“上十二卫”禁军之首。凡奉旨捕拿要犯，均差锦衣卫校尉去办，该卫设有监狱（锦衣卫狱），专门关押、审讯钦犯重囚，也就是所谓“诏狱”。

在朱棣刚刚即位那会儿，替皇上分忧解怒、血洗“建文旧臣”的，是文臣都御史陈瑛。在他的主持下，灭建文帝忠臣数十族，亲属被戮者数万人。纪纲干得也卖力，他广布校尉，日摘臣民阴事，朱棣看谁不顺眼，风旨所向，他立刻放出鹰犬，去捕去拿去杀。而凡锦衣卫拿到的“奸人”，朱棣就令锦衣卫究治，纪纲遂来个酷吏的人品大爆发，深文诬诋，凡落入他瓮中的，没有不自诬服有罪的。

朱棣见纪纲抓捕的奸人多，便以为他忠了，亲之如肺腑。本来卫的最高长官是正四品的指挥使，朱棣为了奖励他，特升他做都指挥佥事（正三品），仍掌锦衣卫。打这以后，锦衣卫的主官皆高配，后来甚至有以武臣的最高阶都督（一品）掌领锦衣卫的。

纪纲一朝掌权，便把令来行。先说一个被他害死的正三品大员、浙江按察使周新。

不久前有一部电视剧，名为《大明按察使》，讲的就是周新断案的故事。周新原名周志新，此人是个能吏，在大理寺任职时，就“以善决狱称”。周新为人铁面无情，敢于弹劾权贵，外号“冷面寒铁”。他做御史时，京师人甚至以他的名字吓唬哭闹的小孩。

《明史·周新传》如是记载，却令我产生一丝怀疑。

周新作为监察御史，扫荡权贵，令其噤声寒战，是其本分，可怎么会在普通民众中造成那么可怕的影响，以致都可以拿他的名字来恐吓小孩？周新是如何成为“狼外婆”的？在谈周新之事时，从未有人言及于此。

那是什么原因呢？

回头来看史书所记，称周新“敢言，多所弹劾，贵戚震惧”，再联系永乐之初那特定的历史背景，我很怀疑，周新在建文帝垮台后，迅速易帜，投靠反王，并成为帮助朱棣斩除“建文忠臣”的马前卒。也就是说，周新扫荡的“贵戚”，都是建文朝的旧人——他可不敢拿靖难新贵开刀！

我们知道,朱棣对敌人毫不留情,很多人因为过去的旧账或者对新朝有不佩服的神气而遭满门抄斩,每日都有人被推到市集上砍头或凌迟。说不定他们中许多人就是被周新推上死刑台的,恐怕他作为御史,还经常高坐在监斩台上,声色俱厉地抛下斩字令牌,故此给市民留下恐怖的记忆。这或能够解释,为什么朱棣对周志新这个毫无瓜葛的御史特别欣赏,乃至不呼其名,只亲热地喊他"新"(幸亏不是亲,否则更肉麻)。周志新非常得意,从此改名周新。

周新是从敌对阵营里"起义"的悍将,反手杀人,毫不假情面,所以朱棣对他印象非常之好。没多久,周新就被提升为按察使,来到浙江,成为一方大员。

周新确实是一位廉能的地方官,他在任上做了不少好事,"当是时,周廉使①名闻天下"。

然而这样一位名闻天下的好官,很快就要尝试纪纲之怒锋了。

话说纪纲部下有一个千户到浙江"缉事",本来特务工作,应该是秘密行动,可这位老兄却拉大旗作虎皮,借机四下索贿,擅作威福,大发吓人之财。周新知道了,放出风声要拿办他,此人当即遁去。过了没多久,周新因为公事亲自送公文上京,在京南的涿州,恰巧又遇到那名千户,此人还在满世界逛荡,忽悠诈财。周新便不客气,将其逮捕,羁押在涿州狱里。

这正不知是千户之祸,还是周新的不幸。那千户被下到涿州狱里,他一亮锦衣卫的名头,差点引发监狱风暴,高墙塌了半截。那世道,捉了锦衣卫,不是找死么!可周新也是个狠角色,他曾经任过北京的巡方御史,以铁面著称,涿州过去为其治下,晓得他的厉害。当地官员不敢随便放了那千户,又不敢继续监着他,怎么办?当官儿的就是脑袋灵光,很快想出个法儿,故意给那千户留个空儿,让他自己逃去。

千户逃回北京,找到纪纲哭诉此事。纪纲大怒,打狗还要看主人嘛,周新这么做,分明是不给本卫面子,决不可容忍。即刻写下一份密奏,诬称周

① "廉使"是一省按察使的俗称。

新作为按察使,本为地方守臣,他却妄自以都察院体统行事,擅自逮捕朝廷钦使,这是不把朝廷放在眼里呀!

那位曾经笑眯眯管周新叫“新”的永乐皇帝,一怒之下,顿忘前日的恩宠,马上下旨逮捕周新。

奉钦命拿人的,都是锦衣卫的人,也就是那位千户的同事,他们自然尽同僚之谊,帮同类出气,一路上天天请周新吃棒子,大概比武都头发配孟州的路上所吃苦头还多。周新作为朝廷命官,并无削官夺秩,却被打得体无完肤。

周新逮到北京后,在早朝上被当作罪囚引见,他虽然吃了许多苦,但骨气仍傲,伏在陛阶下大声喊冤,说:“陛下诏按察司行事,与都察院同。臣奉诏擒拿奸恶,奈何罪臣!”

他要是不辩,或许朱棣能饶了他,谁让他在朝堂上做出一个直臣忠谏的样子,反衬得皇帝像个昏君,便激发了朱棣胸中之恶,当即下令,将周新推出去处斩。

周新在临刑之前,还不忘大呼:“生为直臣,死当作直鬼。”

我意,当不当直臣,倒可缓一步说话,最重要的,是要死得明白。这位周大人死得不明不白,与其做直鬼,不如做个明白鬼——他是至死不悟啊!

朱棣杀周新,按今天的话来说,属于“激情杀人”,出于一时之愤,之后想起来,颇生悔意。他问身边人:“周新是什么地方人?”左右答:“广东南海人。”人死不能复生,朱棣也无话好说,唯叹息道:“岭外乃有此人,枉杀了他呀!”

枉杀毕竟也是杀,周新死得冤枉,魂魄不散。有一天,朱棣忽见一红衣人,立于日光之下,似曾相识。听那红衣人朗声道:“臣周新已为神,为陛下治奸贪之吏!”朱棣又见鬼了!

周新为人过于执拗,当缇帅纪纲正横时,他就是要扮忠臣,又何必去撄纪纲的怒锋?如是之不智!周新的死,他本人应占一分责任,纪纲无端害人,当占三分责任。但纪纲未必一定要他死,周新如果稍微服软,不当着百官激触圣怒,也不一定死。而朱棣临朝一怒,辄随便杀害有名的“良二千石”，不啻暴君所为，故朱棣对此应负主要责任，至少有六分。

但皇帝的错误，除非他自己反省，臣下谁敢纠之？自古的直臣，尤其是因为“直”而丢了性命的，世人对他们往往抱有一种深切的同情，不愿指责其失。于是这笔烂账，一股脑全堆到纪纲头上，说是纪纲“致之死”。纪纲被诛后，周新的身后之名如日中天，被称为“当代第一人”。

浙江按察使周新，作为提点一省刑狱的方面长官，又是素享声誉的地方大员，因为得罪纪纲，都难逃杀头的悲惨下场，足见这位缇帅是如何被朱棣视为“肺腑”了。纪纲倚仗皇帝的宠信，便开始胡作非为起来。

一次，他要买一个女道士做妾，却不想被都督薛禄得了先手。也不知这位薛都督是无心还是有意，竟然挡了纪纲的道，他不免也要着纪纲的道儿。纪纲想他的美人被人夺去，心怒难平，某日在大内遇见薛禄，这口气不发不行了，当下一棍子敲去，将情敌开了瓢儿，几乎被活活打死。这可是在大内啊！皇家大院可是争风吃醋、大打出手的场所？纪纲却不管这个，该出手时就出手，瞧他有多狂！

还有一位都指挥，名叫哑失帖木，某日坐着大轿，走在长安路上，一时得意，没给纪大帅避道，让纪纲记下了，回头便诬告他冒赏，将其捶杀。

上面两位，一位都督，一位都指挥，官位都在纪纲（他是都指挥佥事，和都指挥还隔着一个都指挥同知，差着两级）之上，尤其是薛禄，本是靖难功臣，后来被封为阳武侯。可到了纪纲这里，全不把他们当人看，任打任捶，随其所欲。纪纲的暴虐，至此尽露，其他的所为，皆不必详表了。

然而，纪纲的好日子，在永乐十四年（1416 年）到了头。这年七月，他被朱棣以谋反的罪名处死。

《明史·纪纲传》里，记述了纪纲的许多恶迹，如下几条值得注意：

第一，他多次派家人拿着伪诏，到各地盐场，勒取官盐四百余万。回来时，又假称有诏，擅征官船、牛车，将盐载入其私邸。而无论是盐还是船车，他一概赖账，分文不给。

这条罪状的要害，不在他白占公家的好处，而在他的家人“伪为诏”，也就是俗称的“假传圣旨”，这是非常严重的罪行。

第二，永乐初，晋王朱济熺（第二代晋王，朱棣之兄晋恭王朱棡之子）、建文帝的弟弟吴王朱允熥先后削爵，遭到籍没。纪纲在奉旨抄没王府财产时，趁机干没金宝，获利巨万。贪财本不要紧，康熙帝为了照顾韦小宝发财，不还派他去抄鳌拜家产嘛！韦小宝得了鳌拜家的护身宝衣，穿上四处摇摆，也无伤大雅。可纪纲轻狂至极，他竟然穿上两家王爷的冠服，高坐置酒，命唱戏的小童儿奏乐奉觞，山呼万岁助兴。

第三，纪纲家居所用器物，僭比乘舆（指天子出行的法驾）。

以上两样都是严重"违制"的行为，往往是杀头的前戏。

第四，他还阉割少年数百人，充他府中的仆役。

勋戚大臣府中使用阉人，在明初并不是什么了不得的事。但纪纲只是一介武夫，是皇帝的佞幸，而不是勋臣，也非皇亲国戚，他家役使阉奴，就逾制过格了。而且他蓄养的阉奴数量如此之大，可以想见他家府邸是如何豪阔了。

第五，皇帝选的妃嫔，有一些虽然入了龙目，但因为年纪尚幼，不到册封的年龄，就让她们暂居外宅以"待年"。纪纲竟然横插一杠，和永乐皇帝抢腥吃，把其中最为绝色的女子先纳了。——他难道忘了，薛禄和他抢女道士，他是如何动怒的？莫非他主子永乐皇帝是善类一枚，会容许奴才来他碗里争鱼吃？

如此种种，按网络语言，都是造反的节奏。这些"反状"，多数都似曾相识，一般来说，皇帝要说谁谋反，都会糊几顶这样的帽子栽他头上，无甚新意。因此我怀疑，它们都是纪纲垮台后根据狱词加工整理出来的，以证明他一直都有不臣之心。——好比山呼万岁一说，我打死也不信。

以上这些罪证，虽然都属僭越，是大不敬，但还不构成谋反大逆的直接证据。不过不用急，铁证很快就有了。

永乐十四年（1416 年）端午节，大内照例举行"射柳"活动。

射柳其实就像划龙船、舞狮子，是朝廷节日庆典的一项必备的庆祝仪式。在端午隆重的节日气氛里，让将士们骑骑马、拉拉弓，活动一下胳膊腿，含有"马放南山而军不忘战"的象征意义。

许多人望文生义，以为射柳就是照柳树放箭，射断柳枝便为高手。其实不然。试想，柳叶是何等轻柔之物，一箭飞来，箭镞还未挨着叶身，叶子早为一股劲风荡开了，哪能射穿它？所谓“百步穿杨”，不过是一种形象的说法罢了。因为壮士在柳下习射，遂称之为“射柳”，总比“射垛（箭垛子）”文雅好听些。中国人净喜欢整这些好看而不中用的东西！

纪纲早在做诸生时，便长于骑射，后来从了武，更日日拉弓放箭。他是有名的神射手，可他在下场前，却悄悄吩咐亲信、本卫镇抚庞瑛：“待我射时，故意射不中，你却要折一根柳枝，大声喊好。”庞瑛不解：“这是为何？”纪纲道：“我要借此观察一下众意所向。”

纪纲下了场，呼啦啦一箭射去，果然失了准头。庞瑛按照事先说定的，折一根柳条在手，欢呼雀跃起来。看热闹的官员们，尽管莫名其妙，却也不敢“指正”，都跟着一起喊好。纪纲见状大喜，道：“这是没人敢跟我作对了。”从此便立下心造反了。

看官您瞅瞅，不是赵高指鹿为马故事的明代版么？赵高在朝堂之上，指一头鹿说，这是一匹马，大臣们都唯唯诺诺，不敢反对。纪纲明明没射中，众人亲眼见庞瑛从树上摘下柳枝欢呼，却也不敢喝倒彩。这说明，纪纲就像秦代的奸臣赵高，凭借权势，凌驾于百官之上，人们都敢怒不敢言。

这个故事是记录在《明史·纪纲传》里的，然而我却不信其为真。熟悉在下的看官，当知我最喜欢和“正史”作对了，当然，“野史”在我这儿，也常讨不到好。

前面我已指出，所谓“射柳”，实不必射柳。我估计《纪纲传》的纂修官也没弄明白这一点，便茫茫然写纪纲交代庞瑛，令其“折柳鼓噪，以觇众意”，好像纪纲本该射断一根柳枝似的。如果“射柳”以是否射断柳枝来判高下，那实在没有必要。柳树之冠那么大一簇（北方之柳，又粗又壮，形如插立的一株巨型笤帚，不似南方柳树依湖而卧，为病美人之态），就是我这样的近视眼，如果趁几斤蛮力，一箭射去，兴许也能射折几根枯枝下来。我猜，纪纲令小鬼庞瑛折枝，不过让他手里有样物事，招呼起人来，大家看得更清楚些，其作用就像鼓舞士气的红旗。

当然,也有可能,庞瑛所折之柳枝,是这个故事在民间流传时,被后人加进去的一件道具。

射柳这一情节,颇富戏剧性,故事生动,刻画鲜明,远比说他“多蓄亡命,造刀甲弓弩万计”更容易让人记住,这也是史家运笔的偏好。

然而,关于纪纲谋反的种种证据,由于疑点太多,不能不令人生疑。

纪纲秀才出身,是个心机既刻且深的人,他若真心谋反,断不会像史书描绘的那样,采取那样一种狂飙突进的张扬姿态。好比说他借射柳以试探人心,即借指鹿为马的手法来观察他的威力是否已压服众人,除了自我暴露,到底有何意义?纪纲会那么愚蠢?自然,在他主子眼里,他就是蠢驴一头,一头蠢驴,所以欲加之罪,总是那么荒诞不经,经不起推敲。

自古以来,凡欲谋反者,不过威慑与恩结两条道路。

以恩惠相结者,是司马懿父子的手法。司马家与世家大族建立起广泛而稳固的政治同盟,慢慢侵蚀曹魏家的统治根基,末了轻轻一推,糟朽的曹家大屋即轰然倒塌。

曹操霸夺汉室江山,则是以威相加。曹丞相使汉献帝整日生活在他的白色恐怖之下,连自己怀孕老婆的命都保不住。可怜的献帝在熬受了曹家父子的长期折磨后,只好乖乖地把皇位禅让给曹公子丕,不过履行一道手续而已,人家姓曹的早已是站着的天子了!

毋庸置疑,威慑的前提是曹氏父子掌握着随时废立的绝对权力,他们才敢如此张狂无忌。而恩结者野心起时,势力有限,只好暂取低调之态,慢收人心,待到权柄运转,朝廷大权如潜流一般发生根本转移,方才扬手一击,推倒枯藤老树。

看官试想,纪纲若属“造反派”,他该举起大棒,还是拿着一根胡萝卜?

纪纲不过是皇家鹰犬锦衣卫的头子,他既没有司马氏世家大族的背景,也没有曹操一手遮天的强大武力,他既不掌兵,在文臣中也毫无根基,还得罪了许多人,手中血债无数,人们畏惧他,更痛恨他。这样一个人,如果真的发了疯要篡位,只能暗自邀结人心,即采取恩结的手段,岂可妄自拿大,以指鹿为马的方式去威慑群臣?

这不是傻吗？

其实纪纲绝无谋反之心，只不过皇帝要烹掉这条走狗，只能给他强加一个死罪。历朝历代，那些得意一时的倒霉鬼们，无不着了此道。喊冤吗？没用的！

永乐十四年(1416 年)七月，也就是五月初五端午节后不久，有宦官奏发纪纲之罪——显然这位宦官是瞄了准头，适时而发的，甚至可能直接受了朱棣的指使。

从朱棣的迅速反应来看，他正等着这封揭发信呢！

朱棣在接读检举信后，立刻批旨，秘令科道官(六科给事中与十三道御史)当廷弹劾纪纲，在次日朝会上，出其不意地向纪纲发难。

纪纲完全没有料到，言路会突然向他发起严厉的批判攻势，他毫无防备，听着当朝宣读针对他的弹章，张口结舌，不知所措。而朱棣已不容他自辩，马上下旨，将他拿下都察院按治。

纪纲一旦下狱，就像以前所有被他抓捕的罪臣一样，完全失去了自我。审讯的结果，无不如圣意，纪纲及其党羽很快承认，他们有谋反的预谋。而就在谳词奏上的当日，纪纲即被磔死于市，其家属无论老少，全部戍边。朱棣还将纪纲的罪状颁示于天下。他的部下，杀的杀，谪的谪，也都星散了。

纪纲之死，有其必然性。

试想，自古以来，哪一位圣明之君不用酷吏杀人？待该杀的杀了，该除掉的除掉了，圣君该把手洗干净了，他驾前立功的酷吏，自然成为他的擦手布，擦完血，随手扔掉。朱棣命“列(纪纲)罪状颁示天下”，其目的是将永乐前期令人惨目的大杀戮，归罪于纪纲(还有已死的都御史陈瑛)。

纪纲并不如科道官和史书所指责的那样残酷，他不过是一只可怜的替罪羊，幕后的真凶，其实正是那位把屁股洗得干干净净坐在宝座上的朱皇帝。

纪纲并非毫无人性的刽子手。好比内阁学士解缙，是明初有名的才子兼狂士，因为得罪了朱棣和汉王高煦，被下到锦衣卫狱里关起来，纪纲就比较关照他，给予他许多优待。

有一次，朱棣查阅诏狱里关押的囚犯名册，见到解缙的名字，恨恨地说了一句："原来他还没死啊！"朱棣不想让解缙活，却一时找不到让他死的罪名，就让纪纲将其秘密处死，给心烦的人来个"人间蒸发"。纪纲不敢违命，又不忍心告诉解缙，回到狱里，就请解学士喝酒。解缙是多聪明的人哪，马上知道原因了，当下不语，只是求醉。待解缙喝到酩酊大醉，不省人事，纪纲命人将他抬到院子里，用雪盖起来，解缙很快就死了。这大概是纪纲能想到的，既让解缙死得不痛苦，又能留其全尸的办法吧。

纪纲必死，还有一个原因，就是他开罪的人太多。

解缙得罪，主要是他拥戴皇太子朱高炽，因此成为汉王高煦的眼中之钉，必欲除之而后快。纪纲在狱里关照他，显然是不给汉王面子。

纪纲害人，分明是奉旨行事，可大伙都把账记到他头上。许多账，譬如血债，皇帝是一定要赖掉，请臣下代还的。

当然，纪纲也非善类，他不会秉持公心，替无罪之人优容转圜。那些得罪了皇帝，被"下岗论死"的宦官与武臣，享受不到解缙的待遇，纪纲还会落井下石，趁机大发横财，如猫吃老鼠，下口之前必要将老鼠戏耍一番，极尽饕餮之乐。

他每接到抄没的旨意，就率领一大群官校去"请"昔日的同僚、今日的阶下囚。此时，纪纲便表现出一个人格卑劣者的本质，他并不把犯事者直接下到狱里，而是带回自家私宅，先请对方洗个舒服的热水澡，带去宽敞房子住下，好吃好喝款待，然后假意说：你不用怕，等我见了圣上，一定替你说好话，赦免你的罪。

那犯官虽知纪纲不是菩萨心肠，但此刻沦落，正在神乱心慌之际，突听阎王殿上的判官这么肯帮忙，还不感激涕零？但感激不能光吸溜鼻涕呀，总得真金白银，出点血吧。只听说有钱能使鬼推磨，没听说小鬼也来学雷锋！为了活命，犯官总是会命家人将金银绸缎、奇珍异宝，可劲儿地往纪大人家里搬。

纪纲做出勉为其难的样子，道："这些钱嘛，本不该收你的，可你也知道，这世上没有空手套白狼的好事，你的事重，不能光靠我空口白牙地说，御前那么多人要打点。”他以这些理由，像挤牙膏一样，将犯官之家慢慢挤得只剩下个锡皮。

犯官明知被纪纲讹诈，也不敢二言。用不了多久，身家已空，再无干货好榨了，这时，突然大门一开，好多壮士拥进来，挟着犯官就往外走。犯官大惊，连问：“纪大人在哪里？纪大人在哪里？”还没弄明白是怎么回事，已被推到西市斩讫，脑壳高悬竹竿之上，瞪着大眼发呆。

纪纲这么做，得罪了整个权贵阶层，成为他们既恨又怕的人物。纪纲的所作所为，其实是在给自己挖坟墓。所以纪纲一旦失势，他的末日也就到了，即便朱棣想网开一面，饶他不死，他也很难存活下来。普天之下，每一条河边，都高举着追打落水狗的棍棒呢！

纪纲被处死的时间非常特别——永乐十四年（1416年）七月。这在永乐政治史上，是一个特殊的时间节点。

我们把三年来的“时间流”做一简单的梳理：

永乐十一年（1413年）二月，朱棣第二次北巡，来到北京。这次他在北京停留的时间较长，约三年有余。期间他除了把皇后徐氏下葬于刚刚建成的长陵，还发动了对瓦剌的新的战争。

永乐十四年（1416年）八月，朱棣最后一次回銮南京。这次南返，主要是为了与群臣讨论迁都和营建北京等事宜，所以仅仅待了五个月时间。在他用强权威逼群臣接受他的独断，达到目的后，即于次年三月匆匆北返，同时大规模的新都建设工程在北京开始了。

请注意：纪纲之被处死，正是在朱棣仓促南下的前夜。

按照正常逻辑，可以将朱棣在临发前除掉纪纲，视作他在銮驾出外之际所采取的一种内部安保措施。这正如他在结束南京之旅北返时，勒令觊觎储位的汉王高煦离开南京，为皇太子高炽免除后顾之忧，是一个道理。

现在我们回到最初的议题：既然我们认定东厂是永乐中年在北京开设的，那么有没有可能是朱棣在第二次北巡期间（永乐十一年四月至十四年八月）在北京开设的呢？在讨论这个问题时，必须首先考虑到锦衣卫的缉事权。

在开东厂之前，朝廷缉访大权尽属锦衣卫，之后令内臣领官校缉事，是将原来统属于锦衣卫的权力一分为二，使其“内外相制”。因此，东厂的开设，必然与权倾一时的锦衣卫帅纪纲的命运发生紧密的关联。

如前所云，在永乐中年以前，纪纲最受宠信，成为朱棣铲除异己的主要帮凶。但纪纲气焰太盛，已引起朱棣的猜忌，所以一旦有“内侍仇纲者发其罪”，立刻以谋反的罪名将其处死。朱棣赶在南行前夕，除掉了他豢养的猎犬和心腹之患。

第二年五月，朱棣回到北京，即大兴土木，修建皇城宫阙城池，数十万民户被强制迁来，以充实畿辅。他还雄心勃勃，准备发动对漠北的战争，各地征发而来的军士夫匠充斥着这座建设中的新都。在这样一种纷扰的形势下，纪纲虽死，缉访之权却必须加强，此时开厂缉事，才有其现实的需要。

所以我判断，东厂的开设，应是在永乐十五年之后。

对于东厂的设立与锦衣卫的关系，有官员看得明白，如宪宗朝大学士万安说，起初用锦衣卫缉奸，单用外官(此“外”字是相对于内官而言的)，但恐怕他们徇情，遂增立东厂，令内臣提督控制之，使(东)厂与(锦衣)卫彼此并行，内外相制。这个思路就非常清晰了，即东厂的设立，除了加强对臣民的监督与控制，也是为了制衡锦衣卫，避免其“秘权”过大，难以驾驭，或成为“奸臣”弄权的工具。这与明代政治凡事讲求制衡之术，是能够对应上的。

然而，由于东厂控制在宦官大佬手里，明中期以后，东厂太监多升入司礼监“参预机务”，或“提督东厂”一职由司礼监太监兼任，东厂的权势很快就大大超过了锦衣卫，卫权实难与厂权比肩。此为后话，请见后卷。

第六章　营建新都：宦官建筑师

永乐中期以后，开始大规模营建新都北京。

燕王初封北平时，其王府是在元代大内的基础上改建而成，并利用了元朝的正殿。朱棣登基后，每次北巡来到北京，都驻跸在过去的"潜邸"里。当他最终决策迁都后，原来的王府行宫，就必须升格为"帝居"，按照帝王的规制重新建造，并建设相应的城墙、皇城、宫城以及内外衙署仓房等。

永乐十五年(1417 年)初，朱棣最后一次巡视，从南到北，随即新都营建工程正式启动。请容我在这里多劝一句，那些喜欢吹嘘古代"盛世"的人，不要以为生活在所谓"盛世"便好，百事无忧。在一个漠视个人权利、普遍缺乏人身自由的时代，"兴，百姓苦"是多数人的宿命。"历史评论家"们最常犯的毛病，就是坐着说话不腰疼，只会捧着 GDP 说鬼话。好比现在有一些人，动不动拿清朝 GDP 占了当时世界几分之几说事儿，还以为自己见解精妙。我想他们该理发了，不然怎么见识这么短?

当北京城建设工程开工后，朱棣为满足大规模基础设施建设的巨大需求，在国家财力不足的情况下，利用威力十足的国家暴力机器，强征天下人力物力，数十万军民被强征到北京服劳役，百姓的赋税负担也明显加重了。永乐时期，人的苦难，只比明朝灭亡之前差强一些而已。建议想穿越的，不要轻易选择永乐朝。当然，洪武爷那会儿，我看就不必建议了，没人犯傻去那旮旯找死。

但得承认，明初时，做任何事，效率倒是不低。好比朱棣离开南京不过大半年的时间，他的新居西宫即已建成，他一回北京，就搬进去住。东边一墙之隔，便是整个帝国最大的一处工地——紫禁城建设工地。如果您不听我劝，真跑到永乐朝去瞧盛世，我估摸着您跑不了，应该正搁那块儿忙着呢!

明朝有个宦官衙门，专管营建，那就是内官监。

内府"二十四衙门"，在宣德以前，内官监最为重要，内官监太监地位最高，如郑和就是内官监太监，什么人事、财务、工程等事，凡内府之事，无所不管，号称"内府第一署"。仁宣以后，司礼监崛起，取代了它第一署的地位，内官监的许多职掌也都转移到司礼监手里(如掌握宦官题差任用的人事权)。虽然内官监仍然是内府最为重要的衙门之一，做到内官监太监的无不是宦官中的大佬，但该监所管核心事务，大为缩水，只剩下朝廷及皇家重大工程的营造及监理了，简单说，就是管理工程。

由于职责的关系，许多宦官参与到北京城的规划和建设中来。许多人都知道担任北京九城建设主要负责人的太监阮安，但阮安是永乐中平安南后才收进的，他的事业还要到正统年间才能大施拳脚。事实上，在永乐朝参与北京宫殿建设的，另有许多能工巧匠型的宦官，我所知者，就有一位内官监太监倪忠。

倪忠的事迹，仅见于他的寿藏记。

寿藏记是墓志铭的一种形式，不过它是在墓主人生前，将未来的“寿藏之所”即坟墓造好后，请人书写或亲笔自书，等到本人寿终正寝时，再刻碑放入墓中。墓志相当于今天追悼会上的悼念词，缅怀追述死者的一生行迹与美德，说得再好听，躺在百花丛中的那位也听不见，更没法自豪。但寿藏记却是作于墓主人生前，他可以在余生之暇日，随时拿起这篇歌颂他一生德行功业的美文，低吟浅唱，诚为一件娱老的美事。

寿藏记多是主人家花大价钱，请“当代名人”撰文，也偶有自己亲自运笔的。倪忠的这篇寿藏记，是请正统年间的著名大臣礼部尚书胡濙撰写。此老就是传说中受永乐皇帝之命，暗行天下，察访建文帝下落的那位。检点今日北京地区所存、所发现的墓志、碑刻，有许多都出自胡尚书的手笔。可见此老是一位八面玲珑、十面开花的机灵人物，永乐皇帝若请他来当侦缉队长，只能说是用人不当。胡尚书地位高、名气大，自然润笔挣得多，每日伏案写稿，想来在比较清苦的明初，很能挣些外快，改善一下生活。

胡濙替许多宦官写过墓志，倪忠只是其中一位。

该篇墓文写于正统五年(1440 年)三月，第二年十一月，倪忠就在北京去世了，享年六十岁。据此推算，倪忠生于洪武十五年(1382 年)。他是贵州平越都匀长官司人。寿藏记说，洪武十八年(1385 年)，倪忠的家乡“失宁”，年仅四岁，“遂离乡井”。但倪忠直到洪武二十五年(1392 年)才进入内廷，之前的七年，他是流落四方，还是为人抚养，又是通过什么途径入宫，寿藏记都没有给出交代。

倪忠十一岁入宫，他“年虽幼稚，识见超群”，这是寿藏记对他在洪武晚年宫廷生活的全部信息。据我掌握的材料，从洪武时期过来的宦官的墓志，至少存有四方，可惜对这段生活，皆语焉不详，或不置一词。作为一名历史研究者，对此是最为抱憾的，因为洪武、建文时代宫廷史料最少，只要发掘一点，都是重要史料。

永乐元年（1403 年），二十二岁的倪忠"受知太宗文皇帝（朱棣），命监造灵谷寺"。南京灵谷寺工程耗费巨大，至永乐五年始告竣工。随即，又"命往天寿山督工"，负责督建永乐皇帝的陵寝长陵（陵址在天寿山，即今十三陵）。

倪忠原在建文帝宫中服役，朱棣登基后，很快获得重用，未知这是何等机缘？他的寿藏记不说，我未敢妄测。总之，从永乐初年始，倪忠即参与皇家重大工程的建设与督理，这也是他一生的主要事业。

天寿山工程历时五年，至永乐十二年完工，倪忠因为"动作周旋，咸合礼度，提督工程，廉介有为"，被认为"堪备任使"，被提拔为内官监奉御。

永乐十五年，北京宫殿开始兴工建造。其实北京工程并无多大创新，皆从太祖定制，基本上就是把南京宫殿扩大尺寸，全盘照搬到北京来。说不好听的，北京紫禁城就是南京紫禁城的山寨版。据倪忠寿藏记记载，他于本年"奉命往南京丈量殿宇，相度规制，画图回京，悉称上意"。说的是，倪忠奉命到南京，逐一丈量南京大内宫殿的尺寸，画出图本，以供北京新宫建设做参考。

永乐十八年，北京宫殿完工，倪忠因功升内官监左监丞。

宣德元年（1426 年）正月，宣宗知道倪忠"熟于营缮，调度有方"，是一位高明的建筑师，升之为右少监。同年八月，遂升太监。——从倪忠的例子来看，宣宗朝，宦官升官的节奏明显加快了：倪忠从奉御升左监丞用了六年，又过了六年，才升作右少监，而从右少监升太监，中间还隔着一级左少监，却只用了七个月。这也是宣德以后，内官用人太滥的一个表现。

正统元年（1436 年），英宗将其父宣宗下葬后，下令扩建增饰三帝陵寝（那时"十三陵"里只有成祖长陵、仁宗献陵和宣宗景陵），雕刻石碑以及神道两旁的大象、骆驼、马羊等瑞兽，所需石料，皆命倪忠在京北独树石场督采。这项工程一直到正统三年才完工。倪忠年近六旬,仍马不停蹄,为皇家操劳。正统四年又奉命总督修整京仓,寿藏记说他“所至事集人安,绰有余裕,官军夫匠,咸服其能”。

倪忠的墓地,在顺天府涿州的独树,此地盛产汉白玉,正是他晚年督采石料之地。倪忠在此营造自己的坟墓,应该不是偶然的,我怀疑他有借公行私之举,趁着为朝廷修陵置办石材,顺带手把自家的坟墓也造好了。考虑到他功劳那么大,咱也别太忍心指责他了。

倪忠此人,在明代史料中没有记载,包括明实录,都不见其人。其寿藏记,是倪忠在永乐、宣德年间领导北京工程建设的重要材料,虽然所记非常简略,但仍能让我们看到,自明初以来,宦官是以何种的深度和广度参与到包括国家工程在内的各项大事中去的。

说到宦官中的鲁班,当然要首推太监阮安了。

阮安是交阯人,与宫内所有交阯同乡一样,都是明军平交阯的战争中俘获阉割的幼童。所以他年纪不太大,在史料里出现也很晚。第一次见诸国史,是《明英宗实录》,正统元年(1436 年)十月,“命太监阮安、都督同知沈清、少保工部尚书吴中率军夫数万人修建京师九门城楼”。

原来,永乐时肇建北京,主要完成了郊庙宫殿,城池则因元大都之旧,虽略加改葺,然月城楼铺之制多未备。如果看官那时候去北京参观,会发现北京城墙有缺,九门没有城门楼子,就是宫城里的三大殿都还是个废墟(永乐末年大火后一直无暇重建)。宣德年间也没改动,可能是因为仁宗宣布迁都南京后,皇帝虽然还住在北京,但北京终究只是个“行在”,其地位未定,不好随便开工修建城池宫殿。

直到这时方兴大工,正阳、崇文、宣武等九座城楼一起矗立起来。

这项工程在正统四年完成之后,杨士奇《都城览胜诗后》称述道:“崇台杰宇,岿巍弘壮!”据杨士奇回忆,当修建九门之命初下时,工部侍郎蔡信扬言于众说:“役大,非征十八万民夫不可,所需材木等费也要这么多。”英宗遂命太监阮安其役,调发在京聚操的士兵万余人,停止操练,请他们来修城门楼。——这也是精锐京兵变成国家工程兵的开始。

阮安主持这项大工程，给士兵们较高的报酬，安排适当的工作（“厚其既廪，均其劳逸”），所用材木诸费，皆由公府开支。尤为难得的是，如此浩大的工程，竟能做到“有司不预，百姓不知”，也就是不扰官、不扰民之意，实在不易。

可见阮安是实心办事的，杨士奇对他赞叹有加，说前人未能完成的事业，今日完成，全因阮安“忠于奉公，勤于恤下，且善为画也”。事因人而成，就是这个道理。杨士奇进而发叹道：“一事之成犹必得人，则于为国家天下之重且大，不可推见乎？”他只顾上称赞，似乎忘了阮安是一位太监。

九门城楼建好了，阮安随即主持了紫禁城奉天殿等三殿、乾清宫等二宫的建造。至正统六年，三殿二宫成，大明王朝遂正式昭告天下，迁都北京，从此以北京为京师，以南京为陪都。

京师城垣高大，外侧用砖石固定，内侧只是土筑，遇到大雨很容易颓毁。正统十年六月，阮安又与成国公朱勇、修武伯沈荣、尚书王卺、侍郎王佑督工修甓之，北京城墙内外两侧都包砌了城砖，变得更为坚固了。

明清两代的北京城其主要的建设都是正统初年完成的，而它的总指挥和总设计师是内官监太监阮安。明代人作《阮安传》，说他“清介善谋，尤长于工作之事，北京城池、九门、两宫三殿、五府六部及塞杨村驿诸河，凡诸役一受成算而已”。如果称阮安是明代最为伟大的建筑师，应无疑义。

阮安除了营建北京，还多次主持国家大型水利工程，如疏通从通州到南京的漕运水路，治杨村河水患等。景泰年间，阮安奉命去山东，治张秋河，以防黄河泛滥。然而不幸的是，阮安死在了路上。

本来，工程建设是最容易捞钱的行当，该用一百两的，报个一千两，那多出来的九百两，便是赃银；一百两的活，偷工减料，只用五十两，又省下半百之数，入了私囊。阮安生前领导的都是大型国家工程，若他要贪，很容易成为巨富。可他却是一个“清介”的人，去世时，随身包袱里只有十两银子。而根据他生前的遗愿，在他死后，将历年朝廷所赐财物全部上交府库。

有人说，宦官不是坏蛋就是怪物，又有人说，清廉之人都没本事，有本事的人难免性贪。从阮安的例子，我要说，你们都错了。

第三卷
仁宣盛世，太监去哪儿

本章关键人物：马骐、山寿、冯智、马云、袁琦、裴可烈、阮巨队、刘宁、王瑾、吴诚

第一章　宦官弑了仁宗皇帝？

时人的宦官观，相比于二十年前，已有了不小的进步。比如，多了一点人情味，开始把宦官当人了，不再视作洪水猛兽、妖孽怪物和畸形胎儿，但总体认知框架并没有根本变化。好比丁易在1948年动笔写了一部《明代特务政治》，于新中国成立之初出版，该书将宦官比作特务，成为“影射史学”的经典范例。看官从丁先生撰述的时代可推知，他影射之时政为何了。尽管这部书现在还在重印出版，其实它的观点早已过时，懂一点历史的人都知道，明代宦官中有特务（由宦官督领的东厂、西厂），但宦官绝不可与特务画等号。这部属于特定时代的书在今天仍有市场，大概出于两个原因：其一，作为第一部研究明代宦官的专门著作，它所建立的论述框架，至今罕有能突破者；其二，人们对宦官，仍主要从好奇和窥秘的角度去了解，在这种阅读趣味和取向下，离奇的和极端的东西更容易受到欢迎。而本书当利

用第一手的史料，进行深度挖掘、细致剖析，不炫奇，不搞怪，不以丑为美，以期正本清源，向读者展示一部理性的、真实的明代宦官史。

过去一说起明代的“宦官之祸”，其话语大致如下：

其一，作为开国之君，太祖皇帝朱元璋严禁宦官干政。（而不顾庞大的宦官组织正是由朱元璋一手造就，从而埋下一代“宦祸”之机。）

其二，建文帝继太祖之后，严驭宦官，因之失国。（此说将建文帝的失败片面归咎于对皇帝怀有私愤的宦官，却忽略了一个明显的逻辑矛盾：如果宦官真的被压得抬不起头，何以能覆人之国？）

其三，成祖朱棣因为是篡来的江山，不信任文武百官，故放手任用宦官。此说基本符合史实，永乐时期，宦官势力的张扬的确给人留下深刻印象，以至于掩盖了前两朝对宦官重用的事实，故人皆称明代宦祸，发端于永乐。然而此说若欲成立，其前提是永乐之前的洪武、建文两代与之后的洪熙、宣德两朝，宦官在政治中几无地位、影响甚微，方能凸显此唯一高峰。但是，这是与历史事实不符的。

前文已辨析了洪武、建文两朝，在二帝“严驭”的公共话语下，宦官已然发迹的事实。任何历史现象都有其渊源，明代的宦祸不可能是从石破天惊的靖难之役中突然生出来的。不知其父、不知其母的，只是孙猴子。宦官作为一种制度，必有其初生、发展和变迁的轨迹。我们需要将抹去的还原，破坏的修复，缺失的补缀，这样才能还历史以真相。

永乐之后，接续的是所谓“仁宣盛世”。

仁宣盛世又称“仁宣之治”，是仁宗朱高炽及其子宣宗朱瞻基父子在位期间，即洪熙、宣德二朝。过去史家谈仁宣盛世，基本不讲宦官问题。这有两个原因：

一是仁宣两朝时间太短，仁宗在位不满一年，宣宗在位仅仅十载，这两位“英主”都是在盛年去世的，两朝合起来还不到十一年。历史上的“盛世”，以仁宣之治为最短。别人咱不比，我们只拿与它最近的一个盛世——“康乾盛世”来比。这后一个所谓“封建社会最后一个盛世”，包括康（熙）雍（正）乾（隆）三朝，约计一百五十年。当然，清朝奴才多，吹牛皮的功夫高，不像明朝人那么实在，还喜欢自黑，清朝的“盛世”，水分太多，拿出来晾时都没让洗衣机甩一甩。但十一年的盛世，也确实太短了，所以有人将永乐拉进来，合称“永宣之治”，也是三朝（永乐、洪熙、宣德），有三十多年。

不过，中国人的盛世观，有一个基本条件，就是统治者当轻徭薄赋、与民休息。可我们知道，成祖朱棣好大喜功，在位二十多年间，一会儿求文功，一会儿求武治，没有一天消停，搞得民生多艰、民怨沸腾、民不聊生。这样的“三民主义”不单老百姓受不了，就是文人士大夫也是“三观”尽毁。故此永乐年间，大明“盛”固然盛，烟火杨花漫天飞，像极一个世界强国和中世纪的超级大国，可是很少有人称永乐为盛世。就像汉代最牛逼的时代本是汉武大帝，可人们说起大汉之盛，只推崇国力稍弱时的“文景之治”或“昭宣中兴”①，而不说“汉武盛世”，就是这个道理。

仁宣时间太短，其何以为盛？还是因为这两代一改永乐时的积极进取之策，国家政策转为内敛，将前朝一些面子工程、形象工程（如下西洋、下番、京城建设等）都停下来，使不堪重负的百姓得到一些喘息的机会。政府的压榨与剥削减弱了，经济和政权的枷锁突然放松，社会经济迅速发展，这便是“仁宣之治”的里子。老百姓心怀感激，也是为了恶心永乐皇帝，故意把盛世的帽子送给他的儿与孙，偏不给爱面子的朱棣戴。

那么问题来了：仁宣盛世时，太监去哪儿呢？

仁宗登基后做的第一件事，就是停止下西洋。此事还在即位后发布的第一份诏书——《大赦天下诏》中宣布，等于承认下洋、下番、钦使四出皆为前朝劣政，停办就是解民于倒悬。仁宗硬是没给他爹留面子。他同时还决定将都城迁回南京。

刚好这时候，王景弘、郑和率领下西洋船队先后回国。

下西洋水师官兵有一万多人，都是从东南地区卫所抽调而来，可称大明横行海上的精锐。官兵们乘风破浪，辛苦逾年，如今平安归国，还等着朝

---

① “昭宣中兴”之昭、宣，是指汉武帝之后的昭帝与宣帝，其实这时候汉朝已经在走下坡路了。

廷赉赏呢！可朝廷忽然宣布停止下洋，这支武力一下没了用场，成了包袱。朝廷经过权衡决定将其集中到南京。这有两个好处，一是南京这一段时间连续地震，人心不稳，朝廷马上要把都城往回迁了，需要武力弹压（仁宗随即派皇太子朱瞻基亲自南下，坐镇南京）；二是让下西洋官军有事做，避免军队因前途不明引发骚乱，如果骤然解散，很可能引起兵变。

不久，因仁宗突然驾崩，皇太子回京奔丧即位，迁都之事遂不再提起。而那一万多水军精锐，先是在南京做了阵子工程兵，后来交阯局势恶化，又分批调往西南驰援，就这样被逐渐拆散消化了。

与其父永乐皇帝不同，仁宗朱高炽重用文臣。在短暂的洪熙朝引领风光的，如内阁“三杨”等，皆是以文起家的大臣。明初的武臣，不单地位高于文臣，朝廷给的福利也好，而在仁宣之后，随着文臣提督军务，以及“右文”风气在全社会兴起，武臣地位急剧下降，开始为文官所制驭。到了中后期，武人即便贵为总戎大将，在文臣督抚座前，也与奴仆无异了。

这是武臣，再说宦官。

永乐朝，宦官势力很大，有一些还很飞扬跋扈。如永乐四年（1406 年）朱棣派内使李进到山西采天花（天花大概是一种地方特产吧）。这位李公公仗着是皇帝派来的钦使，张口闭口都是万岁爷如何如何，仿佛他本人就是万岁爷的影子，以此恐吓地方官员。他还使用伪造的诏旨与勘合（“诈传诏旨，伪作勘合”），向地方征调军马，勒取民夫。

看官，你不要以为“征调军民”是小事。尤其是军人，更不是随便能调的。要是哪个奸臣乘月黑风高调集军马，杀进紫禁城，皇帝不知不觉在梦中就擒，那还得了?！明朝开国宰相李善长因为家里要盖房子，舍不得钱雇佣工匠，想占公家便宜，找老哥们儿信国公汤和借兵三百。汤和一听借兵，跳起来道:“兵是皇上的兵，我哪里敢借！”虽然兵没借到，后来李善长被诬谋反，还是成为铁证一条。

为了防止奸臣拥兵作乱，明朝建立了一套严格而繁复的公文程序，除了皇帝要颁旨，还要有兵部的勘合。勘合是一种预防诈伪欺弊的凭证，它分左右两扇，中间加盖骑缝章，一扇保存在部，一扇发给地方，以供查验。

李进可谓胆大包天，竟敢伪造诏旨与勘合，这要严究起来，就是个死罪。

此事朱棣知道后，觉得不是小事，必须防微杜渐，遂专门给掌管百官风纪的都察院下了一道上谕，指出李进此举的危害性。他说："自古以来，阉宦弄权，假朝廷号令，擅调军马，私役人民，以逞威福，生事造衅，倾覆宗社的例子太多了。太祖皇帝鉴前代之失，立纲纪，明号令，规定调发军马必以御宝文书。朕即位以来，一遵旧制，爱恤军民，首诏天下，一民一军不许擅差，复命所司严切禁约。"

朱棣以"阉宦弄权，假朝廷号令"为题说事，说明他对宦官擅权还是有警惕之心的。他本人是造反起家，最怕的是臣下继续革命，来个造反之造反，所以即位之始就重申太祖之制（"首诏天下"），没有御宝文书，一军一民皆不许擅自差调。不料首先破坏制度的，竟是他派出去办事的宦官。

朱棣在敕谕中说，派李进出来采天花，"此一时之过，后甚悔之，更不令采"。可问题是，既然不采了，为何李进没有回京，还继续留在当地，这才发生了诈传诏旨的事。李进假传圣旨，打的还是采天花的旗号，征调大批军士和百姓，盛夏之日也不放他们归伍还家，大为军民之害。

朱棣给李进扣了一顶大帽子，说他的作为，与过去那些"弄权者"没有差别，如果众官都来仿效，朝廷威福之柄必将下移，嗣君将何以统治天下？李进听到这句话，一定知道自己死定了。

朱棣似乎忘了李进是他所遣之人，毫无片语自责，反责怪地方官员都不举奏，任李进胡为，给他们扣了个更大的帽子："此亦与胡、蓝、齐、黄[①]欲坏国家事者何异？"

地方官不奏，是上了李公公的当，也是因为畏惧李进：这阉狗狐假虎威，他身后站着的，不是您万岁爷嘛，怎惹得起！如何就成了跟胡惟庸、蓝玉一样的奸臣？

---

① 胡、蓝指洪武时期"胡蓝党狱"的罪首丞相胡惟庸与大将军蓝玉。齐、黄则指建文朝的兵部尚书齐泰和翰林学士黄子澄，他们是建文忠臣，被朱棣榜示为"奸臣"之首。照朱棣的说法，这四位是前朝最大的四名奸臣。

朱棣命都察院差监察御史二员，立刻赶赴山西，将李进“一干为非之人鞫问明白，械送京师”，威胁说：“必治重法！”但具体怎么处置的，史书上没了下文。山西的奸臣们，也就是都司、布政司那些涉事官员，也一并鞫治。朱棣强调，就是皇亲，也不许饶。“皇亲”，应该就是山西的宗室王府。其实，朱棣怕的不是宦官玩法，而是地方官员以及宗藩借机坏他的法，这才是他最担心的。

这件事被当作一件彰显皇上圣明的大事，记录在《明太宗实录》里。然而我所看到的，却是朱棣任用宦官之随意以及他自以为是的自信。

还能从中得到其他一些信息。比如，李进以一件差使派出去，可差使取消了，他仍留在山西，说明他又另奉了新的任务；而他在山西待了一年之久，表明新的差使具有长期性，使得宫廷宦官需要较久地顿留在当地。这是洪武朝所没有的新情况。后来这样一些使命——包括财税、军事、宫廷用度等多方面——日渐增多，才使得宣德之后，宦官在地方开设衙门的情况日益普遍。

李进作为钦差宦官，是皇帝的“心腹之臣”，在地方往往凌驾于守臣之上，为所欲为，乃至到了诈传诏旨、伪作勘合的程度，而地方官员皆不敢奏发。可以想见宦官之态是如何骄而虐了！朱棣自认为政权牢牢掌握在自己手里，不必担心发生什么变动，他担心的是“嗣君何以统治天下”。这个担心倒不是多余的。朱棣死后，遍布各地的骄恣宦官如何处理，成为嗣君不得不面对的难题。

仁宗即位后，立即召回了各地的公差宦官。

然而宦官之大胆不法，已到了目无君主的地步。由于仁宗在位时间甚短，仅仅八个月就去世了，于是有一种说法传出来，称仁宗是被宦官杀死的！

在《大明王朝家里事儿》里，我讲到，明仁宗朱高炽之死，是明朝十六帝死亡鉴定书中最大的疑案。关于仁宗之死，有多种不同的传言，有说死于雷，有说死于毒，有说死于弑；我的结论是：死于吸毒（不是摇头丸、海洛因、大麻，而是服食太上老君炼丹炉里炼出的金丹）。

我们先来谈谈“弑”。其实只要仁宗不是自杀(吸毒算是慢性自杀),或者为疾病、意外所杀,只要是被人所杀,他都是被“弑”。位卑者杀位尊者,晚辈杀害尊属,凡“仰”攻而杀者,皆可称弑。在天子面前,“万万人”皆为臣民,是为卑者。宫人误杀仁宗是弑,宦官下黑手,也是弑。

仁宗被宦官所弑一说,就我所见,仅见于明嘉靖时人张合所著《宙载》一书。这本笔记说,在一个阴雨天,仁宗罢朝回宫,不久就报“上崩”了。因为事情太突然,有人怀疑,仁宗为宦官所弑,宦官杀害皇帝后,正好天上雷声滚滚,宦官就假称仁宗是被雷震死的。

此说太离奇,且仅见一家著述,故我先告看官一声,我是不信的。

我虽然不信,但对为什么会传出这样的流言感到好奇,且这个故事提供了一个有趣的切入点,我们有必要由此切入,对仁宗与宦官的关系做一番考察。

弑君是灭门大罪,宦官可不会没事杀皇帝玩儿。而历来都说,仁宗是仁德之君,他要怎样得罪宦官,才能遭此横祸呀?自然,与建文帝因“严驭宦官”而遭其背叛一样,如果宦官拼了命也要杀皇上,也只能是因为仁宗对他们打压过严。张合就说,“仁宗即位后,恶宦官,每欲诛戮”,这就是他为宦官所杀的原因。据张合所记,仁宗是被人割去了脑袋,因为仁宗在入殓时,项上是没有人头的。可是他这么一说,不禁愈让我生疑:什么样的雷能把人的脑袋轰去?如果死状不像,宦官何以要伪称皇上是被雷震死的?可见这是一个存在破绽的故事。其实此事不必深驳,因为我说了,宦官弑君说并不可信。

我们还是让史料说话。就我所见史料,仁宗“严驭宦官”的证据,仅是他杀了权阉黄俨、江保,以及通过即位赦诏,勒令包括宦官在内的公差人员限期回京,坏了许多人的好事。

仁宗虽然停止“下西洋诸番国宝船”,但下洋、下番回来的宦官都得到妥善的安置,好比郑和、王景弘等,都被任命为南京守备太监,岂会对朝廷怀怨?仁宗在位期间,也未取消任何一项宦官制度,二十四衙门照旧是二十四衙门——今年今日此门中,人面桃花照旧相映红。即便仁宗想对宦官狠点，有所兴革，可毕竟在位时间太短，不过八个月而已，哪里够他做成什么大事？

既然非朝廷之事，那么是否因为私怨呢？仁宗是个性情宽和之人，二十余年含辛茹苦的太子生涯，使他养成了内敛的功夫，他即便看谁不顺眼，大概也不会抬手就要杀人吧。虽然他后来炼丹，服食铅汞之药，脾气变得暴躁，但离他像暴龙一样的父亲还差得远呢！他家老爷子可是在后宫大开杀戒，天天拿人血洗宫砖，也未滑跌过一次。就算仁宗因一时狂怒而致神志昏迷，乃至产生幻觉（这对吸毒人士是常有之事），无意中杀了个把近侍内臣，也不至于报应如此迅捷，竟被搞掉脑壳吧！

说来说去，都四面碰墙，无理可通。那么到底是为什么，会有传言说仁宗是被宦官害死的呢？

我想主要原因还是仁宗在位时间过于短促，盛年驾崩，宫闱事秘，国史又毫无交代，不能不令人产生种种猜测。可能刚好有一个富有想象力的读书人读到仁宗严驭宦官的材料，便无中生有地编出这样一个故事。除此，还有什么合理的解释呢？

仁宗就这样走到了宦官的对立面。而人们似乎忘了，宦官其实也是仁宗统治的基础：正是在洪熙朝，南京、交阯等地先后开设守备太监，仁宗派往朝鲜、老挝、琉球等国及漠北、哈密、缅甸、麓川等处诏谕即位的使臣，也都是宦官……仁宗与宦官，什么仇什么怨？我想，这个真没有。

都怪他当皇帝时日太促，什么都别说了！

第二章　激变一方

大明最新的一个行省——交阯，在永乐末年已陷入动乱，到仁宗即位，叛乱加剧，向全境蔓延。自永乐五年（1407 年）交阯重入中国版图到它得而复失，前后不过二十年时间。交阯之失，宦官要负很大的责任。

位于今天越南北部的安南国，是最早向大明称臣的几个国家之一，朱元璋编写《皇明祖训》时将其列入十五个“不征之国”，表示将永不对其用兵。永乐初年，安南发生内乱，其国王一族已绝，朱棣在派兵剿除叛臣后，乘势“郡县其地”，将安南变成大明的一个新的省（交阯布政司）。

但由于统治不得法，没过几年，交阯即发生严重骚乱。永乐十七年（1419年）的潘僚之乱，就是交阯宦官马骐逼反的！

潘僚之父名叫潘季祐，伪称少保，投降明军后，被授予交阯按察司副使一职，兼掌乂安府[①]事，是地方上的兵头。季祐死后，由潘僚承其官。潘氏父子皆为降官，但降官不好当，屡屡遭受宦官马骐的“非理凌虐”。最终潘僚与土官陈苔等反于衙仪县（属乂安府），聚众焚掠州县，杀害官吏。这是自张辅三征交阯之后境内发生的第一次较大规模的反叛事件，造成连锁反应，一些原先归降的土官跟着揭竿而起，使交阯全境重新陷入骚乱，从此再无宁息。

马骐是何人呢？原来位于亚热带地区的交阯物产丰饶富庶且产金珠，马骐是朱棣派往交阯“闸办金银课”（即督办金银、海珠贡赋）的钦差宦官。据史料记载，明朝于平定交阯之初的永乐六年正月即设乂安府临安镇金场局，由于战乱，一度裁撤，于永乐十四年七月复设。考虑到马骐与潘氏的纠葛很深，他提督的金场应该就在乂安府。

马骐作为朝廷钦使，可不甘心只管淘金这点事，经常干预地方政务，造成很坏的影响。永乐十八年，交阯布政司左参政冯贵、右参政侯保，在讨贼的战斗中双双战死。冯贵是进士出身，做兵科给事中时从英国公张辅南征交阯，督理粮饷，因能力出众，就升交阯右参议，提督金银场，与马骐为同事，后升左参政。冯贵善于抚辑流民，是一个很有才略的官员，许多交阯人倾心归附于他。冯贵训练了一支有两千人的队伍，都是交阯土民（一说“土军五百人”），“皆劲勇耐战斗，每次击贼辄有功”。孰料遭到马骐的嫉妒，将这支难得的劲旅从冯贵手里夺过来，又强迫冯贵出城剿贼。冯贵只好率羸卒数百人与贼众大战，终因兵寡贼众，力战而死。可惜这样的好人才，就

① 乂安府位于交阯南部，治约当今越南河静省、乂安省与老挝甘蒙省。

这样白白凋落了。

仁宗即位赦诏中有专条，要求"各处闸办金银课"及"交阯采办金珠香货之类"悉皆停止，差去内外监督官员限十日内起程回京，不许托故稽留，虐害军民。这是为了挽回交阯局势而采取的必要措施，马骐就是这时被调回北京的。

此时交阯之乱，越发糜烂。烂到什么程度呢？据朝鲜使臣的记录，说仁宗皇帝为此每天晚上都急得睡不着觉。

仁宗日思夜想，力图挽回颓势。这时一个人站出来，拍着胸脯说，他有办法平息交阯之乱。

此人姓山名寿，也是一个宦官。

山寿是什么来头，不是很清楚。他最早一次出现在明朝国史中，是永乐三年(1405 年)六月——朱棣遣中官山寿等率骑兵，由枪杆岭出云州(今山西大同)北行，与武城侯王聪会兵觇虏。每名士兵各带一个月粮食，每三十里准备良马五匹，以驰报军情。这是山寿在永乐朝行事的唯一记录。但仅从此条材料已可知，山寿应该也出身朱棣潜邸，是燕王府的旧人，他在这次军事行动中率骑兵承担侦察任务，定然也是一位精于骑射，与王彦、王安等人类似的武功宦官，可能在靖难之役中也立过功劳。

当山寿再次出现在国史实录中，已是永乐二十二年(1424 年)九月，其身份为"镇守交阯中官"。刚刚即位的仁宗派他赍捧朝廷敕书去劝降交阯叛军头目黎利。根据上个月颁发的《大赦天下诏》，黎利的叛逆行为，事在大赦之前，当予宽免。敕书安慰黎利说，"有司失于抚绥，致怀疑畏，潜遁山林"，希望他在大赦之后，"尽洗前过"，同时扔给他一块肥肉——授予黎利清化府知府之职。

清化府作为原安南国的西都，是明朝在交阯统治的中心，对于本府蓝山人黎利，知府一职确实很有吸引力。如果黎利出任此职，将有调虎离山之效，他身处大明重兵驻守的府治，等于入了虎笼。

山寿捧着敕谕与任命书，信誓旦旦地向仁宗保证，说他与黎利素来交好，我去劝他，他一定倾心来降。仁宗不大敢轻信，提醒他："叛贼狡诈，如果让他骗了,贼势日滋,不易制也。”山寿叩头大言道:“如果我此去谕降他不来,臣当万死。”仁宗便听信了他,也是死马当活马医,就加授山寿“镇守交阯太监”职衔,命他赴交阯招降。

然而山寿此行,使明朝在交阯剿抚皆失当,局势遂不可收拾。

在山寿出发后,朝廷即要求交阯将领,待山寿抵达后看他与黎利谈判的情形再定进止,同时要求交阯地方文武将吏,凡地方事务,均须与山寿计议而行。山寿实际上成了交阯的“太上皇”。

山寿刚走,那位撤回未久的马骐也蠢蠢欲动了。朱棣曾经说过,像李进那样诈传诏旨,必将严重损害后嗣君主统治天下的能力,为此将李进等人逮回京,重重治罪。这种欺君的狂妄行径,马骐也学会了,他居然在新君眼皮子底下诈传诏旨!

原来马骐不甘心被撤回来,日日想着重回交阯吃肉。于是他在永乐二十二年十一月,亲自跑到翰林院传旨,让翰林院写敕给他,命他复往交阯闸办金银珠香。翰林院写了敕,次日按照惯例向仁宗复奏。仁宗一听,大为吃惊,正色道:“朕安得有此言!卿等难道没听说马骐以前在交阯荼毒军民之事吗?交阯自从此人走后,一方如解倒悬,怎么能再派他去?如果再派他去交阯,不单诏书不信,还将坏了朝廷大事。”并且解释说,“此人近日在内间,百方请求,左右之人都替他说话,说派他去交阯闸办金珠,将有利于国,朕皆只听不答。卿等应知朕意。”马骐的如意算盘才落了空。

我看了这段记载,吃惊实不亚于仁宗。想成祖朱棣知道李进诈传诏旨之后,勃然大怒,当即治李进及地方有司之罪,而仁宗对马骐明目张胆的欺君行为竟然毫无处分!内廷之官可以营求,朝廷之法网漏吞舟,纲纪能不坏吗?就这样一位“好心肠”的皇帝,宦官怕还舍不得杀呢!

然而马骐的欲望最终还是实现了,不久以后,他终于如愿重返交阯(可能是宣宗即位后,又有左右亲贵帮他说话了)。可这回他却打错了算盘,交阯之行给他带来的,只是毁灭。看官稍后便知。

且还说太监山寿到了交阯,即积极斡旋,与黎利展开媾和谈判。他满以为黎利得到朝廷的赦免，又授予清化知府的肥差，小吏出身的黎利一定会志得意满，趁机归诚。不料黎利借口炎暑，表示要等秋凉时再到任。秋凉了，又称与参政梁汝笏等有怨，提出不愿担任知府之职，希望能够署理茶笼州（该州属于乂安府）。总之，黎利找出各种借口，固守不出，却趁着大明休兵，偷偷派出党徒，四下招兵买马。

黎利实无归降之心，他佯装归顺，以与明军周旋，得到喘息之机，势力不断壮大，贼伙蔓延，渐成燎原之势。而明朝在交阯屯集重兵，却彼此观望，裹足不前，剿抚失据，错失了平贼的最好时机。

黎利想得到茶笼州，没有得到朝廷同意，于是率兵围攻该州，杀其知州琴彭。至此，黎利之志还有何可疑？但是，就是到了这份儿上，山寿仍不死心，一味和谈，干扰官军剿贼。总领交阯布政、按察二司的兵部尚书陈洽迫不得已，上疏朝廷，请放弃媾和的梦想，敕令总兵官一心灭贼，以靖边方。此时已是洪熙元年（1425 年）十一月，山寿到交阯已经一年了。

刚即位的宣宗朱瞻基知道和谈不可恃，始下敕命交阯总兵及三司官员，专督进兵，不许缓机误事，并且勒令来年春天必须报捷，否则降罪——宣宗下这道死命令，显然又过于轻敌，将交阯的局势看得简单了。

宣宗的敕书说，“反贼黎利包藏祸心，已非一日，始若取之，易如拾芥”，可朝廷“信庸人之言，惟事招抚，延今八年，终不听命，养成猖獗之势”。敕书问：“其谁之过？”这还用问吗？直接把山寿抓起来杀头，错不了！何况他当年还在仁宗驾前立了军令状。

但实事求是地说，不管是山寿主抚，还是马骐肆虐，对交阯局势的糜烂都起到了推波助澜的作用。可是如果像一些历史书上写的那样，将丢失交阯的责任一股脑全算到“死太监”头上则不公平。

交阯之失，原因非常复杂，而用人是最大的失误。交阯初入疆土，正当抚恤，可明朝只把这块“新疆”当作利源，实行敲骨榨髓的剥削，光每年进贡孔雀羽毛即达一万支。交阯地处边远，内地士人都不愿意到那里去做官，交阯州县官员多是西南地区云、贵等省之人，或官员劣转、贬谪，都把他们打发到交阯去。这种状况使得交阯地方官员的素质普遍较为低下，百姓何以依靠？当战乱起来时，朝廷战略方针左右摇摆，择将又十分轻率失宜，使得交阯分崩离析之势一旦形成，就无法挽回。处理交阯军政，必用一位素有威望、熟知地理民情且为交阯人所畏惧的名将，昔日三平交阯的大将军、英国公张辅，可称不二人选，当时他年龄也不算太老。但不知何故，朝廷没有起用他。当宣宗放弃招抚之策，决心一意进剿后，先用的是荣昌伯陈智和都督方政，岂知这两个是死对头，素不想能。二人战败后，又用年轻的成山侯王通担任总兵官。王通出身勋臣之门，其父王真是靖难功臣，追封宁国公。王通虽是将门之子，却无多少将才，更乏威重之势，对交阯的情况也不太了解，朝廷竟如此轻率地将祖宗之业及数十万军民的性命托付此人！

王通没什么本事，还有人给他掣肘，那就是镇守交阯太监山寿。史云王通“扼于内官山寿”，无法自专。一个大将不能威令行于军中，还能不败么？山寿自来到交阯，专志招抚，陈智、方政讨贼，进兵至茶笼州，遭到黎利的围攻，山寿拥兵一千余人，坐守乂安府，竟然不救，致官军大败。

明军在战场上节节失利，国土日蹙，交阯看着是守不住了。

已经自称为王的黎利是个务实主义者，他为了尽快结束战争，推出一个叫陈暠的人为主，假称是陈氏王朝之后，上疏说，当年太宗皇帝（朱棣）之所以郡县本国，是因为国王无后，如今陈氏血胤找到了，请天朝准许我们复国吧。他是看破了大明皇帝外厉内荏的实态，于是搭个板凳，让大家下台，彼此心照不宣。

在宣宗看来，交阯就是一个烫手山芋，有心弃之，心却不甘，面子也不好看。正在为难，一看黎利的奏疏，马上意识到板凳来了。当名将安远侯柳升率军驰援，在交阯败没后，宣宗已感到绝望，遂派礼部左侍郎李琦捧着诏书赶赴交阯，宣称叛贼猖獗，朝廷不是不能调兵剿灭，但“不忍赤子久罹涂炭”，故赦免交阯官员军民之罪，并要黎利将陈氏子孙姓名奏来，经朝廷审核无伪后，再予册封。其实宣宗已打定主意放弃交阯了，他这么做，只是要个“驴粪蛋子表面光”。

但奏疏往来有个过程，黎利一方面请求明朝准其复国，一方面不停顿地继续进攻,宣宗还想要面子,可王通实在是招架不住了。他不顾宣宗让他"坚守城池,以待皇命"的命令,竟然在宣德二年(1427 年)十二月私自与黎利议和,不俟朝命,即率师从陆路退回广西,太监山寿与荣昌伯陈智等由水路还钦州。回到内地的交阯三司文武官员、旗军、吏典、承差人等及家属,共计八万六千六百四十人。

这让宣宗先赦罪、再册封的"面子计划"落空;岂止落空,简直变成了一个大笑话。反正交阯已失,只好让王通率领京军回京,其他溃散官军各回原卫所。虽然交阯与宣宗皇帝的面子一起掉了,但还是得硬撑下去啊,宣宗要求"陈暠、黎利所遣赴京之人悉听其来",如果黎利方面还派人上京求封,准他来——说得多么心虚啊!不过黎利果然派人来了,假意感谢大明准其复国,并向大明称臣,以安抚皇帝的虚荣心,关起国门,却令人写了一篇所谓"千古雄文"的《平吴(明)大诰》,说自己"以大义而胜凶残,以至仁而易强暴",把宣德皇帝说成"黩兵无厌"的"狡童"。宣宗当然是不知道啦,他就是知道,也只好装作不知道了。

宣宗另外给内官山寿、马骐等下了一道敕,让他们与王通一同回京。

交阯总兵官成山侯王通、都督马瑛等回到北京后,立即遭到文武群臣的集体参劾,全部下锦衣卫待问。宣宗命公侯伯、五府六部、都察院等衙门官一同参加共审,最后总兵官王通以下文武各官以"违朝命擅与贼和、弃城旋师"之罪,太监山寿以"庇护叛贼",马骐以"激变一方",各论以死罪,并籍没家产。

处置了坏蛋,还有功臣烈士要表彰。交阯死节诸臣,分别得到不等的赠官,其中有一名内官值得一提。此人姓冯名智,是昌江守臣之一。交阯叛军以昌江是明军出入咽喉,大集兵象来攻,而城中原本只有士卒二千余人,经过前后三十余战,死亡过半。而城外叛军越聚越多,但明军奋力坚守,攻防双方相持达九个月之久。最后城破,守城大将李任、顾福自刎死,内官冯智与昌江卫指挥刘顺、谅江府知府刘子辅等自缢死,城中军民妇女不甘受辱自杀而死者数千人。冯智作为死难者,被赠以内官监太监,并赐诰命。

当交阯战事到最后关头时，各路大败，明军困守在几个主要城池里，墙外皆是敌垒。明军多次派人潜出城去求援，都被贼兵截留。交阯与内地的联系全部中断。王通想出一计，他写了一封书信，派山寿的家人送到贼营，假称朝廷已宥贼之罪。叛兵果然上当退兵，派出一个头目，到北京上表谢恩。王通派政平州知州何忠与千户桂胜与之同行，表面上是奏请宽宥贼罪、准许交阯复国，其实是欲借此上达贼情，并请增兵驰援。但密谋却不幸被一个叫徐训的内使泄露，何忠等人遂遭杀害。

从以上记载来看，交阯宦官，除了镇守太监山寿、提督银场太监马骐，还有内官冯智，以及内使徐训，其名之可考者即达四名。

最后说说山寿、马骐的下场。

交阯没了，作为镇守太监，山寿并没有遭到应有的惩罚。他以“庇护叛贼”之罪下狱，没吃几天牢饭，很快出狱，又得到重用。据我查考史料，英宗即位后，山寿在云南、四川等地管理银场坑冶，身份是“管银坑太监”。由此我有了一个判断，可能山寿在永乐年间督理过交阯银场，所以才有机会与黎利相孚交好。

我最后一次在史料中发现山寿，是正统五年（1440 年）的一块碑文，即位于今北京通州次渠村的《敕赐宝光禅寺助缘记》，他夹杂在众多的“助缘信官（基本上都是宦官）”的行列中。

太监马骐的罪名是“激变一方”，比庇护之罪要大。他与成山侯王通、都督马瑛、布政使弋谦等，作为“弃交阯城”犯官，一直被监在诏狱里。英宗即位那一年，锦衣卫镇抚司将狱中关押已久罪囚名单上报，其中还有这些人。锦衣卫奏报的意思，是请示是否将这些人开释，但奉旨只将其他内官并私自净身者十三人开释，马骐等人仍监在牢里。他们又坐了四年牢，直到正统四年，才遇赦出狱，俱罢官为民。这是马骐最后一次出现在史料里，他是何时死的，就不得而知了。

说起来马公公也是倒霉，他乐颠颠地跑去祸害交阯，以为是金银岛，却是盘丝洞，自己也没落得好下梢。

第三章　少爷必待家奴扶

上一章讲了仁宣之际是如何失去交阯这一块疆土的，然则国土有阙，何以称盛世？在交阯丧失的过程中，频频看到宦官的身影，太监山寿、马骐对交阯之失，负有直接的责任。

其实，是不是“盛世”，主要还不是指标达不达标的问题，而是怎么看、从哪个角度看的问题。不然，怎么会有“饥饿的盛世”一说呢？失去偌大一片国土，可以说是皇帝慷慨赐予，也可说是天子仁德，不忍生灵涂炭；也可以说是圣天子体察下民，俯从一方军民之请，不忍违其至愿；还可以说是朝廷从全局考虑，剜疮为了疗伤，忍小忿而就大谋……终归说辞是容易找到的，焦点是可以模糊的，还有一条——真话是不敢随便说的。

交阯之失，成为“仁宣盛世”光辉躯体之上的一块小疥癣，被许多作史者用手术刀小心切除了。一颗老鼠屎，它硬是不坏一锅汤！没了交阯这颗脖子上难看的大肉瘤，仁宣盛世又漂亮了，可以轻装上路了。

那么甩掉了包袱的大明王朝，是否就能干干净净、清清爽爽走向盛世呢？在接下来的宣德盛世里，宦官是退场了，还是继续扮演重要的角色？

在讲述之前，我想请教看官一个问题：某大户人家的老爷死了，年轻少爷继承庞大的家业，他对本府家奴会是什么态度？是全撇一边晾起来，让他们全体下岗，还是紧密依靠家奴，支撑家族的买卖营生，乐得继续享福？聪明的看官一定想到了，我所说的少爷，正是明宣宗朱瞻基，而家奴，当然是皇朝众多的宦官了。我以此作喻，以提示大家，此说可作为我们观察宣德朝宦官势力沉浮的一个角度。

请接着往下看——

继永乐朝之后，洪熙朝不过期年，只等于一个过渡期，而接下来的宣德朝，则是明代宦官制度发展的又一个高峰。

这个高峰，往往被人看漏，今儿咱就这个话题来唠一唠。

首先当说明，这个被“错”过的高峰，与永乐时代那个“高峰”不同。永乐时宦官恣睢,是众所周知的,因为宦官满世界活动,是摆在台面上的,屈指一数,大太监好多。试问看官,宣德时期的大太监,您能点出几位?即便熟悉明史的人,恐怕伸出一只手,五根手指也嫌多了——没的数嘛!宣德时期,当然有大太监啦,但个个不显山不露水,都低调得很。但低调并非太监们的行为方式,而是后世史家不太关注宣德时期的宦官问题,他们把注意力全集中在“盛世”二字上,未免被金光眯了眼,明明有许多大太监在那儿摇摆,偏偏看不见。好比前文介绍的山寿、马骐,说他们是大太监,不会有疑吧?他们一个“庇护叛贼”,一个“激变一方”,都是败家的玩意儿,让我中华失去那么大一块宝地,可有几个人听说过他俩,知其劣迹?其他的,更甭说了!

我们说宣德朝是明代宦官史上一个不太显眼的高峰,主要是指明代宦官制度主要是在宣德年间定型的,对后世影响非常大。

熟知明代制度的人都晓得,明代政治的要义,一言以概之,不过四个字:相互制衡。即诸种政治势力及诸多官僚体系之间,像螃蟹一样,相互牵制,任何一家都没法坐大,皆听命于朝廷。所以明代皇帝至高无上,地位相当稳固。有明一代,多的是皇族内讧,而臣下造反的,极为少见,这便是其“利”。这是朱元璋费三十年心力进行“顶层设计”的杰作,为明清两代政治生态之最大特点。

朱元璋作为开国之君,在对国家制度进行规划与设计,不是试图将权力“关进笼子里”,却将“螃蟹效应”发挥到了极致。如果有老板试图从朱元璋那里学习公司管理,那他算找错人了,因为朱元璋做明帝国的CEO,根本不考虑效率,他只求皇权稳固、江山万代,办公室政治倒是玩得刚刚的,一竿子把满屋的人全扫倒了。他那一套,可能给王朝带来长治久安,但对于现代企业,则是致命的毒素。

明代主要的政治势力,可分“内外文武”三类:

首先,文东武西,左班文臣,右班武将,文武是“分途”的两股势力。明代文武关系发展的趋势是:国初时,重武轻文,武官的地位与福利都要比文官高;仁宣以后,武官地位加速下滑,到了中晚期,已为文官之附庸。

其次,文武又同为外官(外廷之官),与内官(内廷之官,即宦官)相对,内外相制,又构成一对大的阴阳。

简单说,就是文官、武官与内官,构成明代体制下最主要的三股政治力量。研究明代政治,如果屏蔽掉宦官,研究对象就不是完整的(而大多数人正是这么做的)。

明代的宦官问题,绝非一些人以为的,只取决于皇帝私人好恶及倚信与否,其实不管皇帝热不热心,亲不亲热,宦官它都在那里。因为宦官作为官,本就是明代政治体制的组成部分。宦官在政体中有其特定的位置,并且在政治平衡中发挥了重要作用。不仅明代中枢体制实行"监阁"双轨制,司礼监与内阁夹辅天子,内府二十四衙门承担着众多的行政事务。就地方行政管理体制而言,在省级的层面(包括边镇与内地行省),均为镇守总兵官(武)、巡抚都御史(文)与镇守太监(内)三方会商,共同施政。这一普遍性的体制从宣德年间逐渐形成到嘉靖中年裁撤镇守,延续约百年,我称之为"三堂体制"①。这是历史事实,不能因为瞧不起宦官,视之为"体制病",就假装它不存在,生生掰去不认。还是那句话,不管后人看不看得见,它都在那里。看不见,只能说明观察者"近视"得很,散光度数不低。

明代这种特殊政治形态的形成,首先当拜朱元璋所赐。宦官那一伙子无根之人不都是他团起来的?其次则宣德皇帝当仁不让,是他进一步强化了这一体制,并使之向地方扩展。夹在他俩中间的永乐皇帝,倒显得"无所作为"了。

虽然永乐时代,钦差宦官出使四方,监军总兵、刺官民隐情,看起来势力很盛,但宦官还没有像后世那样切入到外朝官僚体制之中,成为明代中央及地方体制的一部分。只是到宣德时期,这一进程突然加快了。

先来看中枢体制,我们围绕宦官参预朝廷机务来说,略有追溯,明其源流。

---

① 此论由笔者首发,可参见拙作《明代"三堂体制"的构建与解体——以镇守内官为中心》,载于台北《"国立"政治大学历史学报》,2009年,第32辑。

宦官参预机务的事例，前文说到一个内官监太监沐敬，朱棣北征无功，却只在沙漠漫无目的地搜索，就是不肯退兵。别人都不敢劝，唯独他胆子大，拼死进谏，骂皇帝为反蛮，反得到朱棣的赞赏。军机当然是机务了，宦官不仅参预，还发挥了重大的作用。

永乐二十二年(1424 年)夏秋之际，朱棣进行了他一生中最后一次北征。七月的一天，他忽然感到身体不适，情知不妙，急忙往回赶，可没走几天，就死在半道一个叫榆木川的地方。这是谁也没有想到的，毫无思想准备，扈从诸臣都呆了，这可如何是好！

朱棣之死，与一位前代暴君颇为类似，秦始皇也是突然死在出巡的路上。亲征的皇帝暴死了，六师在外，关系到全军的命运，为掩人耳目，同样采取了秘不发丧的办法，所至进奏、进食如故，好像皇帝还活着，而密令全军加快步伐。众所周知，“秦死皇”辒辌车后随了一车臭鱼以掩盖尸臭，想来盛夏行军尸体易腐烂生出异味，不整一车鲍鱼怎么能行？漠北肯定是没鱼了，那如何防臭气外泄呢？后世多事之人想到这一层，就替古人做主办了一件事，说当时下令，尽收军中锡器，熔成一棺以装殓。大概尸臭就可以封在棺材里了。其实这口锡棺，是被硬塞进历史场景之中的，不可能真有。看官想啊，秘不发丧是为了保密，却忽然军中又是收锡器、又是造棺材，如此张扬其事，那还秘个鬼哟！

实录记载很简单：“上崩。太监马云等以六师在远外，秘不发丧。密与大学士杨荣、金幼孜议丧，一遵古礼，含殓毕，载以龙舆，所至御幄朝夕上食如常仪。”(见《明太宗实录》卷二七三)这是大太监马云第一次出现，也是唯一的一次，而他出现的场景，不同寻常，是一个历史的关键时刻。

参与密议的，都是随朱棣在军的帷幄近臣。其中大学士杨荣、金幼孜都是阁臣，永乐初开阁时的七名阁僚，现在只剩下他们两位了(杨士奇在南京辅导太子)。这次北征，与往常一样扈从，“凡军中一切机务皆令与闻”。除了他们，其他人就是以太监马云为首的一些随侍内官了。

从实录行文来看，决定秘不发丧的，是马云等人。但之后该怎么办，却全没了主张。实录说马云等仓皇莫知所措，乃密召杨荣、金幼孜入御幕，首议丧事。杨荣很镇定，他建议，“宜循古制，用衣衾殡殓，庶为允当”。众人都表示同意——瞧，压根没锡棺什么事。

军中还有许多事项需要处理，然而皇帝已经龙蜕，命令该以什么形式下达呢？有人提议，照旧写敕用宝（印）。杨荣等道：“谁敢尔！先帝在即称敕，宾天①而称敕，诈也，获罪非轻。”众人都说：“真是这样！”遂不用敕。

杨荣等又请马云将大行皇帝崩逝时间并遗命传位之意制成一本，报之皇太子。次日军至双笔峰，启本②写好，即委托杨荣与少监海寿先行驰报皇太子。

以上见《明仁宗实录》，从其文字来看，朱棣驾崩后，内外随侍近臣一起密议后事，而主次分明，虽然马云等把杨、金等人请来，提了许多建议，但最后的大主意，还是太监们拿。

以上这些事，不是机务是什么？

可见永乐时期，皇帝近侍太监预大政机务，已成为常态。这一状态，主要还是为体制所格，自然形成的。因为皇帝没有宰相辅佐，也没有专门的“政府”（即宰相府），政务都堆积在御前，皇帝一个人哪忙得过来？而永乐时内阁制度还未发达，朱棣晚年，可称为近侍的文臣也就杨荣和金幼孜二人，他们还没法进入内廷，随时应皇帝咨询。所以皇帝对御前近侍内臣帮办机务有其依赖性，宦官预政，洵为自然之理。

太子朱高炽即位后，将已名存实亡的内阁予以扩充，并提升阁臣地位。阁臣在永乐时，官不过殿阁大学士（五品），仁宗时，杨士奇、杨荣等很快就兼了尚书衔（正二品），又加三少及东宫师保衔③。仁宣父子倚信于老成重

---

① 形容皇帝去世的词蛮多，如驾崩或崩，龙蜕、龙驭上宾、宾天、升遐、大行等。中国语言也是被政治推动着丰富起来的。

② 给皇太子、亲王等奏事，不称奏，而称启。

③ “三少”又称“三孤”，为少师、少傅、少保，为从一品；东宫师保指东宫“三师三少”，即太子太师、太子太傅、太子太保、太子少师、太子少傅、太子少保，亦为从一品。以上皆为虚衔，只用来提升官员的品级。

臣(如吏部尚书蹇义、户部尚书夏原吉及“三杨”等),注意听取他们的意见,遇到疑难的大政事,经常找他们商量议处,甚至允许他们将奏疏带回家,慢慢斟酌拟定意见,这便形成“票拟”制的雏形。皇帝看过票拟,如果同意,就用红笔在本章上批写,即为“批红”。本章批过红,就可以发外施行了。

明代的政治,从某种意义上来讲,是一种公文政治,一切政事都靠公文的流转来实现,所以明朝人说“章疏即政事”,并形成了一套繁复的公文制度。仁宗时,“票本”还不是阁臣的专利,如户部尚书夏原吉的儿子夏瑄在回忆录里就记载了他父亲每每将奏疏带回家参酌拟稿的情节。到宣宗时,票拟乃为内阁的专责,成为阁臣“参预机务”的重要手段。

虽然宣宗朱瞻基处处模仿其祖父,但他并不是一个具有开阔眼界、自律性很强的皇帝。他是个才子,才情充沛,认为把才华全耗在看不完的公文上是一种巨大的浪费,久之就有怠政的倾向。为了腾出时间来游乐,从事他爱好的文艺事业,他在内廷加强了御前辅导班子的建设,扩大了司礼监的权力。

司礼监一直是近侍衙门,掌管御前奏劄文册以及勘合的管理,同时负责对内的监察与刑罚,职权本就重大。但司礼太监在御前管理文籍,只能算是小秘书。而到宣宗时,开始听取司礼太监对政事的意见,放手让他们处理一些公文,内阁送来的票本,看不过来,也请他们代看,请示同意后,就让他们代笔批红。慢慢地,司礼监与内阁形成内外辅政衙门,司礼太监与内阁大学士职责相关,共同辅佐天子。

司礼监遂俨然为“内相”,开始攘夺内官监之权,并很快超越它,成为最为重要的内府衙门。

说完中央,再来看地方上。

明代地方行政体制,国初时沿袭元代的“行省”制。到了洪武九年(1376年),忽然大变戏法,将行省机构解散,分立“三司”,即设都司管军政,布政司管民政,按察司管监察刑名。省级领导班子一家变三家,地方失去权力核心,这是学宋代的做法。行省全称行中书省,是中书省(即宰相府）的派出机构，故废行省，等于拆了中书省的台。所以四年之后，停废已为空中楼阁的中书省，便是水到渠成之事。

“三司”制下，都司、布政司、按察司各管一摊儿，在巡按御史的监察下，相互颉颃，谁也反不上天去。这是它的好处，但地方事务千头万绪，利益纠葛复杂，缺乏一个集中的权威，对政事的影响也比较大，好多应行之事做不成，积弊难革，而扯皮拉筋的事越来越多。实际上已埋下“变”的种子。

自建文以来，朝廷即通过派出大臣或科道官去地方巡察的方式，以整顿地方事务。永乐、洪熙时，沿袭了临时遣官巡视的方法。到了宣德年间，差官的频率和所差之官的地位不断提升，实际上已为巡抚制度及文臣提督军务的先声。

与此同时，宦官也更多地被派出去。

过去宦官出差主要承担某项具体差使，如采买、采办、出使、监军等，基本上是随事而遣，事毕则回，极少有固定在地方行使公事的。即便有，也都与皇室、内廷事务有关，如景德镇的督瓷太监、广西的珠池太监、四川云南浙江等地的银场太监等。但永乐时期，差太监刘顺、王彦、王安等出镇辽东、甘肃等地，洪熙时差山寿镇守交阯，已开了宦官出镇边方之例。永乐朝得志的宦官，多是靖难功臣，其功名都是蹈血海挣来的，主子做了皇帝，他们持节开府、总兵监军，便是顺理成章之事。但在永乐时期，毕竟还只是个案，非普遍的制度，也没有形成固定的袭替关系。

宣宗时，边方形势进一步恶化，朝廷一面在万里“九边”修墙（边墙，即今日所称之长城）筑堡，一面加强边境要塞的火力配置，从京师三大营的神机营中调拨出一批火器，送往边镇。神机营就是明代的火器营，所使用的都是当时较为先进的火炮、火铳、火枪、火箭等，是对付漠北“鞑虏”的秘器。当时人对这种新式装备看得很重，保密观念也强，不许地方开局仿制，以防泄密，所有边方所需神机火器，均在京由兵仗局（宦官督领的兵工厂，二十四衙门之一）制造，编定字号，统一由司礼监差官送到国防前沿。这些内官到了边镇，就留在边地任职，称为“守（神）铳内官”，专门负责火器手（称神铳手）的选补与训练，以及器械的日常维护。这样一支装备了新式武器的奇旅，选专官统领，主要负责守城，不许“别差”。

明代的边镇，以镇城为中心，有方面（又称路，如东路、西路，各设参将统领），有大城，有堡寨，多设宦官管理神机铳炮。本来守铳内官只管铳炮的收掌，但渐渐地就开始带兵，并且干预地方军政。用不了多久，宦官的身份就由负有专责的差使转变为守土之官。与武官之镇守（守一镇）、分守（守一路）、守备（守一城）相应，形成内镇守（即镇守太监）、内分守、内守备的层级系统。内官与武官搭配，共同承担边镇的防御。有的镇，还专设本镇“监枪太监”一员，掌理全镇的火器。个别镇，则由镇守太监兼领监枪。

在宣德以前，只有少数地方，如辽东、甘肃、云南等，有太监镇守。到宣德时，凡边地乃至内地开始普遍设立“镇守太监”一职①。

好比前文多次提到的太监杨庆，就在宣德四年（1429 年）八月率领京师神机营铳手前赴蓟州、永平、山海等处镇守。他奉敕与都督陈景先一起备御，朝廷敕书规定，一切军务，二人必“计议而行”。蓟州、永平即京北雄镇蓟州镇（戚继光万历初年任该镇总兵官，在此练兵），杨庆便是该镇第一任镇守太监。他在几个月后转任南京守备太监，所余职位司礼监马上差官补任，自后太监遂接踵而替。

大概来说，宣德、正统之际，明朝的体制发生大变。一方面是中枢监阁制初成其型，一方面是地方体制由分散的“三司制”向“三堂体制”转变。正统以后，在边镇，镇守、分守、守备内官形成完备的统治体系。在内地“十三省”及南京，均设内官镇守。明代地方行政体制乃变为以镇守总兵、镇守内官、巡抚都御史为首的“三堂”统率下的三司州县制。这套体制不分“边方”与“腹里”，具有普遍性，且持续时间很长，约为百年，直到嘉靖中年撤回各“边省”镇守宦官，方才解体。然而在南京、承天府、天寿山等一些特殊地区，仍保留了守备太监。

---

① “镇守太监”只是统称，称之为“镇守内官（或中官）”更准确一些，因为镇守一方的并非都是太监，也有以少监、监丞等职务充任镇守的，但一般都很快升到太监。

在“三堂体制”之下，内官在地方已不再为差使，而是守土之职了。这是明代宦官制度一个极大的特点。

但问题也随之而来，地方上增加了这么多官，还是从“天上”掉下来的公公，地方文武哪里招架得住，只好“憋屈烦恼困惑恨”了。内官仗着是内府差来的钦差，目中无人，管铳内官将神铳手视作自己的私人武装，连总兵官都无法调动。宣德四年夏天，宣府守神铳内官名叫王冠，因为太监海寿（此人会多次提到，请注意）过境，他竟然私自率领官军出城迎送。“桃花潭水深千尺，不及王冠送我情”，王公公十里长亭送客，自然是为了拍海太监的马屁。这马屁拍得够足，他一直将海寿送到龙门，饯行酒吃得大醉，无法启行，夜间就在田舍醉卧。不料被蒙古骑兵探知到了，乘夜来袭，将王冠连同千户陈谅等杀死。因为杀死了内官，此事瞒不住了，宣宗才晓得“内官在边者挟势恣肆，非总兵所能制”的实态。为此他专门给宣府、大同、蓟州、密云等各处内官下了一道戒敕，令其“饬励，毋蹈前失”。可一纸敕书，顶个屁用啊！

镇守、分守等内官的存在，还给地方增加了沉重的负担。须知，内官既为官，都要享受相应的待遇的，如随侍兵马、柴薪皂隶及职田等，这账不可细算。

综上所述，宣宗不仅全盘接受了“祖宗”留下来的宦官制度，还使这种制度得到极大的扩张。此时，宦官早已不再仅仅是皇帝的家奴，而是朝廷之职官了。尽管明代官书，除了洪武时期编定的两种《祖训》，其他制度之书，如《大明会典》等，都没有开载宦官官制。我们还是那句话，官书里写不写，宦官它都在那里。

第四章　宣宗打“阉虎”

前一章，我拿大户家少爷来比喻宣宗。跟大多数“富二代”一样，宣宗这位皇家少爷，喜欢玩，会玩，玩得那叫一个心跳。

有人或许会问，宣宗为什么爱玩？我说，他干吗不玩！宣宗是含着金钥匙出生的,是大明朝的“皇二代”,一生下来就坐拥花花世界。有这个条件,凭啥不玩不乐?当代人的思想有些问题,一方面喜欢会玩的“二代”们,好比某二代,耍宝会玩,玩成了“国民老公”,人见人爱;另一方面呢,对古人要求又太严,非要他们做冤魂屈鬼,整日忧国忧民,愁白了头,才得民心,方为正人。这样真的好吗?喂,那位站着说话不腰疼的,您自己来试试,看要得不要得?

当然,玩可以,但应知止,比如耍耍牌,带点小彩,无可无不可,没人说得起,而一旦没日没夜地修起长城,成千上万地输赢,就过了,该挨敲打了。我觉得宣宗玩得稍许有点过。

宣宗这人,我对他评价不高,但我不会走向“歌德派”的对立极,丢下喇叭筒,抄起墨刷子,一味抹黑人家。我承认他跟所有人一样,是个复杂的人,有自身的优点与缺点。

他的优点是聪明,才情高,有上进心。明宣宗能书善画,如今存世的皆为精品——明朝皇帝艺术天分高,远超清帝憋歪诗的水平,也算家族遗传。宣宗不像别人,一味地崇拜古人,他心目中最了不起的伟人离他很近,就是他的祖父永乐皇帝。为此他事事模仿永乐的行事,好比他把在南京闲了几年的郑和、王景弘又动员起来,让他们下西洋去招徕南洋诸国来朝,还来了几次北征、北巡,御驾亲征去喜峰口外打了个转,不像后世君主整日憋在小宫廷里闹心。他看到吏治日益腐败,开展了声势浩大的“打老虎”行动,并亲自动笔,写了好几本提倡反腐倡廉的书(官箴书),都是试图恢复天朝的昔日荣光。这是宣宗的上进处。

但有一样,学生们没有不说“我想考第一名”的,但真正舍得沉下心来拼命攻读、稳定发挥、保持前列的,总只是少数,多数同学,说得到,做不到,愿景与实际之间差距很大。宣宗也是这样。

大明王朝最后一次下西洋,是在宣德六年(1431 年),正使太监为郑和、王景弘,副使为太监李兴、朱良、周满、洪保、杨真、张达、吴忠等,率官校、旗军、火长、舵工、碇手及工匠二万七千五百多人。这支船队要从交阯外洋经过,瞧瞧四年之前,这块土地还是大明的疆土,如今已隔绝如秦越,能不惭愧？荣光何在？

现在人们推崇郑和下西洋，称其意义很大，其实意义并没那么大。因为郑和的航行，绝无耀兵海上、开拓帝国生存空间的雄心，只是劳民伤财、倾竭府库的巡游。宣德年间这最后一次下洋，与前几次一样，只是花大价钱把外国酋长请来，赠与重金，请他们做盛世的点缀，活儿做完了，又花费巨资把他们礼送回国。反正皇帝不差钱，花一些国库的银子，得一个万国来朝的好名声，他认为值、划算！可老百姓受不了，国家财政也受不了，所以宣宗最后搞了这么一家伙，以后就再也没力气也没实力去做了。直到成化年间，皇帝不知受了哪个太监的蛊惑，又动了下西洋取宝货的念头，可那时想出门，已摸不着“南”，只好派宦官到兵部去找资料。这一下惊动了时任兵部职方司郎中的刘大夏，他马上答应找，并且很快在库房里找到当年下西洋的档案。可是他没有将材料上交，而是一把火焚了，然后报告说，档案没找到，彻底让那想下洋的人断了念想！刘大夏此举，能让今天的史学家流一碗鼻血、连呼败家，而在当时人看来，真是大英雄的作为。由此可知，朝廷造宝船下洋有多么不得人心。

宣宗继位的第三年，就丢掉了交阯这块祖业。做一个不恰当的比喻，就是那位少爷经营不善，赔掉了祖上留下的几家绸缎庄，虽然不至动摇家业的根本，但面子上很不好看，人心也有一些慌乱。我怀疑是出于一种补偿心理，或为了将群众的视线从那块耻辱之地吸引开，宣宗连续搞了几次“征巡”。说是北征，却只从敌人力量较弱的蓟州口外出去打了个擦边球，绕了个小弯弯，赶紧就回来了。主力要进关时，还有部队没来得及会合，有将领建议再等一等，可宣宗心里虚，不敢多等，借口祭祖之期已近等不得了，赶紧溜回关内。再后就再没敢出关，只是闲来在北京周边巡视一番，打几只鹿子獐子豹子，或校阅一下军队，就是尚武了。有本事别丢交阯，或者丢了再夺回来呀！不管讲什么客观条件，总之成绩本上扣分项目太多——自称“盛世”，总要九十分以上吧！

宣宗私德也有亏。

咱们这位宣宗皇帝号为“圣明天子”，其实做过许多不圣不明之事，好比他父亲死了,还未出丧期,他已急不可耐地派太监到朝鲜征求处女了,被朝鲜国王笑为色心太重。他还嫌每次进来的处女数太少(毕竟处女们都选自朝鲜"两班"贵族官员之家,批发不来),不能满足他的欲望,于是让太监给国王带话,叫把会做饭、会唱曲、会舞蹈的女娃也送一些来。太监深体"圣心",暗地里叮嘱国王,关键是年龄要小,人要漂亮,至于茶饭做得香不香、唱歌走调不走调、舞姿婀娜不婀娜,都在其次。国王马上明白了,皇帝就是要美女,而且是幼齿,不禁又笑一回。

这些丑事都记在秘藏的《朝鲜王朝实录》里,明朝人哪里去知晓?清朝人也看不到《朝鲜王朝实录》。直到现代学术兴起,日本人将《朝鲜王朝实录》影印出版,这些秘密材料方才大白于天下。蒙在宣宗脸上的金纸就兜不住了,直接滑落,一副"游戏天子"的真面容暴露无遗。

宣宗喜欢玩乐——"盛世"的好处,就是皇帝可劲儿地造,而不担心亡国灭种——《朝鲜王朝实录》中除了记他征求美色,还有许多求鹰犬的记录。

宣宗喜欢狗马,都求出洋了——出洋相的出洋!而在国内,因为"率土之滨莫非王土",凡事皆为可求,他所求者更多。宣宗都派太监出去踅摸了些啥好玩意儿?咱别的不提,单说一件——求蛐蛐儿!

本来呢,地方上有啥好特产,都应"贡献"给朝廷,不可瞒下。但蛐蛐(学名蟋蟀,又名促织)算啥特产?不能吃,不能喝,光听个响,还吵人。可宣宗就好这个,结果损了千古令名。我不禁扼腕而叹,要是明代就发明电玩多好呀,宣德皇帝可以整日宅在宫里打电玩,他就是注册实名ID"我是宣德皇帝",也没人信啊,那多任性!可惜明代那会儿,娱乐太少,除了蹴鞠、舞蹈、夜操那老三篇儿,实在没啥新样儿。宣宗瞧样板戏都瞧蔫乎了,偶尔斗了一回蛐蛐,立马就爱到痴迷。

皇帝一旦痴迷某事,臣民们就摊上大事了。

宣宗要斗蛐蛐,马上派宦官到地方上去征索与收购。

当时苏州知府是著名的能吏况钟,忽一日衙署来了两个宦官,手捧敕书,不知所为何事。况钟忙铺设香案接旨,听了开读,况钟顿时蒙了,原来皇旨密敕苏州府速进蛐蛐一千只。皇皇敕书,写的不是国家大事,而是勒索蛐蛐。宣德皇帝如果听说过“玩物丧志”一词,他还这么做,就是明知故犯,应罪加一等,无怪乎后人送他“蛐蛐天子”的外号;民间还唱:“促织瞿瞿叫,宣德皇帝要。”

没办法,况钟只得照办,将任务摊派下去。而宦官坐守,皇旨要得急,官府只好逼勒百姓,不许他们去田里翻土耕作,却去石疙瘩缝里翻找蛐蛐,最后竟逼死了一个孩子。事见清人蒲松龄《聊斋志异》中著名的《促织》一文。那蛐蛐硬是跳到宣宗皇帝的脸上,跟他死磕上了,永远也不会飞走了。

宣宗利用“公权力”来帮他办私事,他的意志传递到各级衙门,需要通过传旨。传旨的,都是宦官。

本来,根据朝廷制度,宦官到外廷传旨,有司官员必须复奏,以防诈伪。但因为皇帝越来越“事妈”,宦官出来传旨的频次也越来越多,渐渐地就做不到每件事都到御前复奏了。于是开始出现宦官假传圣旨的情况。看官可还记得太监马骐到翰林院假传圣旨的事?仁宗没有严厉处置他,可能与此事已为普遍现象有关。宣宗继位不久(1426年),就给六科给事中下旨,强调:“凡内官、内使传旨诸司,皆须复奏。”要求宦官从内廷往外传旨,六科当备录复奏,只有得到皇帝认可后,方可下司施行。当时普遍的情况是,内官奉旨传于六科,辄令诸司奉行,凡事都不复奏,已为惯例。然而积习已成,一纸诏书,是不可能根除这种现象的。我点查《明宣宗实录》,发现宣德三年和五年,宣宗多次下敕,要求“今后凡中官传旨”,不管事大事小、有敕无敕,都必须“复奏明白,然后施行”。宣宗不停地叨叨,而宦官全当作耳旁风,到后世则愈演愈烈。

宦官利用在御前的近便,可能有营求敕书,甚至制造假敕的情况存在。马骐不就要求翰林院按照他的口授写敕嘛!如果被他拿到敕书,他可能再请皇帝左右帮忙,到御前趁乱弄个玺盖上,说不定就真的又回交阯去了。如果不是翰林院官员及时复奏,仁宗知其事绝不可行,他几乎得逞。

永、洪、宣时,宦官(包括御前近侍宦官和地方公差宦官)罔上弄权的事层出不穷。宣宗以后,历代皇帝多深居九重,不再出来接见臣僚,复奏之事变成公文旅行,或流于形式,宦官假传圣旨的事情就更多了,遂造成宦官擅权之弊。

宦官假传圣旨，是宦官恣睢的一面。此外还有大量宦官，被差到天下四方去承担各种使命，这些宦官打着“钦使”的旗号，借着帮皇帝办私事，在地方胡作非为，搞得民怨沸腾。宣德六年(1431 年)，宣宗突然出手，抓捕并处决了一批民怨极大的宦官，成为宣德年间“打老虎”大戏的一出高潮戏份。正应了一句话，叫“自作孽不可活”，又或作“上帝欲使其灭亡，必先使其疯狂”。而这场针对宦官的整肃，表明宦官在盛世作孽，已到了连皇帝都无法容忍的地步。此事并不广为人知，看官且听我说来。

要说此事，咱们先得从明代的吏治说起。

明朝的吏治，并非如许多人以为的是从中晚期才开始败坏的。其实自宣宗即位后，已感受到士气与世风的低落。他为此专门召见最信任的两位阁臣杨士奇和杨荣，问他们：“祖宗时，朝臣谨饬，而近年来贪浊成风，这是为何?”他认为官场贪腐的风气是自他即位才起的。老臣杨士奇不同意，他道：“贪风永乐末年已有之，只是今日愈发恣肆罢了。”杨荣马上举出一人：“永乐时，贪恣属方宾最厉害了!”方宾是永乐晚期的兵部尚书，后自杀。两位杨先生虽然不和，但他们在这件事上意见是一致的，即贪风自永乐末年以来已经很盛了。杨士奇更将此归过于随永乐皇帝在北京的“扈从之臣”们，说他们“请托贿赂，公行无忌，致使贪风日炽”。他这么说，可能有替当时在南京监国的宣宗之父仁宗推卸责任之意。不管怎样，通过这次召对，君臣之间达成共识：今日“贪风日炽”，已到了必须采取严厉措施将其刹住的时候了。

宣宗问，今日最大的贪虎是谁? 两杨揭发，就是时任都察院左都御史的刘观。

都察院是掌管风纪的最高衙门，下属十三道监察御史。都御史①与御

---

① 都御史这个官，到明代中后期，职权非常大。但我见许多人错写作“都御使”。“都”者，总也，都御史也就是总管、统领御史的官。写错了，表明作者根本没领会这个官职的含义。

史都是管百官“纪律检查”(监察)的官,却不料腐败的根子在这里。宣宗抹了一把汗,已决心除掉刘观。他问:“谁可取代刘观?”两位姓杨的大学士同声举荐了通政使顾佐。宣宗立即将顾佐升任右都御史,同时将左都御史刘观借故打发到外地去办事,调虎离巢后,“二把手”顾佐实际上主持了都察院的工作。

从宣德三年(1428年)夏天开始,在宣宗及内阁的支持下,以顾佐为大将,大明王朝向腐败宣战了。刘观贪污受贿的罪行很快查实,经审理后其父子发配辽东。同时对“纪委”官员监察御史进行大换血,一次罢黜的御史即达三十一名,其中二十人被贬谪到辽东各卫所充吏。这不啻十八级政治地震了!以此为切入点,托塔天王顾佐铁面执法,对吏治进行了全面整顿,在高压的反腐态势下,百官一下子振作起来,气象一新。

宣德年间的反贪腐,前一时期以“纪检”系统(都察院和监察御史)为中心,揪出了大老虎刘观,使得朝政肃然,官场风气明显好转。这时,宦官为非作歹的现象就特别明显了。

宦官也是官,他们在外,多奉敕书,所负的也是朝廷的使命。但宦官同时又是皇帝的私人,打狗还要看主人,对付宦官,必然投鼠忌器。顾佐决定避开“宦权”这样一个敏感话题,从奉使者在地方为害入手,就事论事,向宣宗揭发宦官在外的种种劣迹,并且指出,这都是内官监太监袁琦背着皇帝这么做的。宣宗看了顾佐的密奏,了解到宦官在外为非作歹的种种劣迹,非常吃惊,同时觉得很丢面子,于是决心采取行动。

宣德六年(1431年)年底,震惊朝野的太监袁琦案突然爆发,牵涉到一大批出使内官。此案以非常高调的方式展开,并且在不到三个月内迅速解决。

袁琦是什么人?我们先来看《明宣宗实录》中两条关于他的记事:

第一则,宣德四年(1429年)八月,宣宗念三皇叔赵王朱高燧久不相见,给他写了一封家书,遣太监袁琦送过去,并赐赵王金织文绮纱罗袍三袭——这是袁琦第一次出现在史书中。明朝时,奉使宗藩,尤其是像赵王这样为皇帝疑忌的藩王,一般都会派遣很亲近的宦官,袁太监之贵近自不待言。

第二则,宣德五年(1430 年)十月,宣宗巡视近郊毕,还京时驻跸泥河,命都督郭义、沈清及太监袁琦率军士留宣府等处围猎。宣宗在敕书中说,我让你们围猎,不是为了禽兽,而是担心虏寇知朕还京,将为边患,如果边境有警,尔等当协同备御,不可轻忽。实际上留下的是一支大军后翼掩护队伍,袁琦担任类似"政委"的监督之职。

仅仅从这两条记事,可知袁琦是内廷大佬。

袁琦事败后,宣宗对顾佐说:"宦者袁琦以其自小随侍,颇称使令。升太监管事,辄敢恃恩,纵肆欺罔。"言袁琦"自小随侍",我由此怀疑此人出身宣宗潜邸,是宣宗做皇太孙时的旧人,因用得顺手("颇称使令"),得到提拔重用("升太监管事"),遂"恃恩"纵肆。

当袁琦第三次出现在国史中,是宣德六年(1431 年):

十一月丙子,内官袁琦有罪下狱。

仅此一句而已,很像电视里忽然播放某官员因违法违纪正在接受组织调查,至于他如何违法乱纪则全无一字的剧透。实际上纪委调查已紧锣密鼓展开。实录记载,几天后,宣宗"以内官袁琦等事觉,以其所遣在外者尚多",遣太监刘宁与御史张骏、李灏等往籍其赃及执其从人。先把大老虎拿下,再去捉小的,好彻底查清他"纵肆欺罔"的事实。

太监刘宁与御史二人前往直隶苏州、松江等府(今苏州、上海等地),主要捉拿内官裴可烈,此人在苏、松"贪暴尤甚",特命械系至京(即戴着刑具上京)。

另外还有多路御史专员奔赴各地:蒋彦广往福建,胡智往湖广,施信往江西,高超往广东,刘祯往广西,胡敬往河南,于奎往南京,郭原往河间,唐慎往直沽,梁轸往四川、云南。

以上区域,除了南北直隶,还有八个省,可见宦官为祸范围之广,居大明疆土之大半了!

我们来看,这些混账都在地方造了哪些孽。

比如那个裴可烈,实录只说他祸害苏松等府,其实被他染指的还有浙江北部一些府县,约当明代的江南地区,是明朝的财赋人文重地。裴可烈之事,在《明史》中见于两位循吏的传记,一位是林硕,一位是郑珞,是典型的坏人成就好人的好名声。

林硕,福建闽县人,永乐十年(1412 年)进士。这功名就很早了,不知何故,他的仕途并不太顺,熬到宣德初年才做到巡按浙江御史。因为"为治严肃",就地升转浙江按察使。这回发达了!从正七品监察御史,直升作正三品的一省廉访使,林廉使终于搭上飞机了。

恰在这时,裴可烈到浙江来了。

宦官"空降"到地方上为害,不熟悉情况,必须找地头蛇帮忙。浙江有个姓汤的千户,与裴可烈勾结起来,一个是狼、一个是狈,一个为虎、一个为伥,共为奸利。他们的恶行被林硕所知,将要"绳以法"。我们现在说,"以法律为准绳",其实法律不仅是一把尺子,也是一条缚妖索,"绳以法",就是要治他们的罪。林硕作为地方司法长官,他只能治汤千户的罪,而治不了裴公公的罪。因为裴可烈是钦差内官,是朝廷的使者,不受地方管,地方上对他不满,只能上疏参劾他。而从后面事态发展来看,林硕并没有参劾他——或许是不愿太开罪宦官,只拔除其爪牙,让他知道收敛就好了。

可裴可烈岂能甘心,他立马诬林硕以"毁诏书"之罪,一本参上了天。宣宗不分青红皂白,立即下旨,将林硕捉拿上京。在朝堂之上,林硕被褫了官服,像罪人一样引到御前。宣宗问他为何敢撕毁诏书,林硕叩头自辩道:"臣前为御史,官不过七品。今擢升按察使,官至三品。皇恩天高地厚,臣日夜淬砺,思图报答皇上的恩德,哪里敢对诏书不恭!这是小人因臣执法严厉,不便行私,故设计害臣,唯陛下裁察。"林硕这些年官不是白当的,这一番话,既剖白了心迹,指出了奸谋,还拍了皇帝马屁。宣宗怎能不"动容",马上安抚他道:"朕固未之信,召汝来面讯耳。"宣宗也蛮会说话,见林硕态度恭顺,马上转了口词。可是您万岁爷既然根本不信("固未之信"),干吗把人家从几千里外抓来,还要当面问他?就是要当场对质,也该把裴可烈一并捉来才是啊。您这么做是否偏心点？对此，我只能说“呵呵”。

亏得林硕会辩，逃过一劫，宣宗将其释放复官，同时写敕责备了诬奏说谎的裴可烈。

从宣宗对待内外官的态度，不难察知，宣宗对钦使宦官是非常信任偏袒的，宦官犯罪，往往从轻典，而文官则动辄拿问。裴可烈诬告大臣，就挨了个通报批评（“敕责”），而他作奸犯科之事一概不问，难怪这些阉奴在外面为所欲为、肆无忌惮了。

林硕碰了钉子，他复任后，再执法时，法棍大概就要避着点裴公公了。从此二人相安无事。但裴可烈也乐不了几天，他又碰到一个新的对头——宁波知府郑珞。

巧的是，郑珞跟林硕是同乡，他也是福建闽县人。不知裴可烈是哪里人，看来他命里与闽县人冲犯，他在去浙江前，应该找个大师掐算一下，好避一避的。

郑珞也是永乐年间进士，他科举名次应该很高，被选入翰林院做庶吉士，期满授刑部主事（相当于司法部的处长），宣德中，擢升宁波知府。郑珞是很得民心的好官，他守宁波，碰上丁忧，将要离任回乡。可宁波百姓舍不得，数千人诣阙，乞求郑知府能够留任。本来“夺情”与传统伦理相违，不是轻易能准的，刚好这时海盗入寇，守土之官不宜轻动，宣宗便从民之请，下诏令郑珞夺情复任——郑珞走不了，似乎就等着裴可烈来，好治他。也是裴公公的劫数到了！

不久，裴可烈“以公事至郡，贪暴不法，民被其骚扰”。他来踢场子也不选个地方，史云郑珞在任“黜赃吏，抑豪强，令行禁止，发奸擿伏，治绩为两浙最”，裴老公居然跑他地盘上闹来了，郑珞岂能容他。林廉使不是没劾这只阉虎反遭他咬了一口嘛，郑知府就不客气了，立马上疏，将裴可烈不法之事桩桩件件写下来，向朝廷举报，竟一击中的，“诏置可烈于法”。裴可烈玩完了！郑珞因一疏劾翻宦官，乃成就一生美名。郑珞官做得不大，只做到浙江参政（正四品），但他有资格入《明史·循吏传》。看官，古代的“循吏”，主要指地方官，都是今天“焦裕禄式的好干部”。有明一代，省级以下官员总不下几万人吧，能够入《循吏传》是小概率事件。

裴可烈真够倒霉的，在浙江接连碰到两个硬骨头官员，最终丢掉了性命。但《明史·郑珞传》说郑珞“劾中使裴可烈，帝为诛可烈”，实际上是夸大其词，他那一本劾疏，没有这么大威力。裴可烈倒霉和郑珞幸运的地方，都在此时宣宗正好决定对在外不法的宦官予以打击，都撞到这个节骨眼上了。

还有一个叫阮巨队的宦官在广东等处公干，虐取当地军民财物。

这个阮巨队，从他名字来看，应该是交阯人。他是一个既贪又蠢的人，当地流传着这样一个故事，说阮巨队到广东征求虎豹，宾客中有一个叫陈谔的乡官，向他求虎皮一张。阮巨队不防有诈，就给了他。不想陈谔回去就草奏，说阮巨队用所猎肥壮之虎宴请宾客，而将那些瘦得皮包骨头的老虎用来进贡，使之毙命于路上，他手中虎皮便是证据。这分明是给阮巨队下套嘛。阮巨队怕了，忙摆一桌，宴请陈谔。席间陈谔带着酒气问：“听说你不是阉人，近来还娶了妾，有这回事吗？”阮巨队连忙摇头：“哪有此事？不信，您到我内室去看。”陈谔正要他这句话，说走就走，硬是闯进内室。只见房中摆着许多大罐，心知必为金珠，却故意问，罐中装的是什么？阮巨队说是酒。陈谔笑道：“我来，正是要美酒。”便命人来扛。阮巨队见一个个大罐被抬走，心如刀割，只好向陈谔苦苦哀求，陈谔才给他留了一半。这个故事记在清光绪年间所修《广州府志》里，末尾说：“广人至今传为谈谑。”这是一个智斗宦官的故事。

阮巨队妄自勒索的事不久为地方奏发，宣宗因为阮巨队打着替宫廷买办的名义为害非常生气，当即命锦衣卫差人将阮巨队拿到北京，关到诏狱里。阮巨队就把袁琦供出来，说一切都是受袁太监指使。宣宗便下令籍没袁琦之家，这才知道，袁家金银以万计，宝货锦绮所值也以万计，他家所用金玉器皿多僭越奢侈，违反礼制。如果宣宗戴一副眼镜，一定要大跌眼镜了！

经过审问，袁琦供认，他那些非法之事，都是他名下内官杨四保、陈海等人帮他做的。许多宦官都是通过贿买袁琦，才得到出外公差的机会，因为营求差使花了大价钱，所以出差到地方，一定要把本儿挣回来。

而宦官们到地方上，都是打着为宫廷采买的旗号，发的是自家财，损的是圣天子的名誉，宣宗还不勃然大怒，立即分差御史去把这些人都抓回来？

这些贪赃宦官很快被拿回北京下狱，法司议其罪，皆当死。

宣宗此时是恨极了"自小随侍"的袁太监，他是罪魁祸首，下令将他凌迟处死，而阮巨队、阮诰、武莽、武路、阮可、陈友、赵谁、王贵以及杨四保、陈海等十人处斩。行刑日期是宣德六年(1431 年)十二月某日，就在年节前几天。一下子，北京西市上集体处决这么大一批内臣，这在明朝历史上是空前绝后的，真是大快人心，想来那一年春节的鞭炮应该格外响亮。

有个内使名叫马俊的，公差还京，到达北京南边的良乡，听说袁琦事发，非常惊恐，当即上吊自杀。地方将此事奏闻后，宣宗厌恶地道："此人正是与袁琦同恶害吾民者。"命锦衣卫将马俊戮尸，首级挂于市中示众(枭首)。这个家伙是因为胆子小，自己暴露了，死了也该阖目，不该怪人。

还有一个宦官，名叫唐受，也是因公差到了南京，纵恣贪酷，百姓不胜其害。被人举报后，宣宗命锦衣卫将他抓来，下狱鞫问，获得贪赃的实证后，给他戴上刑具，押回南都，在集市之中凌迟处死，然后枭首。

宣宗打虎是真的吗？杀了这么多宦官，当然是真的啦！宣宗将犯人处死后，还希望把他们作为反面教材，让广大官民吸取教训。为此特命都察院揭榜，晓谕中外，要求：

"凡先前所差内官、内使在外侵占官民田地及擅造房屋，所在官府取勘明白，该还官者还官，还军民者还军民。官民人等，有受内官、内使寄顿财物，许自首免罪。若匿藏不自首的，事觉，与犯者同罪。"

同时规定，"自今内官、内使出外，敢仍前有犯，令所在官司具奏，治以重罪，知而不奏，罪同。若中外军民人等有投托跟随内官、内使，因而拨置害人者，悉处死罪。"

宣宗又在乾清宫召见司礼太监王瑾、吴诚等人，对他们说："袁琦孤恩负德，越礼犯分，欺瞒朝廷，受人嘱托，私遣内使出外，假以干办，虐害官吏军民，百计索取，金银财物数以万计。下人衔冤，归怨于上，朕何由知？天地鬼神共怒，事乃发露，琦已伏诛。此非朕欲罪之，杀身之祸实其自取。”

他让司礼监在内廷揭榜，昭示内官、内使及小火者：“能守法事上，不恃宠作威，不害民取财者，鬼神佑之。若违法越礼，惟务贪虐，鬼神不佑，国法不赦。若先尝有过，后能改悔，朕亦以无过待之。”

显然，宣宗只希望以后宦官出使干办，谨守朝廷法度，而没有意识到差宦官出外本身就是错的。

第二年，即宣德七年的正月十九日，也就是正月十五灯节后正式上朝的第三天，宣宗又令敕谕全国各级政府，公开袁琦的罪行。敕书中说，朕自临御以来，惟以安人为心，而太监袁琦“随侍日久，肆其狡险，欺慢朝廷，假干办公务为名，朦胧奏遣内官、内使在外，凌辱官员，毒虐军民，恣肆贪残，赃秽狼藉，金银以千万计”。所在地方官员，“坐视民患，徒怀兢惕，默不敢言”。直到宦官所为已到了民不聊生、天地不容、神人共怒的地步，方才罪恶暴露。

显然宣宗认为袁琦的罪恶是被老天爷揭发的，而对官员们“默不敢言”十分不满。他通过榜文、敕谕的形式，希望文武百官及二十四衙门的宦官，都能从中吸取教训，恪尽职守，以安民为首务。

宣宗用雷厉风行的手法，在不到三个月的时间里，对以袁琦为首的劣迹宦官予以痛击，杀死了关系很好的内臣，从此宦官大为收敛。我们从一件事可看出宣宗治阉所造成的社会影响，这就要说到那个前赴苏、松捉拿裴可烈的太监刘宁了。

刘宁，《明史》无传，清人查继佐《罪惟录·宦寺列传》有其传记，说他是宣德中长随，宣宗有一次上马时，胡床忽然折断，刘宁弯下腰，请宣宗踩着他的背上马。又有一次，宣宗在湖中泛舟，不小心落水，刘宁急忙跳入水中，将宣宗扶掖而出。有了这两次好的表现，宣宗“嘉其忠，命掌司礼监”。又说刘宁不识书，令王振代笔，后改官南京守备。

由于《罪惟录》这本书总体来说，内容比较杂芜，很难说这些记载是否真实。该书说刘宁是宣德中长随，应该有误。长随是内官中较低的职务，次于监丞与奉御，刘宁若为长随，又不识书，仅仅靠两次忠心的表现就想做到司礼监掌印,应该说是不可能的。刘宁第一次出现在史书中是宣德二年四月,宣宗命武进伯朱冕、兵部尚书张本到山西抚安军民,同时“遣太监刘宁等慰喻晋王府宫眷,且督视其行”。宣德初年,刘宁已为太监。这一次他与勋臣朱冕、文臣张本到山西公干,背景是宣宗刚刚废黜了晋王朱济熿,故派这三位内外重臣去山西弹压,张本之行,实为山西开设巡抚的先声,故刘宁此行责任重大。

宣德三年(1428 年)十二月,刘宁又协同锦衣卫指挥任启、参政叶春、监察御史赖瑛前往镇江、常州及苏、松、嘉、湖等府巡视军民利病,殄除凶恶,以安良善。而此次“巡视”又为苏、松等府开设巡抚之先声。

也即是说,太监刘宁是宣德初年地位尊显的宦官,从他多次承担“监察”使命来看,他很可能是司礼监太监。正统初年,改任南京守备,并得到“忠直公平”的声誉。刘宁于正统十四年(1449 年)卒于南京守备的任上,英宗将其所留田产全部赐给其母。

由于刘宁在履行职责中表现出“清谨忠良”的品质,故宣宗在宣德六年派他与监察御史一起去江南捉拿赃官,没收赃物。不料刘宁在回京时,发生了一件意想不到的事。

刘宁回京复命,从山东故城县经过。该县县丞名叫陈铭,是一个性情“暴悍”之人,那一天刚刚喝了酒,还喝得酩酊大醉,忽然听说来了一个宦官,他乘着酒气,不由分说,上前揪住刘宁,举拳便打。御史在一旁喝止,怎么也拦不住。回京后,就将此事奏闻,论劾陈县丞行事无状。

陈铭以殴打内官,被逮上京。宣宗忽然又变了主意,道:“县丞固然可罪,但他也是一时昧于所闻,宽宥他吧。”一旁侍臣道,陈铭酗酒闹事,擅打朝廷使臣,陛下就是赦免他,也不应该让他复官回任。宣宗倒大度,道:“朕既然赦免了他,他也该知过能改。”还是恢复了陈铭县丞的职务。

通过这件事可知,宦官四处为虐,以及随之而来的打阉虎行动,在社会上造成极大反响。平常官民见到宦官都如老鼠见猫,而今一个小小的县丞,乘着酒兴,一听宦官来了,马上条件反射,认为来的不是好东西,而且,该打!在这样的氛围之下,出差公干的宦官无论如何都会收敛其锐气的。

宣宗通过打阉虎，使宣德三年以来的治吏之役向深度发展，掀起新的高潮。宣德朝出现了一个奇怪的现象，一方面是宦官势力的急剧扩张，一方面却是异常高调的对违法宦官的打击，两者并行不悖。这是矛盾，但存在内在的逻辑关联：正因为宦官权势高涨，乱政现象突出，才使得宦官与地方官民之间冲突加剧，宣宗不得不加以采取高压的措施，予以调适。然而，当这一对矛盾达到一种平衡后，新的矛盾将在更高的层次上爆发。

而我们看到，宣宗在处置这件事上，立场鲜明：他不认为差宦官四出是错误的，只是认为宦官应该守分，这表明他对宦官的打击不是针对宦官制度的，如同对贪腐文官的打击一样，只是针对整个体制中个别坏分子的制裁。

而且，他还将全部责任推到了太监袁琦身上，将他当替罪羊抛出来，甚至不惜用酷刑处死这个昔日的亲信。然而，袁琦所为，真的是“欺瞒朝廷，受人嘱托，私遣内使出外”吗？显然不是。可能在派谁不派谁的问题上，作为内官监太监，袁琦存在受贿的情节，但那些出去干办的宦官，却绝不可能全是袁琦“私遣”，他们都是为皇帝无穷的欲望服务的，打着“干办公事”的皇旗，甚至奉着敕旨去到地方的，宣宗怎么可能蒙在鼓里，毫不知情？

那些到内地省份去的宦官，都是为宫廷采买或采办一些土产，比如阮巨队到广东猎虎，宦官到苏州索蛐蛐，以及大批宦官到辽东捕海青、土豹，不都是为宣宗个人的享乐？可能宣宗本人希望他们到了地方，能够安静一些，尽量不要扰民，可这些宦官花了银子好不容易才营到的差使，首先考虑的，就是如何把本钱赚回来，大发利市，哪会顾忌许多！自然会出现宦官“假干办公务为名”而大饱欲壑的情况。好比裴可烈所奉“公事”，根据敕书，可能只是苏、松等府，然而他却私自跑到浙江去，这就属于越界骚扰了。又如征索蛐蛐，按说蟋蟀分布极广，但最好的品种都在水深土厚的北方，比如“蟋蟀之乡”就在山东宁阳，苏州所产蛐蛐并不是很好的品种，为何两名宦官能拿着敕书到苏州来要蛐蛐？很可能也属于拉大旗作虎皮，顶着皇敕，四处要挟官府军民，提出各种无理的要求，让地方有司和百姓不堪其扰，最后把自己送进了十八层地狱。

宣宗私欲太盛，他的心头所好都是派宦官替他去做。结果宦官如破笼而出的饿虎，把地方搅得一团糟。反对声浪高涨，令宣宗很没面子，一气之下，将这些“脏手套”脱下来烧毁，既出了气，也摆脱了责任。事实上，这板子落下来，最应该打在宣宗皇帝的屁股上。

说起太监，我们更熟悉司礼监。司礼监太监是宦官的首领，但在英宗正统以前，宦官地位最高的是内官监。袁琦任内官监太监，从这件事上我们可以看到，当时内官的“题差权”①，仍然掌握在内官监。内官监以此种权力，才被人比作外廷的吏部。然而后世这种权力转移到司礼监。那么这一要权的转移是何时发生的呢？我怀疑就是从袁琦被杀之后。在这个斗倒内官监首席大太监的事件中，我们看到还有王瑾、吴诚、刘宁等太监，他们都是司礼监太监。后者都是为宣宗倚信之人，他们是否会借此机会一举将内廷用人权夺到手中呢？

第五章　自宫潮起

今天的人，对自宫这个词并不陌生，武侠小说里不是有一句话：“欲练神功，必先自宫。”大家都懂的。那么看官可知“净身”何意？

可能有人马上想到“净身出户”，现代人离婚时，常用这个词。它大概不算一个成语，《中国成语大会》这档节目不会拿来考学生。其实“净身”是老词新用，过去的净身可不得了，要下极大的决心，寻思多日，逡巡久之，突然拈起锋利的小刀，“扑哧”一下，孽根落地。人就两条根，一条慧根，在上头；一条孽根，在下头——也有一个“头”。在咱大中国当道的，是中医，中医老先生们一般不舞刀使枪，像华佗那样要抡刀砍人到底是特例，所以惊了病人，自己先挨一刀，掉了脑袋。中医虽不动刀，可中国有“外科手

① 从内廷派出某人去充任某项差使，必须用题本报知皇帝，这叫“题差”。题差权，也就是内府的用人权。

术”。中国历史上最大规模的外科手术，就是阉割手术。到底规模有多大，本书后面告诉您。

人呐，喜欢动歪脑筋，许多歪脑筋不是凭空从心里腾起的，而由雄根一动，歪念上心。孔子说：“食色性也。”孔老夫子是实诚人，承认好色与贪嘴一样，都是人的本性，不像后世的道学家，贪吃了嘴上还不肯认。承认性与任性，是两码事。人任性起来，就要坏事。所以宗教都有极严的戒律。但好东西锁在库房里，不免令人思之念之，技痒难耐，非有极高的克己功夫，是无法断绝尘念的。大概自古帝王深明此理，他们既没耐心也没信心去等候宫中下人慢慢修炼这门绝技，于是选择了一个直截了当且无后忧的做法：阉割！凡入宫之雄，不许携带私藏淫物，必须干干净净，上交“作案工具”——皇帝假定他们见了后宫佳丽三千，是必然要作案的，属于有罪推定。于是事先缴械，让你有心无力，无法作案。这就是“净身”，净身是与入宫相连的。今天是再没人无事上缴工具了，但“净身”这个词并没退入历史的旧货仓库。今日所讲净身，则是男男女女过不下去了，其中一方选择放弃所有财产，赤条条离开原来的户口，净身是与出户相连。

还说古代，在中医盛行、大家都吃药渣慢慢调养的时代，一些人却甘愿受那一刀，承受别人都不必承受的巨大痛苦，他舍弃，必有所求，而且所求者比舍弃者更有价值。我是男人，我知道，没了那玩意儿，作为男人的快乐几乎要失去大半，简直要“生无人色”了！那么那些做宦官的，怎么竟肯舍得？就说《笑傲江湖》里的东方不败，他自宫是为了练《葵花宝典》。他也不是为了练《葵花宝典》，而是为了保持“天下第一”的地位，乃至上升到武学的更高境界——他是达到了。人家李白功夫深，铁棒磨成绣花针，他也做到了，以一根绣花针，稳稳坐牢天下第一。东方不败勤于练功，没工夫亲近美色，住在黑木崖上，也没漂亮大婶儿可以亲近，干脆练到老子天下第一，得到心理的自慰，也是绝大多数男人无法得到的快乐吧！这是东方不败的心理和追求。那么宦官呢，他们的心理和追求是什么？且听我慢慢道来。

佛教讲求六根干净，我愚意以为，“六根”太多，只需修得一根干净，便是菩萨了。入宫做宦官,下面那一根是一定要净的。否则,会出乱子。我举一个比较有代表性的例子吧。此事发生于宫廷,但不是皇宫,而是王宫,是晋藩永和王朱济烺①的后宫。

话说王府有个内使,名叫李诚,他就是属于"自宫不净"之人。因为根不清净,便要乱宫。这位根不干净的李内使,在宫里与宫人私通。到永乐十五年(1417 年)时,奸情败露,永和王夫人②将与李诚私通的宫人杖毙了。大概李诚在宫里也是有头有脸的宦官,故而王夫人拿他没办法,只拿他的另一半出气。李诚哪里肯服气,不知他用了什么诡计,居然诱得朱济烺将夫人及其母一起殴死,算是借王爷之手替他情人复了仇。此事过了二十多年,直到正统六年(1441 年)才为本府军旗告发,李诚被斩首正法。

可见,宦官若不割干净,就是孽障,不仅污秽宫闱,还会害死主子的!

上面这件事隐含了两个信息:其一,早在永乐年间,民间即有自宫求进之人了;其二,早期自宫者多为王府收纳,成为王府宦官的重要来源。

这里我稍微把视野往回放射一下,粗粗了解一下民间私阉的来龙去脉。

中国人有使用阉人的习惯,不单皇室贵族之家,就是地方上(尤其是南方沿海地区)的一些豪富之家,也喜欢收用阉割之人。其实他们倒不一定是为了防止"内乱",家里役使阉人,不显得高大上?整个一"侯门深似海"的标配。这是一种很没人情味的风气。直到明初时依然存在,当时"福建、两广等处豪强之家,多以他人子阉割役使,名曰'火者'"。为此朱元璋在洪武五年(1372 年)五月下诏,予以厉禁。朝廷立法很严,规定:"今后有犯者,以阉罪抵之,没官为奴。"也就是以其治人之道还治其人之身的意思:你不是割别人嘛,来,你也试试!这回,我要为朱元璋拍一次手。读过"明宫揭秘"系列的读者定然知道,我的书里没说过他朱大爷几多好。

---

① 晋藩指晋王(亲王),永和王是晋王庶子所封之王,为藩王。明代制度,亲王约束该支所出诸王及将军等宗室,故永和王可称晋藩之王。

② 王爷的嫡妻是妃,另外还有"夫人"的封号,是朝廷加封王爷之妾的。

《大明律·刑律·杂犯·阉割火者》规定："凡官民之家，不得乞养他人之子，阉割火者，违者杖一百，流三千里，其子给亲。"这一条律应该出现较晚，因为洪武二十八年六月，朱元璋才敕谕文武群臣，宣布"以后嗣君统理天下，止守律与大诰，并不许用黥、刺、剕、劓、阉割之刑"，此时才将阉割作为一种惨刑，予以废止，《大明律》应有相应的条款配合之。

随着宣德年间弃交阯，安南复国，明宫宦官的主要供给线断了。朝鲜也不再向明宫进献阉人，景泰中，朝鲜籍太监尹凤、金兴出使故国，曾传口谕，令朝鲜进献童阉。朝鲜人说："无宣谕则不得擅便以献。"没见到正式的敕旨，您口头说的，怎么能认啊？一个软钉子就把这无理要求顶回去了。那时明朝国力下降，已无力强迫外国进献阉童，从此只好依靠土产了。

到成化以后，宫里基本上就没有外国籍宦官了。但一直到英宗时期，仍有边将擅自阉割所俘夷童进献内廷。如正统年间征麓川，四川一个儒学训导詹英上疏揭发主帅靖远伯王骥、都督宫聚等"故违祖训，擅用阉割之刑，以进为名，实留己用"。既然"以进为名"，说明进献阉人，仍足以成为将领们擅用阉刑的理由，朝廷至少是默许的。

天顺四年(1460年)，镇守湖广、贵州太监阮让阉割俘获东苗童稚1565人，已经奏报上去了，却又病死329人(应该是创伤感染致死，其死亡率超过了五分之一)，阮让便买来同样数目的童子，阉之以充数。这件惨事被人揭发后，英宗不过"降敕切责"而已，并未降罪。然而类似的事情之后就极少发生了，明宫里的少数民族宦官的数量也越来越少了。

随着传统阉人来源的枯竭，对阉人的需求却日益增长，除了宫廷及二十四衙门需要更多的人手，各地王府宗室及官员之家，也都纷纷收养阉人，供需矛盾显得突出起来。

王府所用宦官，按照规定，应该由朝廷统一调拨，不许私自收用。可是各地宗室繁衍，需求量增大，朝廷拨用不及，便出现了私自收用的情况，朝廷称之为"哄诱军民子弟自宫"，经常下诏禁止，然而屡禁不止。

勋戚及高级官员家里使用阉人，朝廷并无禁令。顾起元《客座赘语》卷十引国初禁约榜文："官员之家火者，止许称阍者。"阍者即为阉人的别称。

朝廷虽无明文之禁，但臣子使用阉人，稍微不慎，容易遭到“僭越”的指控，故敢于役使阉人火者的只是极少数人家，用也不张扬。而朝廷对臣下使用阉人，直到正统年间才予以规范，各依其品级准许使用一定的阉人。

总的来说，明代社会对阉人的需求呈上升趋势，同时阉人来源面临枯竭，这一对矛盾的产生，已决定了自宫的兴起。事实上，早在永乐十九年(1421 年)七月，大明王朝已“严自宫之禁”。这是明代国史里第一次出现这样的禁令(后世就很多了)，此处有一个“严”字，说明它是重申以前的禁令，显然，到永乐末期，民间自宫现象已经很严重了。

正因为上层社会存在需求，对于民间失业之徒来说不啻为一条出路。而且无论是入宫为宦官，还是入贵戚之家为奴，都能给自己以及家庭带来切实的好处，故一些人开始在这方面动起心思，自宫的人越来越多。下面是仁、宣两朝关于自宫的禁令及自宫的案例。

永乐二十二年九月，长沙有百姓自宫后上疏，求内府收用。此时距永乐十九年七月“严自宫之禁”不过三年，就有小民公然触碰禁网。当通政司将此人的奏本呈进后，仁宗大怒，说：“游惰不孝之人，忍自绝于父母，岂可使在左右?”此时永乐皇帝刚刚去世，正在居丧的仁宗便以不孝来治他，将此人发为卒，让他去边疆戍边，顺便降降火。

不是说仁宗很反感宦官吗？这些一心想为宦官的人，自然在他那里讨不到好。一个叫徐翊的军人，所属卫分是兴州左屯卫(治所在今河北三河)。他儿子在宫里做宦官，徐翊以此为由，上疏恳乞免除他的军籍。仁宗知道了他儿子是自宫入宫，生气地在奏本上批道：“为父的当教子成才，为人子的当奉养其亲。你有子不能教，致其自伤身体，背亲恩，绝人道，败坏风化，皆因为你，你还敢希图免除军籍么?”下旨将他儿子撵出宫，令其代父服军役——太监也不许他做了!

仁宗见自宫者日众，感触颇多。洪熙元年(1425 年)二月初一，他在武英门召见阁臣杨士奇，先问近日外间都有些什么事。杨士奇答：“臣觉得告讦之风又死灰复燃了，动辄加人诽谤之罪，试图祸及其身家，宜谕法司禁止。”仁宗便把他想说的话说出来：“不只此一件，比如自宫一事，朕最深恶痛绝了，尤须严禁。”杨士奇道：“此事当用玺书行之。”仁宗当即允许，让他再想几件事，与此一并通行（事见杨士奇《东里别集·圣谕录卷中》）。仁宗又召见刑部尚书金纯，对他说：“自宫以求用者，惟图一身富贵，而绝其祖宗、父母不顾。古人求忠臣于孝子，彼于父母尚且不顾，岂有诚心事君？”还表示，“朕已决意不用此等人。然其不孝之罪须惩治，今后有自宫者必不贷。若加人宫刑者，朕亦恶之，盖宫刑下死刑一等耳，亦须严切禁止。”很快，一份要求“轻刑”的诏书，颁示于天下，其中道：“文武诸司自今不许恣肆暴酷，于法外用鞭背等刑，以伤人命，尤不许加人宫刑，绝人嗣续。有自宫者以不孝论。”诏书再次强调，宫刑（阉割）是法外之酷刑，必须严格禁止，而对自宫者，以“不孝”论处。看官，不孝在今日属于道德风尚之事，在古代，搞不好就是“十恶不赦”的大罪哩！

然而，朝廷的意志似乎没有得到认真地贯彻，不久，洪熙元年七月，就有军民任本等数人自宫以求用。礼部尚书吕震奏闻后，刚刚即位的宣宗震怒道：“皇考（仁宗）在位时，曾有自宫者，以其毁伤父母遗体，最是不孝，皆发交阯戍边。今其人尚敢尔！”下令将自宫者循例送往交阯，并再次申明禁约，若后再有犯者，皆照此处理。当时交阯局面岌岌可危，到交阯去当兵，几乎就是去送死。

但即便如此，自宫仍屡禁不止，为此宣德二年（1427 年）七月，命礼部再榜谕天下，重申自宫者戍边之令。

宣德三年六月，出现了一件更奇之事。有个叫傅广的金吾左卫指挥同知，竟然放着京卫从三品的武官不做，自己去了势，表示“愿效用内廷”。可称天下奇闻了！然而宣宗的反应却轻描淡写，他只是说：“此前已有禁例。此人身为指挥，尚欲何求，而勇于自残求进？若勇不畏死，能立功名，何患无高爵厚禄？”如果循例处置，傅广当戍边（只是交阯已失，当改别的边远卫所），可刑部鞫问后，居然准其还职，只是不许他再分管具体的工作（毕竟已经是阉人了）。

此后不久，又有山西镇武卫指挥同知名冯镇者，将其义子宫为火者。此人私用阉刑，按律当用徒刑。可是此人在狱中患病，宣宗对都察院道：

"武人之愚,他们积累功劳很难而犯刑甚易。此人所为本不足恤,但祖宗仁厚之典不可以违。"居然同意冯镇出狱就医。大概此事也就不了了之了吧。

又不久,河南有六个人自宫,为周藩的胙城王收用。周王以为不妥,将他们全送到北京,请朝廷处置。照着宣宗原来的看法,这些不孝之人是绝不可收用的,应该全部戍边,给边镇补充几个不带"枪"的士兵。可周王也太忠心了,别家王府都偷偷摸摸收买阉人,这位王爷却能尊朝廷,这下可算挠到宣宗的痒痒肉了。宣宗一高兴,竟然将这六个人全送给周王,赏给他用!

如此一来,三下五除二,皇帝自破其禁,自宫的禁令实际上已名存实亡了。

从以上记述可见,由于宦官来源匮乏,而宫廷需求量上升。许多人瞅准了做宦官的好处,拼了忍住刀割时那么一痛,忍小痛而成大业。而朝廷一头申明禁令,一头又放任自流,使自宫之风浸盛,特别是愈到后世,愈演愈烈,嘉靖以后,遂为狂潮。这个我们后面再细讲。

第四卷
权阉出场:“国老”王振

本章关键人物:成敬、范弘、金英、郭敬

第一章 初露峥嵘

正统元年(1436年)秋十月的一天,少年皇帝明英宗朱祁镇兴致勃勃地来到京城朝阳门外的将台,大阅禁军将士。

明代的禁军,有宽与狭两个概念。

从宽泛上来讲,京师“三大营”(神机营、五军营、三千营)官军数十万皆是。京营官军(简称京军)平时在京操练,守卫京师,遇到地方上发生动乱或边境告急时,则临时从京营抽调精锐,前往剿杀。在明代中前期,京军是大明王朝当之无愧的主力和精锐。但到正(德)嘉(靖)以后,京军已沦为京油子的容留之地,打仗是靠不住了,遂集体“转业”,变成首都工程队,专门替公家修坟盖房子。朝廷打仗的,主要靠北方长于骑射的边军(北兵)和南方抗倭战争中兴起的、善于使用火器的南军。

从狭义上来说,禁军仅指在京“上十二卫”,即上直亲军卫(后增至二十六卫,如锦衣、金吾、羽林、旗手、腾骧、武骧等卫),他们承担着保卫御驾、

守护皇城宫禁安全的职责。

开国之初,明朝人还有着较强的尚武精神,武官之体统与地位都要高于秀才文官。这与后世"右文"时,连挂印总兵官见到七品御史都要像偏裨之将一样行叉手礼的情势迥乎不同。

尚武的一个表现,就是京郊大阅兵,以及前文提到的"内府射柳"之类的仪式。

古人阅兵,与现代人不同,不是排个方阵,把步枪端得平平,步伐整齐地做"甩腿操",然后什么导弹车、装甲坦克、步兵战车,一列列开过去,战士大呼口号,接受首长检阅。这是亮家底、秀肌肉,不开一枪,不费一弹,算啥"观兵阅胜"?

古人阅兵也不同于演习,红蓝两方,互射空包弹,裹满面灰土,流一身臭汗,假意厮来杀去。明朝人"阅武",带有考核武艺的性质,主要考查将士们有没有荒废打仗的本事。

冷兵器时代的阵仗,最厉害的本领就是骑射。正统元年(1436年)秋天,由皇帝亲自驾临的阅武大会,就主要考较骑射。参加阅试的都是三大营及在京诸卫的武官。他们皆为世职,其父祖随太祖、成祖开国建业、拓疆辟土,以军功获得世袭的武职。

这种世袭的官儿,是祖先浴血奋战换来的,是家传的宝贝,军人世家与大明皇朝共富贵,只要老朱家的朝廷不倒,他们家就有铁杆的庄稼吃。俗话说,龙生龙,凤生凤,老鼠的后代会打洞。打洞是一种基因本能,然而军人之后未必就能打仗。世袭的军人,其军事素质可能一代不如一代,甚至忘了为军之本,身不能胜甲,手不能提刀,腿不能跨马(这正是明代世兵制解体的一个重要原因)。鉴于此,明朝定期在京郊举办阅武大会,含有时刻国安不可忘武的远虑。

此时高高的将台之下,一声令炮响过,原野上万马奔腾,一队队骑士,扬鞭促马,卷着风尘,沿着马道疾驰而过。羽箭遮天,赛如惊飞的群鸟,从雾尘中劲透而出,向箭垛攒射。

年方十岁的小皇帝哪见过这等热闹,不禁喜笑颜开,拍起手来,直呼过瘾。在皇上身旁簇拥环侍的文武群臣都保持着恭谨的态度，不敢随意说话，唯有一名五十余岁的太监毫无拘谨，在人群中指指画画，他俯身告诉皇帝："每名将士均要连发三箭，以中靶最正、最多者为优胜。待其胜出，万岁爷可要优予奖赏哟，以激烈将士的斗志。"小皇帝听了，连连点头。

最后，驸马都尉井源以三发三中的优异成绩，荣膺全军之冠。

井源的妻子是仁宗长女嘉兴大长公主①，论辈分，他是英宗的大姑父。英宗听说姑父力敌万人，荣膺冠军，大为高兴，可忽然想到什么事，不禁犯起难来。

每当遇到疑难之事，他都会习惯性地询问师傅。他涨着因兴奋而潮红的脸，回头问那太监："我该赏些什么呢？"

"随皇上喜欢，赏他就是了。"太监答道。

英宗身穿天子阅兵的礼服皮弁服，浑身挂满珠宝、玉佩，无不价值连城，可礼服上的物事，连襟带襻，哪拽得下来。英宗在身上划拉个空，一眼觑见面前台案上的酒樽。

"把它撤了，赏！"

英宗用手一指，用稚嫩的声音说道。

两旁近侍宦官连忙将金樽用玉盘端了，送下去赏给今天的大英雄井源喝。

英宗此举本无深意，却应了一句古话，叫"才子配佳人，美酒赠英雄"。撤"上尊"以赐大将，自古就有令豪杰激动的典故。皇上赐酒的举动立即赢得将士的热烈欢呼，万岁之声，惊天动地。井源高兴地一饮而尽。

眼见小皇帝开心得手舞足蹈，太监的脸上也露出了微笑。

天子大阅获得圆满成功。可大阅之后，有一句不满的话迅速流传开，成为官场和民间暗中讨论的热点话题："皇帝的赏赐也太薄了！"论者都为井源鸣不平。原来，就在三个月前，司礼监太监王振——也就是那个老太监——奉旨偕文武大臣阅武，同样在将台，隆庆右卫军官纪广名列第一，他

---

① 公主是皇帝的女儿，长公主是皇帝的姐妹，大长公主是皇帝的姑母。

得到的奖赏是连升四级，由正四品的指挥佥事一下子蹿升到正二品的都督佥事。这回大阅，天子亲自驾临，冠军井源应该有“殊擢”才是，如何只是一杯薄酒呢？据说，纪广原不过是居庸关上的一名守卒，因为投靠了太监王振，大见亲昵，才得到此“超擢”。

此类流言的未言之意，对其“话题人物”，是舆论的红色预警气球，它在暗示：王振行事霸道，擅作威福，他眼里已没了皇帝！这在帝制时代，是致命的话题毒药。

这节故事被写入许多历史读本里，作为权阉王振的“一宗罪”，成为英宗正统年间“王振用事”①的第一条严重指控。

正统元年(1436年)秋天的这次阅武，具有标志意义，它既是明朝皇帝最后一次亲自检阅军队，也成为明朝国势由盛而衰的重要标志。由于大太监王振在大阅典礼上公然“僭越无上”，它也被视作宦官干权、把持朝政的起点——“宦官专政自此始”。王振也是明代第一个专权的大太监。

王振知名度非常大，因为他是个有“故事”的人，后世凡论及宦官专权，没有不提他的。然而关于王振的众多观点和言论，充满了傲慢、偏见与错误，甚至是诬词。宦官反对者们将这只死虎剥了皮，挂在历史的“耻辱架”上，随意上纲上线，产生了许多不着调的说辞。苦的是，许多人着了各路“史学家”的道儿，至今还将伪史当作信史。

那么王振本末到底如何，看官莫急，且听我慢慢道来。

第二章　王振其人

在正统之前，关于王振的记载绝少，他就像《杰克与魔豆》里那颗神奇的魔豆，突然从土里冒出来，就呼啦啦升上天了。

---

① “用事”含有专权之意，明代太监被称为“用事”者，除了王振，就是正德初年的刘瑾，巨阉魏忠贤都不够格。

王振是怎么进宫的,一直存在疑问。

最离奇的说法来自明代笔记《闲中今古录》(作者黄溥,明中后期人)。该书称,永乐末年,朝廷下诏,地方学校的学官九年考满[①]乏善可陈的,如已生有子嗣,并且出于自愿,可以准其净身入宫,教掖庭女官读书。王振乃应诏入宫,成为一名光荣的宦官。

此说一出,信者颇多。然而问题是,为何做官不见成绩就要"被自愿"去做宦官?作为读书人的王振如何肯受此奇辱?莫非他有大著作未完成,想学司马迁,忍一段辱,留千古之名?清人查继佐《罪惟录·宦寺列传》解释说,王振九年无绩,法当"谪戍"(即发卫所当兵),他不愿意去,只好阉了做宦官。他与东方不败不同,他是被迫的。

可能有看官看不明白了,当兵就这样苦?竟有人宁可不要"小弟弟"和终身幸福,也不愿吃粮当兵?在古代,军人的地位确实低。不过王振可不是这么想的。原来明初的军人皆出身军户,一入军籍,不仅本人终身当兵,子孙世代都要承担军役负担。所以有人宁死也不愿当兵,为的就是不连累子孙。这有个现成的例子:景泰朝内官监太监成敬,字思恭,他本为士人,永乐二十二年(1424 年)中进士,选为翰林院庶吉士。庶吉士都是"高考"的优等生,一般都会有较好的前途。不料成敬散馆后,却分配了个冷差,被派到山西太原的晋王府任"奉祠"一职——在王府做官,绝对是冷局中的冷局,不仅被人瞧不起,仕途也没多大希望。更倒霉的是,宣德二年(1427 年)初,晋王爷因为谋反罪被削爵,王府上下都受到连累,成敬因为没有预事,从轻免死,被判决"永远充军"。成敬想啊,这下就要遗累子孙了,不如死了好,于是上疏乞死。宣宗可怜他,想弄个什么辙,让他不死呢?思来想去,决定将他"下腐刑"[②],收入宫中为宦官。成敬也是与王府有缘,做了宦官,又被调到王府去做官,这回是到郕王府里任"典宝",侍小王爷讲读(就是教书)。这下方时来运转了!看官定知郕王为谁,成敬如何转运,我就不

---

① 明代官员考课之法,以三年为一考,九年通考,称考满。考满就可以转官了。

② 腐刑、下蚕室,都是受阉割之刑的代称。

说了（事见《内官监太监成公敬传》）。

从成太监的例子可知，为何王振宁可受阉也不愿去戍所当兵了。这就叫长痛不如短痛。如此说来，王振倒是个好父亲。

查继佐说王振是“自宫以进”，也就是他亲自下手，割去烦恼根，然后进宫，成为“宫廷女子大学”的教授——“宫人呼为王先生”。据称，当时入宫的“残疾老师”有十余人，唯独王振一人官至太监。

如果黄溥、查继佐的记载为真，那么在明初做官学的老师，对老师的“小弟弟”来说，实为一件极具风险之事。然而此说不通嘛！老师当得不好，就要被阉，难不成王振教的是生理卫生？再者说了，俗话有云，十年树木百年树人，教官是育人的官，不比寻常之官，难道政绩也可以用 GDP 来考核？

而且，王振并无子嗣，只有两个侄儿，一名王山，一名王林，都因叔叔的恩荫，官拜锦衣卫的世袭指挥，柄锦衣之权。其中王林随王振死于土木之变，王山替他叔叔挨了酷刑，被凌迟处死。明实录上写得明明白白！王振若有儿子，岂不比这一双侄儿还发达？

古人也是冬烘得紧，对此等可疑之疑毫不生疑，野史纷纷传录，王振为教官说遂为信史，还要劳烦清朝人修四库全书时，分心来驳一驳。四库馆臣辩称：

“明太祖不许内侍读书识字，至宣宗时才设内书堂，令翰林二三员为教习，教宦官读书。由是此辈通晓古今，作奸为患，没听说有学官考满净身的。”

四库馆臣的结论是正确的，学官说确属“委巷传闻，非实”。但馆臣言之凿凿，却全凭武断——他老先生没听说，就一定不存在？而且所谓明太祖“不许内侍读书识字”，本就不是事实。大概四库主笔纪晓岚等人整日与贪官和珅周旋，把考据学问都荒废了。

其实，《闲中古今录》的说法，明朝人已驳之，只是四库馆臣未“听说”罢了。

明代后期著名掌故大家王世贞在所著《弇山堂别集》的“史乘考误”

中，有专条驳之，云："王振少时，选入司礼监读书，后为东宫局郎。英庙即位，遂越过老前辈兴安、金英等人，柄司礼监大权。见实录甚详，无所谓教官阉割之说也。"

王世贞所依据的，是权威的明实录。

《明英宗实录》记载，正统十一年（1446年）正月，英宗为表彰王振的劳绩，赐给他一份敕书，将其履历说得清清楚楚。敕书以英宗的口气说话，兹录原文如下，看官权当借机学学古文吧：

尔（王）振性资忠厚，度量宏深，昔在皇曾祖时，特以内臣选拔。事我皇祖，深见眷爱，教以诗书，玉成令器。

王振在英宗的皇曾祖（成祖朱棣）时以内臣选拔，说明他是永乐时入宫的。进宫之后，"事我皇祖（仁宗）"，王振应在东宫当差，服侍还是太子的仁宗。仁宗很喜欢他，用心栽培之，教以诗书，希望他成为一块美玉。可见王振读书是在入宫以后，而不是先为教官，带着一肚皮学问进宫的。

敕书接着道：

肆我皇考（宣宗），念尔为先帝所器重，特简置朕左右。朕自春宫①至登大位，前后几二十年，而尔夙夜在侧，寝食弗违。

原来宣宗也很看重王振，命他侍奉刚刚立为太子的英宗。从此二十多年，朝夕在侧，连睡觉和吃饭都不离开。难怪王振与英宗亲如一人！

王世贞说，王振任"东宫局郎"，应是东宫典玺局郎，这个职务简单说就是东宫的宦官头子。看官，不要以为敕书说"夙夜在侧，寝食弗违"，就以为王振不过是照顾英宗起居的生活秘书。其实王振不单管生活，更管太子的思想教育与读书成长。他是东宫的"辅导内臣"，是太子的"内老师"。所

---

① 春宫即东宫，是太子所居之宫。

以太子即位后，王振立刻沐“从龙之恩”，顺理成章地在司礼监握了大权，并且超越诸前辈内臣，成为正统朝“权倾中外”的人物。

王振写过一份自述材料，刻于石碑，至今尚竖立于北京智化寺内。这篇《敕赐智化禅寺报恩之碑》说：

（臣）生逢盛世，爰自早岁获入禁庭，列官内秩，受太宗文皇帝眷爱，得遂向学，日奉诲谕。

碑文说他幼年（“早岁”）选入内廷，得到永乐皇帝的眷爱，有了读书的机会，从此好好学习天天向上——瞧，王振自己也说，我是进宫之后才读书的，“小弟弟”也不是因为做教官不合格弄丢的。自然，他也不是自宫成宦官的。

王振在宫中读书时的老师都有案可查。据雍正《江南通志·高迁传》记载，高迁在永乐时任行人司“行人”，曾奉使日本，回国后，升翰林院编修，一度在皇城东安门“教诸阉”，王振便出其门下。王振不忘师恩，后来做到司礼太监，见到高迁，仍行门生之礼。

王振知礼，说明他书读得好，所以出学后，即选拔到东宫侍奉皇太子（仁宗），又因他做事“小心敬慎”，很快被“委以腹心之任”，成为仁宗的心腹宦官。

王振在英宗正统以前的史料中，据我所见，总共只出现过三回，以时间为序：

头一回见《明宣宗实录》。宣德元年（1426 年）七月的一天，左都御史刘观奏请决囚，当日应处死的强盗及杀人等重犯一共七十人。宣宗一见死囚这么多，心生怜悯，就对刘观道：“这些人固然法不可宥，但朕怕其中还有冤屈，你们都察院再重新审查一次吧。”可刘观坚持：“已经复查过多遍了，肯定没冤枉的，今天一定要处决。”宣宗只好答应。退朝之后，就派太监出来，找到刘观，正式传谕：“今日暂免决囚，尔等把死囚所犯之罪写下来，朕详阅之。”这位太监是谁？正是王振。只是实录没有载明他是哪一监的太监。但他能代表皇帝出来传旨，说明王振早在宣德初年，已经是非常亲贵的近侍内臣，而不是像多数人误解的，他是伴着英宗即位才发迹的。

第二回见明人葛寅亮辑《金陵梵刹志》卷二《钦录集》，这一卷辑录的都是历代敕谕圣旨：

宣德五年五月二十九日，司礼监太监王振于端拱门钦奉圣旨："恁写帖子去，说与杨庆等知道：洪保奉南京金川门外路东、西有空闲菜地二处，与静海寺、天妃宫常住僧道栽种。文书到日，拨与他种。钦此。"

此事缘因南京太监洪保进献菜地两处，宣宗让王振写帖子给南京守备太监杨庆，让他将这两块地分别拨给静海寺与天妃宫。这道敕命被刻成碑文，收入《金陵梵刹志》，它分明记着，王振是司礼监太监。

王振第三回出现，仍见于《明宣宗实录》。宣德九年九月，宣宗率师巡边，将离开北京。出发前，任命众多勋戚大臣在京留守。敕书要求留守官员"小大之事须措置得宜，遇有警急机务同太监杨瑛等计议施行"。这位杨瑛是当时内臣的总头子。宣宗又交代内府事务，命太监杨瑛、李德、王振、僧保、李和等"提督皇城内外一应事务"，把皇城内的事全交办给这五个人。从敕书列名来看，王振的地位非常之高，但还不是最高的。

通过以上史料的梳理，王振发迹轨迹甚明：他在永乐中选入内廷，拨司礼监书堂读书，完成学业后拨侍皇太子（仁宗）于东宫，为太子器重，成为日后发达的第一个契机。宣德年间，王振已擢升司礼监太监，并兼任东宫典玺局郎，得以侍奉英宗，并在英宗即位后，成为权盖一世的大太监。

王振的履历，只需稍加点检，便知教官出身说不可信。那么为什么大家在这个问题上都偏听偏信呢？想来因为宦官专权，参预朝廷大政机务，主要靠其知书达礼，熟悉儒家经典与国朝典章，不读书不成，书读少了也不成。再加上人们有个误解，以为明朝宦官读书，是宣德开内书堂之后的事，在此之前，宦官们个个都是刘、项——"原来不读书"的。所以当王振奇崛而起时，人们因搞不清他的来路，也不相信他是内府教出来的人才，便想当然编了一个教官不合格而以阉代罪的故事。

第三章　司礼监的机遇

的确,司礼监的活儿,不是大老粗和憨子能干好的。

前文已讲过,司礼监在宣德时代取内官监而代之,成为内府第一署和二十四衙门之首。然而司礼监不是突然崛起的,它本来就是重要的内监衙门,掌管内府监察与御前文字,相当于外朝的都察院。但它能超越内官监,还有一个关键因素,即仁宣时期形成“票拟—批红”制度,司礼监的职权被紧密编织进新的章疏流通机制中,这是它参预机务的职能基础。

明初,政事处理的经典形式是“公朝理政”:皇帝高坐朝门之上,各衙门官员轮番奏对,请示公事,由皇帝当朝决断,批出施行。这一形式实际上出自朱元璋的独创,是他在废除宰相后主要的行政方式。朱元璋偏执地认为,皇帝在朝会上亲断国事,朝政与众共之,万众瞩目之下,“奸臣”难以遁形,可以确保权力集中在君主一人之手。

但这一制度的弊端也是显而易见的,朱元璋见其利,却不见其弊。

首先,新的制度要求皇帝具备丰富的政治经验与社会阅历,还要拥有极高的智识,慧眼如炬,且性格机敏,行事果断,才能对如山的政务从容判其轻重,准确把握朝政的走向,对朝廷复杂的人事关系及布局了然于胸,举重若轻,临机悬断,爽然无碍。这么多优点,我写着都流汗了。一个朝代,恐怕除了开国之君,再没人具有这样全面的能力吧。且一般来说,一个王朝帝王的素质,往往是一代不如一代,这是个规律,那岂不是越搞越砸?

其次,每日天不亮上朝,对皇帝及群臣的体力和精力都是严峻的挑战,特别是迁都燕京后,北地天寒地冻,上朝更成为一件辛苦之事。并且一次早朝就处理十几件公事,还多是例行程序,本来只要相关衙门的官员到场即可,却把那些不相干的中低级京官、卫所武官,乃至国子监学生都拉来陪站,每日里几千人聚在奉天门广场上山呼舞蹈,随后各自散讫。这么做其实既浪费时间,亦无必要,京官们对上朝都颇觉厌苦。所以在宣德年间,开始出现大规模的“懒朝”事件，官员们想方设法逃避朝参，其手法五花八门，虽经多次申饬，毫不奏效，经常几百人无故不来上朝。有一次宣宗见来朝的人实在太少，命人拿签到簿子一点，竟然有一千多人没来！这让宣宗大为不满：“老子天天搁这儿戳着，你们倒溜了！”看官，这话是我想象的，宣宗原话怎么讲，史书没有记载，我只好设身处地打个诳语。总之宣宗非常生气，当即令科道官点名，对该来不来的按其缺勤次数给予处罚。

第三，年长之君即便没有能力，瞪着眼在朝堂干坐总能敷衍过去。可是，如果嗣君年少，要么尚在童昏，要么还在抱持之中，那该怎么办？总不成奶娃娃皇上由奶母抱着上朝，一边嘬奶一边听大臣奏事吧？皇上理不了事，朝廷就得停摆么？

当宣宗在三十八岁的盛年突然去世，年方九龄的皇太子朱祁镇继位，正当冲年，稚气未脱，这问题立马变得现实起来。

少年做皇帝容易，上朝却难适应：第一桩大难事便是难得起早床；即便把小万岁爷从热烘烘的被窝里硬拔出来，也难以在朝门久坐；即便稍能坐之，也无法在公朝这“万众瞩目之地”批发奏章，处理政事。试想，那娃儿刚在龙椅上坐定，忽一群老头儿拥上前来，磕过头，奏一大通莫名其妙之事，最后请问陛下，此事当如何处置？小皇帝不被吓蒙，也要急哭了！——压力，真是山大呀！

大明在建国六十多年后，忽然遭遇到一次政治危机。这是有宰相的时代不可能出现的危机。可以说，朱元璋的“苦心孤诣”，非常缺乏长远眼光，是典型的顾头不顾腚。

幸亏大臣们很快议出应对之策。

然而做臣子的，不敢轻动祖制，重新来个“顶层制度设计”。尤其是朝代交替的特殊时期，大臣们都十分谨慎。因为越是小天子在位，越要避嫌，如果心血太热、当先锋之心太急，搞不好会惹来一身狐臊，被人说成欺负孤儿寡母（此时宫里只有一位小皇帝和两位老娘娘——祖母太皇太后张氏和圣母皇太后孙氏），那就有篡逆不道之嫌了。

所以大臣们想的辙儿，只能在祖制的圈圈儿里打转，不过是敷衍弥缝之策罢了。

经过阁部大臣与司礼监会商,他们想出的法子,就是依托常朝(早朝),编制一套君臣应答之辞。考虑到“主少”的特殊情况,词句非常简单,小皇帝只需照本宣科即可。

朝会上的公事,按其类别,各有相应的“答旨”,所谓“御门常朝答旨”的程式,比较有意思,跟演戏差不多,我来给看官学学——

好比第一类,有如下几种情况:官员奉命祭祀复命;官员升迁,面君谢恩;地方官或出差京官到京陛见;还有各衙门奏事,奏稿里没有“请旨”字样的。这四种情况,皆属例行之事,不劳皇帝开金口,官员跪在下面,奏完即自动退下。

第二类,其实也都是例行之事,如某个祭日,主管祭祀的太常寺奏请差官祭祀;京营武官奏请祭旗,京师旗手卫请祭旗纛神,并六月初六日请晾晒旗纛;吏部与兵部奏请颁给文武官员诰敕,尚宝司官员用宝、请宝、捧宝(宝指玺印)及奏请金牌。这些事,圣旨只需答“是”一个字就够了。

还有几类,也要请皇帝“答”一下,也是不多几个字。

如第三类,官员奉差到外地公干,走之前来与皇帝面辞,其中有些差使颇重,需要领取敕书(如巡按、巡抚某地),待叩头完毕,圣旨要说:“与他敕。”

于是捧敕官承旨,取出早已准备好的敕谕,走下去交给出差官员。

这里又分应赐酒饭与不赐酒饭,若是要赏饭的,待叩头毕,皇帝当补一句:“与他酒饭吃。”

与他酒饭吃的官员,又分应赐银两表里与不赐银两表里,若是前者,待叩头谢过酒饭,皇帝又要加一句:“与他赏赐。”

再看第四类情形,是通政司奏事。

通政司是收取奏进天下本章的衙门,在奏事前一日,该司官员要预先进“面帖”,好让内阁提前知道奏事内容,决定该分发给哪个衙门,并拟好答旨,由皇帝当朝批答。如该发吏部的,皇帝答:“吏部知道。”其他该下户、礼、兵、刑、工等部的,都照此套,答:“某部知道。”该下都察院的,答:“都察院知道。”如是京外本章，则答：“该衙门知道。”

还有几类情形，如“六科”之一的吏科进旨意题本，兵科进守卫官军揭帖，皇帝答旨，只消说：“接来。”御座两旁侍立的司礼监官，随即承旨，将题本、揭帖接上来。

朝会礼体甚重，非常辛苦，不免有官员发生“失仪”的情况。负责“纠奏失仪”的御史与鸿胪寺序班发现了，必须当庭弹劾，向皇帝指出某人的过错。如果是大过，圣旨说：“锦衣卫拿了！”如是小过，圣旨则说：“饶他。”

皇城旧规，在夜里会时不时派人从门缝里忽然往外递出一把钥匙，或者从城头扔下一些食物衣服等细软，以此考验“坐更”的禁军是否尽职。宫中防范很严，往外递钥匙者，必为奸细，而往外抛东西的，定为内盗。禁军将领不敢马虎，接得钥匙，须当即递回，表示：别闹，我看着呢！次日兵科引奏，皇帝不必答话。如果禁军在巡察时发现由内扔出细软等物，应立即收起，次日早朝，仍由兵科引奏。这就是尽职的表现了，皇帝当说：“赏了他！”

看官瞧，朝会上兴的这一套，与做戏无异呢。朝会自正统以后，已不务实，也就是热热闹闹、虚头巴脑一场戏，皇帝坐在朝堂上，宛如傀儡。然而士大夫们却将它看得很重，以为不举行就要丧家亡国。

说它是戏，缘因朝会上的一切举止都是事先排好了的。比如吏部引奏各衙门“知印”官，都察院奏差御史到外地巡按，其实人选都是定好了的，皇帝听了奏，不须认识这些家伙是否有能力，更不必亲身考查他们是否合格，只需对吏部说：“着东西边跪的五个做。”对都察院说：“着东西边跪的去。”差使就算得到皇帝的当朝认可了。

如果皇帝一时搞错了左右，该部院就要再请一次旨，而一旁司礼监也会提醒，于是皇帝重颁纶音，按照事先预定的暗号，让“东西边跪的”去——这皇帝，是不知贤愚，只识“东西”！

到了年底收官时，各衙门需要“类奏差错”，相当于年终总结，坦承这一年工作出了哪些差错。皇帝对此，应如此答旨：“你每（们）说得是，且都饶这遭。在外的，还行文与他每（们）知道。”

所谓例行公事、公文旅行，而不解决实际问题，这种行政上的弊风，从明朝就开始了。

明代政治里，灌注了太多的形式主义。比如每月初一日，顺天府（相当于今天的北京市政府）主要领导，要领着本地“耆老”，也就是德高望重的市民，到皇城来听宣谕。这话要皇帝亲口说出，鼓励百姓好生农耕、织作。又是一套“例话”，谕词由内阁先期拟好进呈，司礼监请皇帝过目后，录一副本，袖在袖子里，等下面耆老把他们的套话加废话说完，将副本拿出，请皇帝照着谕词念一遍，就算了事——原来开会读文件，是从这儿开始的！

这种事，别说皇帝，就是你我凡胎，搞一回都要吐！恶心不？果不其然，皇帝念了几回就不念了，让司礼监官将录有谕词的副本直接交给耆老就得。再后来，耆老听宣谕的活动也不了了之。可笑万历时做宛平知县的沈榜，在写作《宛署杂记》时，还为此很发了一通感慨，说可惜！依我看，一点都不可惜，繁文缛节、假大空，少一笔是一笔。

上面说了那么多，看官是否脑洞大开？原来堂堂朝会，就是一场歌舞秀（朝会要奏乐，还要摆列鼓乐，朝参官员在“嵩呼”时又蹦又跳）、一次堂皇的政治表演。

话说回来，中国古代的礼仪活动，没有不蹦跳的，只见那治国理天下的精英们，一忽儿趴下，四体投地，一忽儿蹿起，举袂向天——老夫子们，您确定不是在舞蹈？就连那凡事都跟明朝学的“小中华”朝鲜，都暗笑天朝的宗庙之礼像跳舞哩！所以我说，不要以为汉民族没有歌舞细胞，只是汉族之舞蹈、之律动，都是一本正经做的，你要嘻嘻哈哈来瞧景儿，被御史抓住，是要打屁股的（纠仪）。

听我道罢，您可笑了？如果没笑，只能怪您太严肃，久而久之，失去了快乐细胞。说实话，若我能穿越回明朝，旅游线路第一站，一准儿定在北京的朝会上！

朝仪本是朝廷礼仪之至重者，可您听我一说，才知朝堂之上搞的竟是这种把戏，是否跌掉眼镜？其实，这也是不得已之法。天子要坐朝上听断政事，可小皇帝暂时没这个本事，只好捏了鼻子哄眼睛，掩耳盗铃，假戏真做。

然而，自正统初年专为小皇帝创设了这一套新的“答旨”制度，从此皇帝坐朝与木偶无异，不能多置一言，亦不必多置一言，一切奏事答旨，皆有定规。臣下奏事，战战兢兢，一句话不到位或稍微失言，即遭到纠仪御史的严厉弹劾。这种表演，既严苛，又做作，还非常无趣，所以后世凡稍有才情个性的皇帝，都没法安生地在朝上坐着。是我，也不爱做这样的傀儡！

看官不要以为，除了那几句固定台词，皇帝还可以唠点别的。是的，嘴巴长皇帝身上，他说也好，唱也好，无人敢 say cut，可是，正因为朝会“礼体甚重”，皇帝坐朝门上，那么多双眼睛盯着他，他可不敢轻言。一则怕话说错了，或者所发表的“重要讲话”一点都不高明，授人笑柄，有损天子威德；二则那时没有大喇叭，你吧啦吧啦讲半天，朝门下根本没人听得清，讲了也白讲，不如不讲。瞧庙里的菩萨从来不开口，显得何其威重！

皇帝就是要讲话，也只能在散朝后，小范围召集几位大臣，开个小型茶话会（其实并不奉茶），称之为“召对”。明初几位皇帝，还时不时召见大臣议事，不是在右顺门，就是在文华殿。英宗即位，还是个小孩，坐在朝上，往下一望，叔叔伯伯还有老爷爷们，两眼一抓黑，全不认得。召对个屁呀！只好凡事就教于太监，尤其是从小就随侍身边、精明强干又聪明智慧的司礼太监王振。虽然外臣都喊“宦官不可干政”，可在小英宗眼里，宦官那可不是外人！

自英宗初年搞了这么一套新规矩，从此成为定制。虽然说好的，这是因为皇帝年岁小，不得已实行的“从权”之法，可制度行久了，惯性与惰性一并养成，就成定制了，英宗成年后也没法再恢复旧制。从此皇帝在朝会上坐一坐，纯粹只具象征意义。

这样的朝会，一切都是履行程序，体现“政令自天子”出，其象征意义远高于实际意义。显然，这样的朝会是不理政的，真正推动朝廷政事运转的，是另一套系统，那便是与之相应而生的“票拟—批答”制度。

在这个制度下，章疏的流转与处理程序如下：

第一，中外本章，在京者（含内官本）于左顺门投进，朝廷在此专设“接本官”（宦官），接收并簿录京官所上本章；京外官员的本章，则由通政司奏进，亦由收本官收进。

第二，本章收进后，由御前“传本官”（文书房内官）发到内阁，由阁臣做初步处理，或径直提出处置意见，或按其职掌，将本章下发到某部（称“该部知道”）。该部官员在左顺门接本，回衙门后，就章疏内容进行商议，提出处理意见，即“部复”，如果需要召集多个衙门一起商讨，则称“会议”。

第三，部复本再次呈进，仍由御前发内阁，请阁臣票拟（在部复的基础上做出批示，用墨笔写在纸票上，黏附于本章中。阁臣可不许在本章上乱写的！）过后，再由收本内官奏进。

第四，皇帝在司礼监的辅佐下，参照阁臣墨书票本意见（阁臣用墨笔做出的批示只是参考意见，大主意还得由皇帝来拿），在奏疏上用朱笔做出批示（是为批红），然后发外施行。

如果皇帝对某些本章持保留态度，决定不予发出，称为“留中”。

在票拟—批红制度之下，政事的推动，主要依赖于公文的正常流传。对于政事，部院衙门基于其职掌，提出相应的意见与建议，但是否采纳，首先得听取内阁的意见（票拟），内阁意见在很大程度上会影响最后的决策（批红）。但真正拥有最后决定权的，是一支朱笔，然而当皇帝最后落笔时，司礼太监有条件施加最后的、也是至关重要的影响。

相对于朝臣百官，阁臣与皇帝亲，而相对于阁臣，司礼太监愈亲，司礼监对皇帝决策的影响力，无疑是要高过阁臣的。而且，从程序上来说，内阁的票拟受制于御前的批红。

许多时候，皇帝授权司礼监代为批红，当然，批红的内容必须得到皇帝的首肯，否则即是欺君，那是大罪，假如运气不好，碰上皇帝不开心或抑郁症发作，搞不好要掉脑袋。看官你不要以为，宦官朱笔在手，就可以随意颠倒，欺上瞒下。宦官掌握的批红，从本质上来说是秘书工作，类似抄写、复印，可不敢辄谓之“大权在握”。

我们了解了这所谓“监阁双轨制”的流程，便知道为何后世无论阁权如何坐大，都无法抛开司礼太监自立（反过来，对司礼监亦如是），必须与之配合，且往往不敌司礼监的缘故所在了。

这套程序是英宗即位后开始施行并固定的，它的最大毛病，在于决策的隐秘化：本章奏进去，在内府完成公文旅行，到最后批出来，外臣难以确知，这最后的决策，到底出于“圣断”（皇帝的本意），还是内阁掉笔作弊，抑或是司礼监从中捣鬼。

当然，朝臣有意见，可以对着皇帝来，因为批红毕竟代表着皇帝的态度。但多数时候，他们却抛开皇帝，将攻讦的矛头指向某位阁臣或司礼太监，认为是他们在票拟或批红的环节，徇私舞弊，欺上瞒下，用私意影响或蒙蔽了圣意。

可是具体情形如何，外臣哪里搞得清楚！攻讦之言往往出于猜测，特别是在明朝后期，阁臣权轻，常常受到无端的攻击，而难以自明，根子就在决策的隐秘性上。

但明代只听说过权重的宰相，未闻有专权的阁臣，而干政用事的大太监却有一大把。这表明，相对于已经比较隐秘的票拟权，批红的过程更为讳秘，而票拟尚为决策的参考，批红则已为圣意的表达，司礼监太监出来传旨，他就是“口含天宪”，不管他是否假传圣旨，至少他能做到狐假虎威。

事实上，宦官假传圣旨的情况极为少见。他们主要利用离“天”近的优势，在影响皇帝决策上处于一个更加有利的地位。当大臣们设计了那样一套形式主义的朝会制度，让皇帝在朝堂上做木偶时，殊不知司礼监也暗度陈仓，把退居内宫的皇帝变成了一具牵线木偶，从中获得了实实在在的政治红利。

检明代碑刻，除了“典礼之臣”“参秉内政”这类表示司礼监在内职掌的说法，还常见“大司礼枢辅”“筦内枢”“辅导经纶”“入典内枢”“秉国之钧”“进居司礼，入典枢机”这样一些形容其参决机务、辅弼朝政的词汇。当某内官“朝廷倚赖隆重”，仕路如锦时，“人咸以内辅望之”，希望他“登翊圣皇，匡弼大柄，执掌司礼”。这些碑文的撰写人都是士大夫，可见司礼太监“典枢密、同辅导”的职责已为普遍的共识。

这就是为什么在英宗之前，大太监层出不穷，却只有到了正统年间才出现擅权“用事”的权阉。同样是大太监，黄俨寄命于皇帝的恩宠，而王振之深衔帝恩之外,更有了制度的保障。这是两位大太监的不同之处,故黄俨之后未必有黄俨,而王振之后必然有王振。

第四章 “三杨”的失败

英宗小小年纪继位,臣民期待这个孩子能够在以“三杨”(指三位内阁大学士杨士奇、杨荣、杨溥,三杨也是内阁的代称)为首的老臣的辅佐下,大兴文治,给大明的盛世带来新的气象。然而结果却适得其反,众所周知,大明的“黄金年代”在十五年后的土木之变中烟消云散。这怪谁呢?当然该怪死太监啦!死于土木之变的太监王振,是大厦倾覆的最好替罪羊,不单替皇帝之过,也打包替了群臣之罪,他还是真是生猛啊!

对于这段历史,历来史家是这样给评语的:英宗初年,正当辅臣们雄心勃勃,积极讨论开经筵,将皇帝培养成一位学问渊博、儒学涵养深厚的文治天子时,太监王振却诱皇上阅武将台,开启皇帝游戏之心,并借机在阅武场上一手遮天兴风作浪,其意不过狐假虎威,压制群臣。

或者说,本来一条光明大道已经修好了,可小皇帝硬生生被坏太监引到邪路上去了!

一次小小的阅武,在后人一惊一乍的评价中,竟成了明王朝盛衰的主要标志和分水岭。

这个逻辑可真是奇怪,明朝本以武兴国,英宗的爸爸还经常亲自阅兵,怎么到了英宗这儿,检阅一次军队就成走“歪路”了呢?他明明走的是传统的老路嘛!

事实上,以“三杨”为首的大臣们,希望通过开经筵、日讲等皇家课程,加强对皇帝的教化培养,试图通过圣学经典与儒家齐家治国之道的熏陶,使皇帝“尊文”。这对大明王朝来说,其实是一条“新路”。因为从明朝建立始,在“右武”的理念下,文官的地位始终不振,长袖善舞、呼风唤雨的,都是勋臣武夫。从废除丞相和中书省的那一刻起,文官集团的政治理想已遭重挫。建文帝稍一“右文”,即遭失败。永乐因武而兴,武臣地位如故,同时一个新的政治力量——宦权迅速崛起,在这样的大环境下,以士大夫为主体的文官们,经常地处于被动的和弱势的地位。

在短暂的仁宣两朝,这种状况得到一定程度的转变,比如朝廷派出中级京官到边镇,入总兵之幕,帮助处理军机文书,实已开文臣参预军政之渐。宣德及正统间,不断有高级文臣被派往外地,或巡抚地方,或参赞边方军务,文官权力获得极大的扩张。遂于正统时期,在边疆与腹地(合称“边省”)普遍形成“三堂体制”,其所体现的政治权势的沉浮关系是:总兵官地位持续降低,宦官地位合法化、固定化(过去只是临时差遣),而提督、参赞军务及巡抚都御史等文臣作为新兴力量,权力显著上升(过去地方最高文臣不过是布政使),乃“三堂”颉颃相制,共为地方之主。

在英宗正统时期,内阁“三杨”辅政,他们试图凭借这一优势地位,重振文臣的权力,恢复自宋代以来形成的文人士大夫主导政治的局面。

以阁、部为首的文官集团,经历了长期的压制与分解之后,重新吹起集合的号角。然而,当他们继续发起冲锋时,面对的主要对手不是势力急剧衰落的勋戚武臣,而是权势迅速扩张的宦官集团。

经过洪武朝的奠基、永乐朝的坐大,宦官在宣德十年间,其扩张之势与体制化、外臣化的进程远远超越了洪永时代的限制。于是内外两股增长的力量很快就不可避免地交汇、融合、冲突、碰撞了!

在少年英宗即位后,三杨立刻会同礼部,积极制订教学计划,很快推出“经筵”仪注。

皇帝的学习课程,分经筵和日讲两种。经筵这个词宋代就有了,但经筵形成完整、规范的程式,还是在正统初年,此后一直到清代,经筵形式趋于固定。

明代的经筵分春、秋两讲,讲期到来,每月逢二日(二日、十二日、廿二日)开讲,由爵位最高的勋臣担任“知经筵事”一职(这是荣衔,在正统初年是英国公张辅,他也是辅政大臣之一),内阁大学士则任“知经筵”或“同知经筵”;开讲时,六部尚书侍班,陪同听讲,另外还有展书、侍仪、赞礼等官。

我想啊，当小皇帝往御案后一坐，见一众老头儿鱼贯而入，肃立两旁，这个小学生一定以为是教育局的领导们参观考察来了呢！皇帝读书时，能坐在教室里旁听，是极大的荣誉。王振就特地让他不学无术的侄子王山（时任锦衣卫指挥同知）在经筵时侍班。

经筵仪礼异常烦琐，好比"展书"一职，由宦官担任。具体干什么呢？就是翰林院讲官讲到哪儿，他负责把讲章翻到哪儿，皇帝只用瞪大双眼、支棱起耳朵听就好了，连书都不劳他翻的。

依我看，这么个搞法，反而不利于皇帝听讲，是惯坏皇帝的节奏！皇帝他动动指头，会死吗？这副架子也摆得太离谱。明朝皇帝多活不久，与四体不勤而一"体"太勤有着莫大干系。如果他们有机会多活动活动胳膊腿，每天围着紫禁城跑两圈，定然有助于增寿。

与经筵相比，"日讲"具有日常学习的性质，仪礼较为简略，故又称小经筵，或小讲。按照"学制"安排，只有皇帝一个学生的内廷皇家学校，除非盛暑或酷寒传旨免讲，其余时间是不能随意逃课的，按时听讲才是好皇帝，否则即是荒怠。而讲授的内容多为儒家经典，讲官据圣人之言发挥，讲解经国之道。

我不说，大家也知道，所谓的"经国之道"都是些啥道道，不外乎亲儒臣、远小人之类。宦官，总是被自动列入小人队伍里的。而一讲历史经验，防止宦官干权必是不可回避的内容。

您想想，经筵举行时，大大小小宦官站了满地，他们听外朝"酸子"（酸子是内廷对文臣带着嘲讽的谑称）讲课，尽是些"小人、权阉"的话头，他能高兴得起来？所以，每逢开讲，文臣与宦官之间，都较着劲呢！

需要指出的是，皇帝出阁之后的正式教育主要通过经筵、日讲的形式，而皇帝的启蒙教育和宫廷日常学习辅导却由宦官一手把持，外官很难插得进手。

俗话说，三岁看大，七岁看老。皇帝自小生长于阿保宦寺之手，身边团团转的都是宫妇阉人，又由懂文化的宦官开蒙，这些耳濡目染的"讲稿"，岂不比那累人又烦人的经筵课程更易入耳入心？秀才们指宦官皆为奸邪小人、心术不正,皇帝还觉得他们关心体贴,甚为可亲呢!

总之千言万语的忠谏,不敌人家一颦一笑,明代的皇家教育,总体上是失败的,多数皇帝对参加经筵、日讲,听老夫子唠叨些陈词滥调感觉厌倦。

到了万历时,一位阁臣眼见神宗不愿出来听讲,动辄让太监传旨"免讲",便逢君之意,提出一个折中方案,说皇帝因事免讲时,可由讲官将讲章(即讲义)进呈。这下好了,神宗见坡下驴,以后干脆只让讲官进讲章,由他自学,而不必出宫来听课了。由是君臣愈发隔绝。

所以说,当"三杨"制定那么烦琐的经筵日讲程式,看起来是"尊君"了,却完全达不到教育引导甚至争取皇帝的初衷。

后人评论,须当冷静。皇帝不爱做木偶,听一帮老头儿之乎者也,并不代表他们不好学,或进而错误地以为,皇帝不听经筵的课程,就是文盲一枚——许多人就误以为熹宗天启皇帝是个文盲,这是无知妄言,大错而特错!

再举一例,神宗万历皇帝很不喜欢参加经筵、日讲,可他却是一个标准的"读书控",每天花很多时间来读书,所读之书非常驳杂,他的书目里的许多书,还是市井里非常时兴的畅销书。他经常派宦官到书坊里替他搜罗新书。通过大量的阅读,他虽身处九重,罢废讲筵,却不是个什么都不知、耳目闭塞之人。

前话稍稍跑题,接着还说"三杨"。"三杨",代表了明代阁权增长的第一次高潮。

内阁设立于朱棣即位之初,但整个永乐时期,都谈不上"阁权"二字。内阁学士们只是皇帝的亲近儒臣,陪在皇帝身边,随时供他咨询,有时候代笔,写几篇"大文字"。

朱棣不是一位有容之君,他身边的近臣动辄得罪,阁臣亦不能免。最早的七名阁臣,解缙被杀,黄淮监禁十年,胡俨改官,杨士奇辅导东宫多次入狱。在整个永乐朝,始终蒙宠者,只有三位——胡广、杨荣和金幼孜,他们都在永乐后期荣升大学士。

胡广与杨荣原本是建文帝之臣,当靖难大军入京时,他俩改旗易帜,比兔子还快,虽然德行差点,但才干确实优长,很快成为新皇帝驾前的红人。永乐中期以后,内阁名存实亡,胡、杨、金三人都以翰林学士的身份扈从,其中胡广得宠最深,他死后,论文官宠臣第一,就非杨荣莫属了。

杨荣此人,论“德”自然是亏输的,但他能力过人,为人又玲珑,并不恃宠而骄,对皇太子一党的人颇为照拂,所以太子登基后,他仍被留在内阁,但“首辅”之位自然得拱手相让于太子的亲信杨士奇和黄淮。

杨士奇原是阁臣,当朱棣第一次北巡时,改留南京,辅导东宫。杨士奇辅导东宫尽心,在太子即位后即复入内阁,振作声威,以后长期居首辅之位,在仁、宣、英三朝领袖群伦。杨士奇在道德上有很大的内伤,早先还有“名相”之誉,但愈到后来,声名愈挫,明朝人对他的评价越来越低。幸亏明初内阁权力还不是太大,否则杨士奇要被论为奸相了。

黄淮和杨溥也在仁宗即位后入阁。黄淮与杨士奇一样,也是初为阁臣,后转出辅导东宫。此人不如杨士奇圆融,脖颈里顶着一团亢然之气,所以受到极大的挫折。他在永乐十二年(1414 年)下狱,坐牢一直坐到太子登基才得以出人头地。杨溥与黄淮可谓同病相怜,也吃够了十年牢饭。在仁宗眼里,这些昔日宫僚都是代他受过,而他是个知恩图报的人,所以上台后给予他们高官重爵的补偿。

一时之间,内阁热闹非凡,除了前朝留下的杨荣、金幼孜,又添进杨士奇、黄淮、杨溥和权谨。但其中唯有杨士奇、杨荣和杨溥声名最著,始终荣显,被后世合称为“三杨”。

虽然内阁在永乐之初即开设,但直到仁宗时,才逐渐成为皇帝真正倚重的机构,尤其是三杨等人,长期在内阁办事、御前行走,又都加了“三孤”(少师、少傅、少保)的崇衔,以尚书衔兼领大学士,位高权重,遂使得“阁权”第一次得到彰显。

他们一得势,正好与权势飙飞的司礼监碰上了。

而且不久后又碰到少主登基这样一个机遇,于是内阁与司礼监抓住机遇,并驾齐驱,隆隆向前,乃基于“(内阁)票拟—(司礼监)批红”制度,形成新的中枢辅政形态。

自公朝决政为票拟批答制度所取代，便不能无“威柄下移”的非议。

正统五年（1440年），封地在广西桂林的靖江王遣千户刘顺赍奏本上京，除按正常程序将本章投入通政司外，靖江王还将奏稿誊录了一份，连同银十四两、黄金六条，一并交给刘顺，让他去找杨荣，希望请杨学士帮忙，促成其事。这不就是今天说的“跑部钱进”么？

不料此事被无孔不入的厂卫刺探到了，密报进去，英宗马上给靖江王写了一封信，指责他道：“王以为朝廷之事皆出臣下乎？”说：“朝廷一切赏罚予夺，皆朕遵依祖宗成法，亲自处决，何尝出于臣下？”还说，“王今所为如此，意必有在，须从实奏来，不可隐匿。”

靖江王这下麻烦大了，他本来想走捷径，请杨学士帮忙，解决本府的所求。没想到他的做法正好刺到皇上的心事，英宗一蹦三尺高，一定要他给个说法。

其实一蹦三尺高的也不是英宗，虽然这封信是以英宗的名义写的，然而那个被激怒的人不是别人，正是司礼太监王振。英宗此时不过十四岁，尚不具备“亲自处决”政事的能力，表面看起来，好像朝廷政令都押着玺宝，是英宗在发号施令，可谁不知道，其实主意都是内阁和司礼监帮忙拿的。但大家都知而不敢言，靖江王此举无异于捅破了这层窗户纸，所以激得王振大怒。

杨荣此时并不在京，他请假回老家扫墓去了。有记载说，杨荣正统五年省墓，太监王振诬以纳贿，杨荣闻知消息后急忙往北京赶，不幸中途中了瘴疠，死在杭州武林驿。但没有具体指出王振以何事相诬，我怀疑就是靖江王通贿这件事。

如果是这样，那么杨荣本不在京，纳贿无事实，似不足惧。那么他害怕什么呢？他与王振一样，怕的是“专权”之责。专权擅政不仅对宦官，对于文臣同样是严厉的指控。英宗书信说靖江王向杨荣行贿“意必有在”，靖江王还能有什么别的意思？他一定认为票拟之权在内阁，向阁臣行贿，请其落笔时高抬贵手，就可以使朝廷批准自己的奏请了。不过如此，还能有什么呢？

靖江王怎么也没料到,他这一本,竟然拨动了王振与杨荣的敏感神经。

至于说王振借靖江王纳贿诬害杨荣,我觉得应无可能。杨荣此人有宰相之才,为人也圆融,他与王振有多年的合作关系,并无任何矛盾,王振正欲借其威望弹压安抚朝臣,何必要害他?

此说的由来可从《明史·王振传》里找到解答。《王振传》中说:英宗初年"太皇太后(即仁宗张皇后)贤,方委政内阁。阁臣杨士奇、杨荣、杨溥,皆累朝元老,王振心惮之未敢逞。至正统七年(1442年),太皇太后崩,杨荣已先卒,杨士奇以其子论死不出,杨溥老病,新阁臣马愉、曹鼐势轻,王振遂跋扈不可制"。

这段论述将王振置于内阁的对立面,其实是不对的。司礼监与内阁都是正统新制的受益者,是一根绳上的两只蚂蚱,他们只有和谐,才能共同受益,如果激烈争斗,必然双输。从历朝的情况来看,司礼监与内阁都是合作关系,是一荣俱荣一毁俱毁的关系。

另外一个事实是,王振及司礼监之势,正由"委政"内阁的太皇太后养成,并不像人们以为的,张太后极力压制王振,几乎要杀了他(参见下章之"太后杀王振"节)。

总的来说,正统初年,王振"尚未横",上有太后,下有老臣,对他确实起到了一定的限制作用。但杨荣死于正统五年,杨士奇在晚年因为受他儿子下狱的影响,多请假不预事,至正统九年也去世了。新进阁臣马愉、高谷、曹鼐都是后进之士,资历威望素轻。杨溥在阁就显得孤立了,而他也于正统十一年过世。当老臣凋落后,内阁对司礼监的牵制力就更弱了,王振"益用事,遂跋扈不可制"。

王振"专权"并不是偶然的,有其必然性。首先,在于朱元璋过分侵夺臣下之权,将所有大权集皇帝之一身,同时又大力培植宦官,为宦官势力扩张、在中枢干预大政奠定了组织基础;其次,朝会制度废弛,三杨一味尊上避嫌,未能以大魄力规划出新的良好制度,结果把天子坐朝变成摆设,而政治由内阁、司礼监暗中把持,"公朝"之政遂一变为宫廷秘密政治,为宦官专权营造了温床。

我们再看时人对王振专权的议论:自英宗冲年即位,朝讲、奏事俱废,间一出朝,“王振擅权,独立在旁,于是群臣不得召对,或有召对亦不敢详尽”,堂陛万里,上下不交,“凡有章奏,悉出内批,不知果皇上亲批欤,抑奸臣擅权欤”。

朝政决策不公开,不管皇帝如何自辩,称一切政务皆其亲决,没有受人摆布,亦难释天下之疑。好比后世的嘉靖皇帝、万历皇帝,其实并不甚荒怠,他们每天坚持看本章,仍免不了被臣民们讥讽,说他大权旁落、为宦官所蒙蔽。

正统以来,幼君嗣位,女主称制,公朝理政不能为继,都促使以“票拟—批答”以及部议、廷议为核心的新的决策机制的形成,这益养成朝会空疏,君主深居不出,一切政务以奏章批答相关接、刑名法度相维持的局面,而宦官居于其间,参谋议论,代言应酬,这都为其“干政专权”造成了制度条件。后世文官不管如何复苏、壮大,总免不了面对宦官这个特殊的对手。

后人说正统初政之盛,总推崇“三杨”,而我要说,明代政治之败坏,“三杨”亦难辞其责。

第五章　王振事迹辩证

正统六年(1441 年)十月,紫禁城外朝三大殿奉天、华盖、谨身殿重建完工,这是皇朝的大喜事,朝廷大宴群臣庆贺。

据“故事”(即旧例、旧制),“宦者虽宠,不得预王庭宴”。这么盛大的皇家宴会,权势盖天的太监王振却没资格参加。英宗坐在席上,心里总觉不踏实,生怕王振不高兴,派人去看他在干什么。果然王振在大发脾气,并且说气话道:“周公辅成王,我独不可一坐乎?”

英宗连忙叫人去请,并特地打开东华门(紫禁城东门)中间那座大门,让他由此门而入。文武百官都赶去迎接,排列两排,齐呼“欢迎欢迎,热烈欢迎”!

王振见状，装作不知其故。群臣道：“咱们是奉诏来迎接你老的。”王公公这才笑逐颜开，挺身直入，大快朵颐。

这件事出自清初人谷应泰编著的《明史纪事本末》一书，被许多人转引，视作信史。看官，您信吗？我反正是不信的。

读过我写的小书的看官，一定会说：就知道你不信，你就是一个怀疑主义者！对这顶帽子，我不敢拒绝，但我要申辩，我是“造反有理”！我为啥不信？因为它有可疑之处，我方疑之。

好比第一句讲“宦者虽宠，不得预王庭宴”就不对。我翻遍明朝典礼之书，也未见此记载。反倒见洪武时，宦官皆颁赐朝服，预朝班，朝罢照例赏茶饭，与文武共食之，有何不可？永乐时期，外番来朝，皇帝多命太监“以礼待之”，远方的客人来了，准备点可口的饭菜，大家一起交杯换盏，孰曰不可？何况二十四衙门里的尚膳监，就是专管内廷尚方之食与廷臣赐饭的。吃顿饭有什么了不起的，还“宦官虽宠，不得预”！此“故事”毫无礼制的依据，此为一。

朝廷大典礼，当皇帝亲自参加时，司礼太监必须环侍于旁，王振就是不吃饭，也不该撇下皇帝，自个儿在家里生闷气啊！此为二。

即或王振生气撂挑子，他岂敢胡说“周公辅成王，我独不可一坐乎”。王振固然得宠，也只是家奴臣子，他凭什么敢自居周公，而将皇帝贬低为周成王？成祖朱棣揭竿造反，打的不正是周公辅成王的旗号？臣子自拟周公，多半是心生反意呀！他就是敢想，我料定他绝不敢说。他即便一时气不过，说了过头话，怎么就那么寸，被英宗派去打探的宦官听到？那宦官即便听到，敢将如此大不敬的话原原本本上奏，除非他与王振有很深的仇恨，还得不怕王振报复。此为三。

有了这三点疑问，还不足以推翻这个后人编的故事吗？

其实关于王振的伪故事远不止这一个。王振的一生，在后人的书写里，简直就是窃弄神器、专权乱政的一生。他虽做不到流芳百世，也够遗臭万年了，是殿堂级的“坏人”。几百年来，骂王振的“正义之士”不计其数，终归是张口就骂，(如果能把他揪出来的话)抬手就打。可是绝大多数人并不真的了解王振的为人与行事,或者自以为了解,而实不知,皆是人云亦云。就这一点而言,多数正义者其实都是学舌的鹦鹉,话说得漂亮,却不知在说什么,只是不断重复别人说过的话。

这一章,我将把王振一生大事做一番考析与辩证,看他有没有那么坏,他担的那些罪名与骂名,是不是泡泡糖,被人吹大的。看官读罢,若再在他人书中见到王振其人,可拍此公肩膀道:"老兄,你受委屈了,多亏胡丹老弟替你辩白!"

好,言归正传,王振其事,咱一个个说。

事之一:太后杀王振。

宣宗崩后,因嗣君年幼,"遗诏国家重务白皇太后"。光内阁、司礼监两个轴,一个传送带还不够,英宗还小,必须有一个能镇得住台的人物。故朱元璋定下的"后妃不得干政"的祖制,至此得稍微破一破例了。

太皇太后张氏是仁宗皇后、宣宗之母,论者多以为正统七年(1442年)前政事清明,功在张太后。如天顺朝大学士李贤说:"大抵正统数年,天下休息,皆张太后之力,人谓女中尧舜,信然。且政在台阁,委用三杨,非太后不能。"

只是皇太后一介女流,哪懂得什么政事,还不得委政于臣下,她就托个名义而已,与清代慈禧太后垂帘听政那不是一回事。

张太后常听老公说"三杨"等人的好话,她对内阁是非常信任的。正统初年,凡事皆奏于太后然后行之,而太后总是命内阁议决,"太监王振虽欲专而不敢也"。李贤说,太后还不放心,每过几天,必差宦官到内阁去问:连日来都有何事来商榷?内阁即将某日某宦官以几事来议,详细开写一份帖子奏进。太后拿着一对照,就晓得有没有政事没有下阁,被宦官给"黑"了。

张太后这么做,是因为她自己无法接见阁臣,只能通过宦官的中介,她担心宦官在其中上下其手,故采取这种方式来保证所有政事都由内阁议决。只要发现有王振自断而不付内阁议者,必将他招来严厉斥责。

自古女主当权,都是宦官专权的先声。这是因为宫闱隔绝,女主不能随便掀开帘子把男性大臣召进去密议,只好请宦官来做传声筒和蜂媒,宦官遂得以趁机操弄。张太后何能独外之？她要求内阁定期汇报内廷传出事项，这是高明的办法，但她恐怕并不像李贤说的那样防忌王振。

这就要说到一个有名的故事。这故事写在史书里，我觉得委屈它了，因为其情节生动、惊险曲折，明明是一部折子戏的桥段。

话说某日张太后御便殿，宣召英国公张辅，内阁杨士奇、杨荣、杨溥及礼部尚书胡濙五人入朝。小皇帝英宗侍立于太后东侧。张辅等人皆是三朝老臣，太后对他们慰谕有加，不停点赞，并且交代英宗道："这五位先生，都是先帝所擢用，留给皇帝的。政事当与五位先生商议，若非他们赞成的，皆不可行。"

过了一会儿，王振宣至，匍匐于地。太后颜色顿异，斥之曰："汝侍皇帝起居多不律，今当赐汝死！"话音未落，两旁女官拔出雪刃，压在王振脖颈之上。女官御前带刀，显系有备而来，要在今天将奸臣拿下。只不知王振未来时，张、杨等人遽然见众多女侠林立，是否心中暗惊，以为是要对付他们的？

眼见女官拔刀，英宗大惊，急忙跪地为王振求情。皇帝跪下了，张、杨等人也只好跪下。张太后道："皇帝年少，岂知此辈祸人家国。既然皇帝与先生们为他求情，我且饶他这一遭，但此后不可再令他干预国事！"

看官，这故事是否很像宫斗戏的情节——矛盾冲突集中、台词夸张，一波三折，富于张力？

此事最早见于一本野史——明中期人何孟春所著《余冬叙录》，引录者颇多。王世贞曾做过考辨，认为并不可靠，他的依据是：太后召见大臣，"于朝廷为盛事，于诸公为盛遇，责数王振为盛德"，有此三"盛"，可遍搜杨士奇、杨荣墓志及其著述，绝无一字记载。国史于太后之圣政、王振之蠹国，皆娓娓道来，何独不书此事？

王公所言甚是，张太后的确曾接见过几位大臣，但那是宣德五年（1430年）。那一年三月清明节，宣宗奉太后谒陵，临时起意，召诸辅政大臣英国公张辅、吏部尚书蹇义及内阁"三杨"、金幼孜朝太后于行殿，太后慰劳之，道"尔等皆先朝旧臣，勉辅嗣君"云云，遂赐酒馔及白金彩币。回京后，宣宗在单独召见杨士奇时对他说："前日陵上，汝等谒太后退，太后对朕说，先帝昔日经常谈起你们的姓名及行事，太后尚能记忆，其间才学孰优孰劣，孰肯任事不任事，皆有讥评。又对朕说，凡正直之士，尔不可以为忤而不从。"杨士奇闻言感动，道："此皇太后之盛德、仁宗皇帝之盛德也，愿陛下常奉圣训。"此事记在他的文集《东里别集·圣谕录》里。

这是大明皇太后第一次（应该也是唯一的一次）召见臣子，当事人引为莫大荣光，记录在案，以夸耀于世。如果正统初年还有一出，张、杨诸公还不得更加"张扬"，怎么忽然变得低调了呢？

况且这故事看起来热闹，但只要稍加分析，不难看出其漏洞：

太后既然立心要杀王振，不会想不到皇帝会为他求情。皇帝一旦求情，张、杨等大臣则必附和请之。张太后要杀王振，却提前为他找来六个求情的说客，那还杀得成吗？岂不成了假杀？

如果张太后此次召见大臣，本意在激励鼓舞他们，何以把王振拉进来搅场？到底是表彰会还是批斗会？——情节太过于集中，就变成戏剧故事了。

假如张太后真心并不想杀王振，只是见他太胡闹，故把皇帝、重臣请来，合演一出"捉放曹"，借此敲打王振一番，令其警醒悔改，不许再干国事，可为何不将王振斥退，而是继续留他在司礼监供职？杀之不易，退之何难？

可见此中情节颇多可疑，只是一出评书而已，未可信也。

不料这故事竟骗了无数志士，纷纷转发此帖、给太后点赞，还忍不住惋叹："唉！太后要是把王振杀死就好了。"似乎王振一死，明朝就不会中衰，就不会发生"土木之变"那样的悲剧。

更有人说，因张太后在上，终太后之世王振不敢专，直到张太后崩，杨士奇、杨荣相继而殁，"进退天下人才之权遂移于中官王振，邪正倒植矣"。总之只怪太后死得早，不然王振永无出头天。此说亦不成理。其实王振专权是监阁体制下司礼监地位的表现，他专权或不专权，其条件并不取决于太后对他什么态度。

相反，正是因为皇帝年少、女主听政，在一定程度上推动了宦官干预国政。

好比刚才那个故事里，太后害怕王振专断，“必遣中官入阁问”，又令内阁“开某日中官某以几事来议”。可见太后所依赖沟通内外的，不止王振一人。就是杀死王振，指不定还有张振、李振。这才是那个故事透露出的真相。

还有一件事，出自当时人的记录，可信性更高一些，而表明张太后对王振是很欣赏的。

成化中任过大学士的尹直记曰：正统初年，福建按察佥事廖谟杖死驿丞，这个案子如何处理，内阁二杨意见相左。被打死的驿丞与杨荣是福建老乡，而廖谟则是杨士奇的乡里。杨荣认为廖谟应该偿命，杨士奇则称廖谟打死人是因为公事，应该从轻。二人相争不决，官司打到宫里，请太后裁决。王振进言道：“三杨皆有私，都是各为其乡亲。抵命太重，因公太轻，宜对品降调。”太后觉得王振所言有理，遂将廖谟降为府同知。尹直因发论道：“自是（王）振日捃摭内阁之误，裁决一归于振，三杨乃迭请告展省。”将此事作为王振崛起之契机。

此事表明，张太后对内阁并不是偏听偏信的，她会参考司礼太监的意见，王振意见中肯，她会选择听取之。而王振富于理断之才，尤得太后倚重。

值得提一句，王振是仁宗做太子时东宫出身，他不仅为仁宗眷爱，与当年的皇太子妃张太后也应该关系深厚，是真正的老人。张太后凭什么不信任他，而偏信素无交往的外廷大臣？

事之二：窃毁铁牌。

这也是个有名的故事，与太祖朱元璋禁止宦官干政祖制有关，称朱元璋于洪武十七年（1384 年）铸一铁牌，立于宫门，禁止宦官干政。

此说最早见于李贤《古穰集》，云：“太庙（朱元璋）鉴前代宦官之失，尝置铁牌高三尺许，上铸‘内臣不得干预政事’八字，在宫门口。”

明太祖朱元璋禁止宦官干政，是明清两代人们的共识，可惜就是缺乏证据，相反倒是朱元璋不怎么严禁的证据存有不少。这个铁牌呼啸而出，大得人心，证据来啦！

可是，李贤又说："（此牌）宣德中尚存。英宗时，王振专恣，因失所在。"我去！原来"似有还无"，还是捕风捉影。

李贤是正统年进士，经历过土木之变，又在英宗天顺朝任大学士。以他的身份，此说一出，人们无不认为是信史。万历中，御史谭希思还将此事引入奏疏。谭氏著有《明大政纂要》等书，熟于典故，然而疏入，皇帝问他，你这都是从哪儿听来的？可有实据为证？谭希思就对不上来了，只好来个"茫莫置对"，被皇帝好一顿批。

那么这块铁牌到底存在不存在？我认为九成五分不存在（对众言之，当留余地，不把话说死。可私下说话，我认为百分百不存在）。

朱元璋不是没搞过类似的牌子，如诫谕后妃、功臣，都铸有红牌，《明太祖实录》都有详细的记载。如果这块"内臣不得干预政事"的牌子确实存在，大明史官岂肯放过，还不得大书特书？可是，太祖、太宗、仁宗、宣宗四朝实录，没有一个字的记载。有人或说了，《明太祖实录》修成于永乐年间，那时正是宦官势力大张之时，恐怕纂修实录者有所顾忌吧。然非是也。只要读过《明太祖实录》的人应知道，里面有很多朱元璋严驭宦官的谈话，我粗粗查了一下，至少有五次之多。这些谈话都是朱元璋关于国家治理的基本思想，不是泛泛而谈。如果修史者有所避讳，何以这些言论不随铁牌一起毁弃呢？我曾经指出，《明太祖实录》里出现那么多严驭宦官的"宝训"，很可能是纂修官员有意为之，以提醒开口闭口都是"祖训"的永乐皇帝用宦官时还是收敛些吧，你爸爸说不让哩！

另外，假如朱元璋真的铸了这块铁牌，那么这块牌子不应该在南京么？而王振用事的时候，已在三十余年后，朝廷早已迁都北京，宫城、皇城都是新造的，宫门尚且没有，哪里去置铁牌呢？呵呵，后人编故事时，总容易忘记迁都这件空间大挪移的事，一时疏忽，露出了马脚。

因此我认为，包括《明史》在内的众多史籍所记"内臣不得干预政事"铁牌，很可能只是"野语"，或干脆就是李贤鉴于太监王振、曹吉祥相继为乱，忧心宦祸，故意编造了这样一个不存在的铁牌，授给后人战斗的武器。

事实也是如此，后世人们一反宦官，没有不拿铁牌说事的。

可惜王振，又多了一桩罪。

事之三：压制文臣。

从某种意义上来说，一部宦官史，就是一部宦官与文官的互动关系史。特别是在明朝当官，不管是做京官，还是地方官，都不得不面对宦官这个现实的存在。特别是运气不好时，碰到王振这样专权、跋扈的宦官，那还真是很难处的一件事。和宦官关系搞好了吧，别人会说你"媚阉无骨"；跟宦官杠吧，骨头倒有了，可板子打在骨头上，那可是生疼生疼的！

明代出了三位"惊天地泣鬼神"的专权大阉——王振、刘瑾、魏忠贤。在他们当政的时代，文臣似乎没有中间路线，要么趋奉，要么远避；远避时不小心动作大了，还会遭到无情的打击。这种官场世态，在王振时已很明显，一方面是公侯勋戚大臣呼曰"翁父""国老"，所谓"畏祸者争附（王）振免死"，一方面是"大臣下狱者不绝"。

王振是聪明人，知道官员与作为宦官的自己相处时的复杂心态，因此他的内心异常敏感，特别在意别人对他的态度。一旦有官员对他表示特别的恭敬，往往能得到特别的升擢，正所谓"特别的爱给特别的你"。我们来看两个例子：

王振一日在路上走，忽一队官轿迎面走过来。长安道上，经常能遇到官轿，一般官员见是王太监来了，不敢争道，也不过让到路边，避道而已。不料这乘官轿落定后，轿中官儿竟走出来，跪在路边。王振心中甚喜，忙命停轿，问是什么官。那官答，下官是吏科都给事中张睿。吏科是六科之首，张睿又任都宪，可称极品清华之官，与一般俗吏大为不同，要是个侍郎，王振还没那么欢喜呢。又见张睿不单执礼甚恭，容貌还壮伟非常，跪在尘土里的是一位伟男子，绝不似那猥琐之人，愈是喜不自胜。于是张睿的好运来了。刚好这时有户部侍郎一职开缺，王振便把这顶三品大臣的官帽送给张睿戴。

屈尊跪一下，官位立马涨得停不下来，从正七品直飙到正三品。什么都不说了，一句话——运气都是留给有准备的人的。

只要能拍王振马屁，都有高官厚禄的回报。再说一个叫石璞的。此人是一位能吏干才，他在担任江西按察使时，振扬风纪，断决疑案，甚有时誉，"虽儿童妇女皆知有石廉使"。按察使，正三品，是一省的最高司法长官，元代叫肃政廉访使，到明代才改称提刑按察使，故习称廉访使，简称"廉使"。石璞精于断案，就连懵懂的小孩和足不出户的女子都晓得他，声誉渐隆。不久后，石璞升作山西左布政使。布政使，从二品，是一省最高民政官员，石璞此时已做到正省级干部了。

石璞做了"山西省长"，意味着他成了王振的父母官，王振老家在山西蔚州①。也是巧，就在石璞迁任山西不久，王振请假回乡祭扫祖墓，石璞"傍大佬"的机会来了。

那么这位当代包青天要不要抓住机会呢？"青天"，说的是能力，与品德无关。清高的人怎能爬到云端？石璞马上抓住机会，极力奉承，让王振十分满意。回朝后，很快升石璞为工部尚书。

让谁做官，即便是尚书这样的二品大员，对王振来说，也就是一句话的事。谁把他痒痒肉挠舒服了，他立刻拿皇上家的官帽子做酬答，乌纱帽就跟他家收藏的一般。恩威只能自天子出，怎能成为私家买卖呢？这就叫"专政窃权"，所窃者，皇家之权。

王振正火时，拍他马屁的人数也数不清，后来王振坍台，树倒猢狲散，这帮马屁精散得比谁都快，只留下一些小萝卜头（如出入王振之门的僧道、旗校、匠役等）没来得及跑，被六科十三道揪住，往死里参，要把他们通通处死。景泰帝道："趋王振之门求进者不少，若尽加穷究，不可胜诛，其姑置之。"所谓法不责众，大家都是同道，摸着良心，彼此宽容些最好，就是此理。

但总有几个骨头不缺钙的，不肯和光同尘，而遭到王振的打击报复。我也举两个。第一个是国子监祭酒李时勉。

李时勉名气很大，可称一代名臣。出名总要一技傍身吧，这位李先生

---

① 据光绪《蔚州志》，王振是蔚州城西薄家庄人。今人考证为城西二华里卜北堡村人，至今尚存不少遗迹。

凭啥出名？其实他的成绩单空白得很，既无政事，又无文章，他其实就是个杠头，因为杠，吃了不少苦。这样的“清臣”，活着时倒霉透顶，死了，在青史里却变成香饽饽，成为人们学习的楷模。又由于他们的做派，实在不是一般人能学来的，故此中国的“典型教育”一直都很失败，模范生像庄稼一样，一茬接一茬，可就是不丰收。

李时勉在永乐时就因为说话直，被夺过官，下过狱，初步奠定其名声。仁宗时，老毛病不改，居然在朝堂上和皇帝对着干。仁宗一怒，没忍住，把他打了一顿，打得还不轻，折了几根肋骨，差点把命丢了。仁宗是多么好脾气的一个人，都受不了他！不巧的是，仁宗着了气，没两天就驾崩了。有人就说，仁宗是被李时勉气死的。宣宗入了谗言，要子报父仇，命人把李时勉从狱里揪来，说要亲自射死他，但随即又变了主意，说这样的轴人我不要见，直接把他砍了得了！所幸第二拨使者出宫时，第一拨使者押着李时勉进宫来，走的不是一道门，就错过了，否则李时勉当时就掉了脑壳。这才有机会当面给皇帝解释。解释了，宣宗也就不杀他了，不杀的理由，是因为知道李时勉“气死”先帝的那些话里，有一句是讲自己好话的。真是十分惊险。

有了这“得罪三朝”险些丢命的故事，李时勉还不成了传奇人物？

就是这样一个人，在正统朝又得罪了王振。

得罪之由，据说是王太监来国子监指导工作时，时勉“不为之屈”，也就是礼貌不周。王振心恨，便寻机要教训一下他。

王振啊，我不得不说他两句了：你也真是的，李时勉这样一个道德标杆式的人物，他连皇帝都不怕得罪，你跟他较的什么劲？此公连皇帝的角儿都不捧，你还指望他把你捧上天？这样一个无害的好人，不去理他就行了，你还去惹他，不是白白给自己减分么？

王振报私怨，借的是公事。

正统八年（1443 年）七月，李时勉不小心砍伐了文庙的树，王振便抓住这件事大做文章。为了羞辱他，故意让他戴着大枷跪在国子监门口。结果适得其反，国子监学生们纷纷为老“校长”求情，说老师教学有方，又是老者，请宽恕他。有一个叫石大用的，请求代老师受罚。王振当然不准啦，就引发了一次大规模的“群体事件”：监生李贵等约起国子监同学及各界人士千余人，诣阙游行示威，要求宽免李时勉。

东汉时，为了反对宦官，太学生们闹过一出，不想上接千年，明朝也闹了一回学生运动，反对的也是宦官。此事惊动了英宗，王振迫不得已，只好放掉李时勉。真是偷鸡不成蚀把米。

王振也是吃捧臭脚吃多了，一肚子小肚鸡肠，竟然去触碰道德偶像，也真够不智的！结果惹来一嘴腥。以后凡纪念李时勉老先生，总要把王振扯出来“打小人”。

我不知道王振跟这无害的老头作对有无深意，难道他是想通过羞辱李时勉，打击文臣的锐气和骨气？再来说一个性理名臣薛瑄。

明代人不太讲诗赋，讲的是性理之学。这位薛先生在《明史》入的是《儒林传》，他是山西河津人，幼年聪颖，十二岁时所作诗赋已令人称奇。众人以为此子是个才子的路数，没想到他接触理学后一下子瞧不起文艺了，将所作诗赋一把火焚了，从此究心洛、闽之学。从才子转到学究的路上，这弯儿转得可太大了！

薛瑄因为随他父亲在河南任上读书，遂于永乐十八年(1420年)举河南乡试第一名，次年中进士，登入仕途。薛瑄虽然科举功名高，性格却孤傲，中间又碰上两次丁忧①，做官就不怎么顺达，到正统初年还朝时，才做到山东提学佥事。但薛瑄走讲学这一路，名气很大，人们尊称他为“薛夫子”。一次，王振问“三杨”：“我乡亲里有没有可以做京卿的？”“三杨”一想，如今山西人里，就属薛瑄名气大，便推荐了薛提学。很快薛瑄就被召入京城，出任大理寺左少卿。

“三杨”觉得，薛瑄得到破格擢用出自王振的关怀，他至少礼貌上应该去见一下王振，道声谢吧，就让李贤(那时他在礼部做司一级的官)把此意

① 官员尊属亲丧，必须弃官回乡守制，称为丁忧。若碰到父母之丧，耗时将长达三年，故丁忧总是会妨害仕途的。

告知薛瑄。没料到薛瑄沉下脸来,不客气道:“拜爵公朝,谢恩私室,这种事我不做!”好吧,不去就不去呗,“三杨”也无如之何。过了几天,廷臣议事于东阁,公卿大臣们都要参加,见到王振无不趋拜。人群中唯有一人屹立不拜。王振问此人为谁,当知道是老乡薛瑄后,他并不生气,主动跑到薛瑄面前,给他作揖打招呼。此时王振是何等人物,他给一个刚刚升任的四品少卿作揖,这是多大的面子!不料薛瑄在众人目视之下,只客客气气地还了王太监一个揖,并无加礼。也忒不给王振面子了!从这以后,王振心里便记下薛瑄这一号。

大理寺是三法司之一,掌管案件的复核。当时有个指挥死了,留有一妾,甚是绝色。王振的侄子王山是京城有名的混蛋,想把此妾娶过来,可指挥的妻子不肯。妾就诬告妻毒杀其夫。此案下都察院讯问。法官大人们都知道妾的背后是锦衣卫指挥王山,谁敢得罪王家人啊,只好对不起指挥之妻了,重刑之下,妻子被迫承认毒杀了亲夫。看官,在“夫为妻纲”的时代,妻子谋害其夫是要处凌迟之刑的呀,可不是好玩的!

这件人命案到了大理寺驳谳时,薛瑄及其同官细察案情,觉有冤情,就将案子驳回重审。法司再审,仍维持原判,又被大理寺驳回。这一送一驳,连续三次都通不过,案子就悬起来了。王振偏袒侄子,授意都御史王文,诬告薛瑄及其他两位少卿“故出人罪”(故意替有罪之人开脱),又指使言官弹劾薛瑄等受贿,将其下狱。

薛夫子竟然被论以死罪。

这位薛夫子果然非平凡之人,他是判了死刑等着执行的人,坐在牢里,居然捧读《易经》自如,就像没事人一样。忠孝之家,必出孝子,薛瑄有三个儿子,一个请求代父受死,另两个儿子甘愿充军,只要饶老父不死。薛家公子的要求没有得到允许,但此情感人,使人们更加同情薛瑄。

快到行刑的那一日,王振偶然从厨房经过,见他家老厨子在灶下悲泣,不知何故。问他时,哭得更厉害了,道:“听说薛夫子今天行刑,是以忍不住悲伤!”薛瑄的事迹竟能让一个不相干的人如此悲鸣,那人格的魅力真如潮涌,连王振也受了感动。刚好这时刑科对死刑案件三复奏,兵部侍郎王伟也于此时进本申救，王振便顺手改了判决，将薛瑄免死，除官为民。

薛瑄后来的事，我就不讲了，总之他以学问的造诣，成为一代名臣。王振，我又要说你了，你这是何苦，又跟“道德家”过不去？

在与文官的关系上，历来论者多把注意力放在王振压制文臣上，而忽略他礼遇士大夫的一面。而被王振礼遇过的士大夫，虽然当时得了实惠，却羞于此事为人所知，要么否认，要么回避。

与宦官交好总是一件不光彩的事，但有时候文人无行，会瞎编一些故事来羞辱对方，久之遂为信史。好比一个故事说，工部侍郎王佑貌美而无须，一日王振问他为什么不长胡子，王佑答：“老爷所无，儿安敢有？”王佑是永乐十三年(1415 年)进士，授工部主事，以后一直在“工程口”混。但此人仕途相当不顺，到正统八年(1443 年)已经入仕近三十年了，才做到工部郎中(相当于建设部的司长)，也不知是否快到退休年纪了，心里火急火急的，见王振弄权，便极意谄媚逢迎之，才由王振传旨升工部侍郎，终于升作副部级干部。在这则故事里，他自称“儿”，称王振为“爷”，似乎是王振的干儿子。他是永乐十三年的进士，正统初年至少也有五十多岁了，与王振年纪相差不会太大，如果只是哥儿俩的年龄差距，却甘降一辈，自居为子，那确实是太无耻了，足称千古一人。

可这个故事的真实性到底有多大？我无法证其伪，但抱有极大的怀疑。如果王佑真能如此做人无底线，他何以前面几十年仕途混得那么栽？拍马屁的绝活，如何没使出来？

我怀疑是因为他的升官出于王振传旨，而不出于吏部的选举，又见王佑对王振颇露媚态，人们自然怀疑他投靠王振的门墙，走了内人路线。加之，他也姓王，人们便嘲讽他认王振为干爹。

熟悉明代的看官应该知道，明代印刷业昌盛，明朝人喜欢写书，而行文之际却不严谨，喜欢搬弄笔墨，乱编故事，或听来一些逸闻，忙不迭写入书中，以为笑谈。所以清朝人特别瞧不起明朝人，说他们没学问，不懂得学问，就是这个缘故。这故事大概就是这么来的。

事实上，想拍王振马屁的人太多了，王振不可能个个都搭理，他知道这些趋奉者无非是为了升官发财，不能说对他们毫无戒备，而对那些打着他的旗号在外面招摇撞骗，坏他的名声之人，更是异常反感。

这样的人不仅有，还不少。

好比太医院医士王敬，瞧，又一个姓王的，天下王姓一家人，至少这位王太医是这么想的。此人不好生钻研医术，却披着王太监的斑斓虎皮，在外骗人钱财，被锦衣卫拿获，刑部审理后按律例坐以“赎徒为民”之罪。“赎徒”是赎刑的一种，即王敬本罪应受徒刑，但他可以拿出一定的钱财免予服刑。王敬于赎徒之外还被免职为民。对这个结果，大概王敬感到满意吧。可王振不满了，他二话不说，拿起笔来，在刑部奏本上批了五个字：“改戍威远卫！”威远卫是明朝在朔州新筑的堡垒，正好差兵，王敬这回算栽了，丢下医包，到塞北之地扛枪当兵去了。王振手里捏的，仿佛一支判官笔，就是这么厉害！

王敬还算不得什么，还有更倒霉的，这回要出人命了。

事情要从南京一个武官争袭案说起。正统十三年（1448 年），南京水军右卫指挥佥事贾福被其异姓姻亲陈玞冒争官职，时任南京刑部右侍郎齐韶偏袒陈玞，一定要夺贾福之官给陈玞。这件案子送到大理寺，大理寺少卿廖庄觉得此案“事实不清，证据不足”，将案子驳回刑部重审。案子就在刑部与大理寺之间拉起锯来。南京都察院便命所属广东道勘问，该道御史张春、曹得、赵雯向刑部发牌，欲调问贾、陈二人。齐韶却予以拒绝，并借问案之机将贾福杖死。打死命官，事情就闹大了。南京守备太监刘宁将此事上奏，奉旨逮问侍郎齐韶。而陈玞也上奏，称少卿廖庄及御史张春等受贾福之贿，于是命将廖庄、张春等一并逮上京师，下锦衣卫鞫问。

指挥马顺奏称，齐韶实受陈玞之贿，陈玞所称廖庄、张春等纳贿无据，皆受齐韶唆使。马顺还说，齐韶自称与王振太监为“乡亲”，锦衣卫指挥王山、王林为其侄。齐韶把王振的俩侄子说成自己的侄子，可能他就不是冒充乡亲，大概是冒充堂兄表弟一类的近亲了。王太监的兄弟，那还了得，所以这个杠头才敢在南都“恃势逞威，凌压部官”，莅任才一年，南京刑部大狱里死者即达一百二十余人。

马顺的狱词已经离开争袭案，揭发了他多项僭越的罪行，如百户史宣的侄女已被选召，受赐而归，齐韶托驸马赵辉①、兵部侍郎徐琦逼娶为妻，又僭买永嘉大长公主②府卧床等。

齐大侍郎一时间成了罪行累累的恶棍，北京三法司会审后，判决他斩刑，陈玞绞刑，廖庄、张春等复职。奉旨，从之。齐韶不服，不停地诉冤，皆不准，仅仅过了十天，竟被斩于西市！

齐韶之死，后来成为王振跋扈的证据，说他"怒诛大臣则齐韶之处决非时"。为什么说"处决非时"？因为根据明代制度，为尽可能减少冤案，对于死刑是非常慎重的，有"三复奏"制度，即对于死刑判决，法司必须复奏三次，如仍无疑义，方可执行。由于有这个保障机制，一般犯人被判了死刑，往往在牢里要"待决"很长时间，如果运气好，碰到朝廷大赦，就可以不死了。可齐韶从被判刑，到处决，仅仅十天时间，这就太短了。

而且从齐韶的罪状来看，主要是受贿与杖毙命官两项，但一般来说，这还不足以构成死罪，特别是齐韶作为三品大员，死刑判决无疑是令人瞠目的。至于什么逼娶宫廷选退之女为妻，买大长公主府卧床，以此加他僭越之罪，则无异于罗织了。

总之，齐韶冒充王振的兄弟，犯了大忌，阎王要他三更死，谁敢留他到五更！

堂堂三品大员，得罪了王振，竟项上人头不保，由此可以想起王振手握的权力有何等之威力了。

事之四：酷杀刘球。

谁得罪了王振，不是夺官削职，就是下狱流戍，甚至性命不保。不过，齐韶虽然死了，但他毕竟有罪在先，而一个看起来没怎么招惹王振的官员，却被王振以酷刑杀死，就成了王振手里猩红的血债。

---

① 驸马都尉赵辉，是朱元璋最小的女儿宝庆公主的丈夫。

② 永嘉大长公主，是朱元璋的女儿，母郭惠妃。齐韶案发生时，公主还活着，故不存在公主府没落，齐韶逼买其府中器物的可能。

此人姓刘名球,任翰林院侍讲。

刘球在正统八年(1443 年)六月上疏言事。他上这一本,不是因为看不惯王振的作为,上疏弹劾太监,而是应诏上疏。当时发生了严重的自然灾害,朝廷下诏,令百官修省,并鼓励他们上疏言事,指出朝政之失。刘球就上了一本,讲"修省之当先者",一共十件事。

奏疏递入,命五府、六部、都察院官集议,大家也没说什么。刘球的意见,只有一条很具体,就是请慎重选择奉祀的太常寺官(太常寺掌祭祀),众官认为此条可取,请令吏部赶紧推举一个合适的人选。翰林院修撰董璘听说了,就毛遂自荐,希望转任太常寺,奉享祀事。然而,不是每个人都喜欢"毛遂",董璘一自荐,就被下了狱。本来自荐没错,但这边刘球刚说要选一个好官,那边董璘马上出头自荐,相应如桴鼓,于是有人检举,说刘、董二人同官,他们是商量好的。董璘被关进诏狱,一打,就承认了与刘球勾结,把刘侍讲也带进来了。其实纵然二人有谋,也不是多大一个罪名,可让人没想到的是,刘球下狱没几天,突然报亡。锦衣卫指挥马顺以病死奏闻,说他是得急病死的。

刘球为江西安福人,他与薛瑄差不多,也是靠学问知名。刘球在永乐十九年(1421 年)就中了进士,可他并不急于仕进,在家读书十年,许多人拜他为师。他出来做官后,任礼部主事。刘球学问大,被本部尚书胡濙推荐侍经筵,又参与《明宣宗实录》的纂修,很快就升作翰林院侍讲。这是一个很有前途的职位,而且刘球正当年富力强,不料说死就死了,众人虽疑,却无人敢问。

渐渐地,刘球死亡的真相就传出来了,说他是被马顺肢解而死。与许多类似记载一样,刘球被害时的场景被描述得活灵活现,说马顺深夜携一名小校,持刀来到关押刘球的监所。刘球正躺着,见马顺凶神恶煞的样子,便知不可活了,立刻站起来,大呼太祖、太宗。马顺一刀斩去,他的头断了,身体依然直立不倒。马顺便将其肢解,碎尸埋在诏狱的大门下。董璘见刘球惨死,将一条沾满鲜血的裙裾偷偷藏起来,保留了证据,出狱后送到刘家,刘球的儿子又找到刘球一条手臂,用血裙裹起来装殓埋葬。刘球虽然只剩下一条膀子,可精神不灭,很快闹起鬼来。马顺有一个儿子,生病卧床很久了,有一天忽然起身,捽住马顺的头发,拳打脚踢,骂道:“老贼,你害我吧,我将来让你的祸比我还大!”马顺大惊,问是谁?此子厉声道:“我,刘球也!”此子被刘球上身,旋即就死了,那帮凶小校也死了。马顺在土木之变后,被朝臣一拥而上,活活打死(事见下文)。

以上载于《明史·刘球传》,看官是否觉得其记载太唯心主义?把这种神神道道的东西全记在正史里。要说马顺被人群殴而死是六年之后的事,难道还是刘球作祟,来个分身有术,吹一撮毛,化身无数小刘球,附在群臣身上,让他们一起动手打死马顺,乃复平生之仇?不用我说,您也不信。

抛开捣鬼的神秘主义不说,这个故事本身就有漏洞。马顺要害刘球,需要这么血淋淋的么?还当着董璘的面,留下一个证人和一件血裙?把刘球从牢舍里拖出去再下手就不行吗?其漏洞还是故事性太强。

其实刘球之死,还有其他说法。据嘉靖时的刑部官员张合《宙载》一书,刘球是被“夜刑”处死的。张合说到三种可怕的刑法,其中“夜刑尤惨,独以加之外臣焉”。所谓夜刑,就是将罪人衣服褫尽,用板子夹紧捆起来,用刑时从脚到头,一寸寸将肉锯去,锯掉的肉当即喂给狗吃。因此刑只在夜间施行,故称夜刑。刘球被夜刑处死后,其子在锦衣卫狱里只找到一幅血裙。

据张合所记,刘球连条手臂都没留下,血裙这件物证还有,却也不是董璘偷偷藏下的。

刘球之死,不管是被一刀斫去首级再分尸,还是用夜刑锯割而死,大约死状极惨,其家人甚至没能为其收尸。

马顺与刘球何仇,要下此毒手?无人不知,马顺是王振的爪牙,当时人都说,马顺实“顺承中官王振意也”。要杀刘球的,不是马顺,其实是王振。

而又据《明史》的记载,要杀刘球的,其实也不是王振,而是刘球的同乡彭德清。

彭德清任钦天监监正,是王振的心腹。凡“天文有变”,他都匿而不奏,且倚王振的势力为奸,公卿多趋谒之,可偏偏刘球不搭理他。彭德清暗恨之,就在王振跟前挑拨,激王振之怒,遂属马顺杀之。

如果此说属实，刘球死后，应先作法灭了彭德清才是，此人才是祸首呀。

那么，彭德清拿什么事来激怒王振，竟置其于死地呢？《明史》说，刘球前谏征麓川（正统五年），已令王振不快，“固已衔之”。衔不是叼起来的意思，衔为衔恩、衔恨之意。王振所衔，自然是恨，这是刘球在王太监那里留的底案。这恨好深，以至于三年之后，王振被人一挑激，旧愁新恨一起算，刘球顿时报销。正统八年（1443 年），因一场天灾，刘球再次上疏论政，就是前文说的那份修省疏。疏中劝英宗“权不可下移”，被彭德清抓住把柄，“遂摘疏中揽权语”，对王振道：“这是说您呢！”使王振怒不可遏，动了杀机。刚好董璘应疏自荐，王振就指他与刘球同谋，将二人一起逮下诏狱，然后杀之（董璘未死，出狱后归隐，再未出仕）。

综合起来说，刘球蒙难，是因为在两件事上得罪了王振：

其一，反对“征麓川”。当朝廷讨论是否向西南地区的麓川用兵时，刘球确实上疏反对过，但首发异见的并非刘球，而是何文渊。可王振似乎并未“衔恨”何文渊，怎么单单对刘球耿耿于怀？看官从下节的分析将知，此说实不成立。

其二，就是那份致命的修省疏，刘球讲了十件事，其中一句“权不可下移”，触到王振的痛处，再经奸人彭德清挑拨，遂成为刘侍讲的送命散。

谏征麓川与讥讽王振“专权”，两者相比，后者绝对是致命的。看官如谓不信，请看下面两个例子。

在正统年间，王振至少遭到两次匿名的舆论攻击。

一次是正统八年十月，内使张环、顾忠匿名写诽谤语，事发后，下锦衣卫狱鞫讯，获得二人的亲笔信稿。王振将他俩磔（凌迟）于市，并且命内官都到刑场观刑。

明朝律法是禁止写匿名揭帖书信的，但两个宦官因为写匿名书遭凌迟之刑，处刑如此之重，仍令人惊骇，皆不知其故。直到奉旨令内官都出皇城观刑，京人才知匿名信攻讦的对象是王振。

另一次是正统十年（1445 年），正月某日，一夜之间，京城满大街忽然贴满了揭发王振罪恶的匿名书，甚至王振之侄王山的家门口也贴了一份。这是对王太监权威赤裸裸的挑战。不久这封匿名书的来源被查获，它出自一个叫王永的锦衣卫士兵之手。厂卫将王永扭送刑部治罪，刑部以“造妖言”律判处他斩刑，而奉诏将其立即磔之于市，不必复奏。

虽然不知道这两封匿名信都写了些什么，但既然是攻击权阉王振，指责他专权肯定是主要内容。王振所专之权从哪来，无疑只能从英宗那里来。臣下窃主上之权，这是很严重的指控。而王振又用圣旨的形式将他的敌人“从重从快”处死，而地球人都知道，这实际上是王振“矫诏”，如王世贞所说：“所诽谤者王振也，磔之者亦王振也。”

就在针对王振专权的匿名书及其带来的压力倍增之时，突然刘球提醒皇上“权不可下移”，等于将紧张的气球吹炸了。内使张、顾与锦衣卫卒王永写的是匿名信，刘球上疏，等于是公开的匿名信。王振岂能容忍？故此借董璘作题，将刘球害死。

从匿名信事件频发来看，王振掌权，得罪了不少人，他不单与“斯文”为敌，一些勋臣、内监也躲不过他的锋芒。这与王振行政的刚猛风格有关(这也是明初权阉的普遍特点)。举个例子，就在内使匿名信事发前不久，清平伯吴英与太监吴亮、范弘、金英、阮让等，因为在南海子私自放牧，强夺百姓的刍草，下锦衣卫狱监禁。一位勋臣和四名太监，因为这点小事，全部下狱，足见此时法度极严。须知吴、范、金、阮都是有名的大太监、内廷的大佬，尤其是范弘与金英，在宣德朝已任司礼太监，亲信用事。宣德七年(1432年)宣宗赐二人免死诏，“辞极褒美”，同时赐范弘、金英、王瑾银印(用于密奏的封记)。《明史》说，英宗即位，金英与兴安“并贵幸，及王振擅权，英不敢与抗”。而就是这样的老资格同侪，犯了事儿，照样下狱。可见王振执法，对任何人都是不讲情面的。

当时权贵屡屡违法，为此在王振的主持下，朝廷发了两道“戒敕”：一道给内官、内使，指责其透露内府事务、与外臣私相交结、营干己私、嘱托公事、借拨夫役、出入刑名等不遵法度的行为；一道给在京文武群臣，也是指责他们夤缘作弊等事。敕谕要求内外官员改过自新，否则必治以重罪。

史称王振“导帝用重典御下，防大臣欺蔽”并不专门针对文臣，而是所有的内外文武臣工。当王振高高在上时，无人敢言，或只敢以匿名的方式表达其不满，而一旦王振从高处坠落，失去皇帝的荫蔽，必将形成可怕的复仇之血潮。

事之五：三征麓川。

过去一般将明朝用兵麓川视作王振的恶行之一，如《明史》在列举王振“跋扈不可制”的证据时说：“兴麓川之师，西南骚动。”明朝首征麓川是在正统六年（1441 年）正月。此时张太后还在世，这就存在一个矛盾：张太后既不许王振再干政事，王振还有可能在她眼皮子底下发动这样一场战争？张太后要杀王振的故事于此就露出了破绽。

其实，用情感代替理性分析，是许多论者的通病。在麓川之役的评价上，亦是如此。尤其是当这一场持续多年的战争与大太监王振联系起来后，它更被赋予了强烈的道德色彩。

其实麓川问题由来已久。在元末明初，元朝的云南行省大致为三股势力所分据，其中东部为元梁王的地盘，西部是大理段氏，怒江以西至伊洛瓦底江上游，是麓川的势力范围。明军在平定云南后，即面临着麓川势力的侵扰。英宗初年，麓川势力重新勃兴，其头领思任发多次称兵扰边，掠杀人民，焚毁甸寨。边地土司纷纷投靠，助其内寇，云南三分之一以上的区域都受到其侵扰，西南边疆出现严重的危局。云南总兵官黔国公沐晟认为地方军力已无法有效抵御麓川的侵犯，多次请求调大军征剿。

明朝最初主“抚”，随着局势恶化，主“捕”的声音开始高涨。但云南官军征剿连连失利，致都督方政败亡、黔国公沐晟暴卒，明朝方意识到，如果不调大军征伐，西南的危局将难以平静。新任云南总兵官沐昂也再次上疏，请求朝廷调集大军进剿，并且说，平麓川非十二万大军不可。

朝廷遂令兵部召集各衙门大臣集议，是否该用兵麓川。在廷议时，刑部侍郎何文渊认为，麓川在西南边陲，一弹丸之地，疆里不过数百，人民不满万余，得其地不可居，得其民不可使，主张德化，不必用兵，劳内地之民。这是反对派观点。幸亏这种败家子的言论不占多数，以英国公张辅、兵部尚书兼大理寺卿王骥为首的多数廷臣认为，麓川思任发自父祖以来荷国厚恩，授予官职至今六十余年，乃敢纠集丑类，屡抗王师，如果这种明目张胆的叛逆不予征伐，恐怕木邦、车里、八百、缅甸等处皆将不保，云南失地不说，也将永无宁日。

由于廷臣多力主用兵，英宗遂决定调大军征剿，并于次日任命了将领，兵部迅速拟出用兵方略及粮饷保障方案。

正当朝廷紧锣密鼓准备征剿麓川时，翰林院侍讲刘球上了一道《谏伐麓川疏》，弹的仍是何文渊的老调，不过是“修德教以待其降”的迂腐之言，认为王师不可轻出。兵部复议认为，麓川之征已有成命，难允所言。征麓川大军很快调齐，麓川之役随即打响。

《明英宗实录》里详细记载了征麓川之役的讨论及决策过程，并不像后世一些聪明之士声称的，群臣激烈反对，王振一意孤行的结果。兵为危事，朝廷对此展开了广泛的讨论。正统六年(1441 年)正月里，连续五天召开各衙门大臣参加的廷议，讨论麓川问题。廷臣自由发表意见，且多主张用兵，其中并没看到王振的干预。事实上，多数廷臣以及云南地方官员都支持对麓川用兵，反对的只是何文渊、刘球等少数人。从后者的奏疏来看，他们完全缺乏全局意识，对边疆形势也毫无认知，只会拿三代古典说事，不过是些冬烘迂腐之士。若依着他们任性，多少家业也不够败的！一些有识之士(如王世贞、谷应泰等)就指出，如果放任麓川不征，“则中国之西南者亦非我有矣”！

三征麓川以明朝军事上的胜利结束，然而跟明朝中后期所有军事胜利一样，从没得到当时之人以及后人的好评，只用“劳民伤财、兵连祸结”八字定论。好比明末万历三大征，就被直接引向了明朝亡国，而三征麓川，则被认为是招致土木之变的先声。

事之六：挟帝亲征。

麓川之役，持续时间很长，一直到正统十三年才完全平息。而此时，北边形势骤然紧张。

自蒙元势力退出关外后，很快就分裂为鞑靼、瓦剌和兀良哈三部分。其中位于东部的兀良哈部力量较弱，鞑靼与瓦剌都很强盛。成祖朱棣多次出塞远征，或联合鞑靼打击瓦剌，或联合瓦剌打击鞑靼，每次打击目标都不同。但由于种种原因，朱棣没能很好地把握这种“打强扶弱”的平衡之术，其北征常常是无功而返。朱棣之所以决意迁都，把都城摆在最近处离边墙不过百余里的燕京，形成“天子守边”之势，也是为了加强对漠北的防御。鞑靼与瓦剌，一个在西，一个在东，就像坐跷跷板，交互而强。到了正统年间，瓦剌再次崛起，其首领名叫也先，让明廷甚是心烦。为啥烦呢？因为瓦剌朝贡特别频繁，说是朝贡，其实就是来占便宜的。一年来几次，每次都是好几千人。这些人全到北京来，明朝怎受得了！一是招待费太高，财政吃紧，二是害怕“北虏”趁机窥探内地。所以每次都作声作色地下诏，要求瓦剌人不要来得太频数，一年一次就够了，随贡使来的从人也不可过多，百余人就可以了，多了恕不接待。然而，瓦剌恃其强盛，并不把明朝的话当回事，照样频频来贡，说是贡，态度还很蛮横，明明贡来的多是低矮次等的马匹，却一定要按上等马匹给他赏赐，甚至无礼地提出要与大明缔婚。桀骜的瓦剌成为明朝的麻烦制造者，明朝却拿其无可奈何，因实力有限且南边战事正急，不愿多生事端，只是采取减少赏赐等办法对待瓦剌使团。而待遇稍微不周，瓦剌贡使即变为强盗，入境劫掠。

双方的矛盾愈来愈深，最终要通过战争来解决。正统十四年（1449年）七月，瓦剌部三路入寇，在北京以北的千里边塞燃起战火。其中一路由大同进犯，参将吴诰战死。这是自大明建国以来从未有过的严峻事态，正当廷臣惊惶之时，忽内廷传旨，称英宗皇帝决意亲征，要好好杀一杀瓦剌人的气焰。百官都急了，如今的情势是敌强我弱，皇帝怎么能亲征、往火海里蹦呢？吏部尚书王直率领群臣进谏，希望劝阻皇帝，但英宗决心已定。

英宗亲征之举，后来被指为王振最为严重的罪行，因为人们都说，英宗是被王振挟持了才决定亲征的，王振也由此成为千古罪人。“挟帝”一说，首见于土木之变后群臣所上弹劾王振的本章（见下），李贤在《古穰杂录》一书中也说，“权臣不与大臣议，挟天子率师亲征，百官上章恳留，不从，迫促而行”。挟持一说实不可信。英宗此时已不是小孩子，而是二十四岁的年轻人，且大权亦未旁落，他本人若不愿意，王振岂能挟持或“逼胁”？倒是

《英宗实录》所记“车驾发京师亲征，是举也，司礼监太监王振实劝成于内，故群臣虽合章谏止，上皆不纳”，较为稳当，即年轻的英宗在王振的劝说与支持下，方定下亲征之策。

王振为什么怂恿英宗亲征？可能是瓦剌势力强大，长期为明朝北边之患，他觉得若只遣将，已不可能予以重挫，而永乐、宣德二朝，都有皇帝亲征的先例。另外，三征麓川的胜利，也造成一定的幻想，让英宗与王振君臣对国力产生错误的评估，以为皇帝亲征必然大挫瓦剌，过于自信了。总之，英宗亲征绝对不是王振挟持皇上所为，所以说，“未可专罪王振也”。亲征对不对呢？当然不对，因为亲征最终以惨败结束，若侥幸胜了，还不知怎么说了。历史上的事，是英雄还是狗熊，许多都是以事后的成败而论，自以为高明的史评者，其实放的都是些马后炮。

当英宗决策亲征时，确实是在高估己方实力的同时低估了瓦剌的力量，对局势缺乏准确的判断。就在亲征之诏颁发后，大同再次惨败。大同总督军务西宁侯宋瑛、总兵官武进伯朱冕、左参将都督石亨等率军与瓦剌军战于阳和（卫）后口，这是京兵与大同边军的联合作战，却败得一塌糊涂，至全军覆没。宋瑛、朱冕，一侯一伯，两位勋臣战死。镇守大同太监郭敬大概喜欢吃兔子，他见势不妙，一头扎进草窠子里，才躲过一劫。幸亏石参将溜得快，逃入大同城内，闭门不出。

兵败的第二天，败讯还未到京，英宗车驾已从北京出发，开始了有去无回的亲征之旅。后世便说，英宗是被王振挟持了亲征的。

大军出发之日，离亲征诏书颁发仅仅过去两天，扈从文武吏士，皆仓促就道。根据实录记载，大军行进速度不慢，仅仅八天，已至宣府。至此“风雨大至，边报益急”，扈从群臣纷纷上请在此驻跸，不要再冒险继续前进。王振大怒，“俱令略阵”，大概是将进言的官员打发到部队里去，让他们亲临行伍。

次日，车驾至鸡鸣山，大军中的恐惧情绪越来越重。王振为了压制这种负面情绪，故意摆出威风，就连成国公朱勇觐见，都要膝行而前。王振让户部尚书王佐、兵部尚书邝野管老营（即车驾所在的大营），二人却先跑了。王振愈加震怒，令他们跪在草野中，直到晚上才让他们起来。虽然王振“益肆其威”，但面对紧迫的军情，还是不免心里打鼓。这时，随军的钦天监正彭德清劝他：“虏势如此，不可再向前了，倘有疏虞，将陷天子于草莽。”王振道：“设若有此，亦是天命！”阁臣翰林学士曹鼐也劝：“臣下命不足惜，惟主上系宗社安危，岂可轻进！”王振皆不听，坚持进军。

话说回来也是啊，堂堂天子亲征，走了一半的路，还没与敌人谋面，竟因为畏惧，害怕出事，就做了缩头乌龟，这，但凡是要脸的皇帝，都受不了啊！既然是王振劝皇上出来的，这时又劝皇上回去，国事不好如此当儿戏吧？大概也只好鼓足勇气，继续向前了。只是军中上下都如惊弓之鸟，一心思退，这仗能打得胜吗？

奇怪的是，当明军往前推进时，瓦剌军竟渐次后退，退出塞外。

八月初，英宗驻跸大同。王振还想北行，大概想学皇曾祖永乐皇帝，深入沙漠捣巢吧。可大同太监郭敬是早吓破胆了的，他密告王振道：“如果再往前走，正好中了虏计。”此说倒不必密告的，因为瓦剌连连获胜，掳掠甚多，听说大明皇帝亲征，不敢轻敌，故不予接战，而是慢慢退出关外，免得在关内腹背受敌，同时卸掉包袱，在塞外广漠设伏，正好发挥骑兵野战的优势，好与明军进行决战。实录说郭敬“密告”王振，是故弄玄虚。

王振听了郭敬之言，心里也害怕起来。加之自从大军从居庸关出来，连日来不是刮风就是下雨，到大同这一夜，又忽然骤雨大至，这种晦气的天气怎不教人惊疑！（是啦，军行无胆，还不见什么怕什么！）

王振遂决议回师。一声令下，车驾次日就转身往东走，当晚在双寨儿落营。待营盘扎好，忽见一朵黑云卷来，就像一把伞盖覆盖在大营之上，而四外则晴明。过了一会儿，雷电风雨交作，营中惊乱，彻夜不止。像这样的鬼天气，不消彭德清师傅掐指来算，大家也都觉得不是妙事。

此时还是赶紧躲进关内最安全了。据报，瓦剌人听说车驾东返，随即追来。有人建议，大军应从紫荆关进入边墙，退往京师，道路最短，也较安全。可王振是蔚州人，不知抽了哪根筋，竟想请皇帝到他老家走一遭，于是改变行军路线，可走了半天，他又担心大军踏了他家乡的庄稼，遂再次改变路线，仍从宣府原路往回走。

国史上就是这么说的，可我却有几分存疑。我不大相信，在这样紧迫的情况下，王振居然能动念邀圣驾幸其第，他如此不分轻重吗？可能“邀驾幸其第”只是他放出的风声，以掩饰亲征大军临阵逃跑的耻辱吧。因为十数万大军随皇帝出来打土匪，怎么到了关上突然朝着另外一个方向走，总得给个冠冕堂皇的说法，是不是？已有学者据地图指出，明军改变退兵路线，极有可能是明军不熟悉当地复杂的地理环境造成的，而明军若欲从紫荆关退入边墙，恰恰需要从蔚州经过！另外也有学者指出，时值仲秋时节，地处塞外的蔚州也不该有“禾稼”，王振不可能担心乌有之物。故而王振邀帝幸其乡的说法完全是造谣。

不管怎样，明军动作慢了，很快就被瓦剌兵撵上。从瓦剌深入内地，快速机动，却没有遭到任何牵制来看，明军各边堡守军只顾自守，根本没有理会大军的安危。

由于走了弯路，加之大军人多，粮草迟重，行军缓慢，从大同出来，走了十二天，才抵达土木堡（在今河北怀来县城东），遂在一高地扎营。营地的选择犯了致命的错误。之前，每当驻营前，都会派司设监太监吴亮提前相度地势，可这一次十余万大军竟然在一土厚高亢之地扎营，地高无水，兵马又饥又渴，然掘井二丈有余，也看不到一滴水。这是土木兵败的根本原因，至于其原因，有两说：一说是因为王振“以军失利渐惭，即止于土木”，似乎是因为用兵不利，心不在焉，遂铸下大错；一说见于土木之败后廷臣联名弹劾王振的劾疏，说是因为王振的亲信小人钦天监官彭德清“不择善地驻扎”。难道行军布阵还要请大师察堪舆、看风水？两说均见于《明英宗实录》。然而我对此表示怀疑。当明军来到土木堡时，堡南十余里就是河道，但瓦剌军一部已提前占领其北岸，阻绝了明军与水源的联系。因此，明军选择在土木高地扎营，应该是被动的，而不是某个人所犯的错误。

都怪瓦剌兵进展太速。明军刚到土木，即接警报，说瓦剌大军从宣府方向杀来。英宗只好分兵五万，命成国公朱勇率领，前出迎敌。可朱勇这位纨绔子弟，勇而无谋，冒险深入鹞儿岭，被瓦剌军从山两翼夹攻，全军覆没。瓦剌大队遂乘胜攻至土木堡。到第二天，也就是八月十五日的上午，瓦刺军将明军大营合围。大军已经绝水两天了,人马又饥又渴。临时掘井,一直深挖到二丈有余,仍然无水。而瓦刺兵又分道从土木旁边的麻峪口入内,兵马越来越多。明军已陷入绝境。

可能瓦刺军也有着严重的补给问题,十五日中午,瓦刺军忽然退去。明军如蒙大赦,急忙抬营南行,以就水源。将士们也是渴疯了,哪里顾得这是敌人欲擒故纵之计。明军一动,阵势便乱,大军往南走了不过三四里路,忽然敌骑四出,从各个方向展开攻击。顿时明军大乱,狼奔豕突,成为任人宰割的羔羊。据当时在军的李贤目击:“(明军)竟无一人与斗,俱解甲去衣以待死,或奔营中,(所弃器仗)积叠如山。”土木堡之败,是明朝建国以来前所未有的惨败,尤其令人震惊的是,大明的皇帝居然也被俘虏了!

可怜的英宗皇帝,就像北宋的徽钦二帝,被“北虏”挟持北行,身边只跟着太监喜宁等少数几个随从,真是凄凄惨惨戚戚。而王振及众多的扈从太监、文武官员多战死,明军死亡过半(据李贤说,二十余万明军伤者过半,死者三分之一),骡马损失达二十余万,衣甲兵器尽为敌人所得。①

这一役,被史家视作明朝中衰的重要标志。

第六章 王振之死及身后事

几天后,败报随着败军一起回到京城。

北京城内的那种凄楚和恐惧,是可想而知的。一则因为天子北狩,群龙无首;一则京军精锐多数都随驾北征,城防军力不过羸马疲卒十万人,瓦

① 英宗率六师亲征,号称五十万,应是沿用朱棣五十万大军亲征之说,以壮军威。据学者考证,明军人数不过二十五万左右(包括从驾官军“私属”),土木堡兵败时约为二十万,死伤约十万,死者在三万左右。参见曹永年:《“土木之变”明兵力及伤亡人数考》(《中华文史论丛》2013 年第 1 期)、李新峰:《土木之战志疑》(《明史研究》第 6 辑,黄山书社,1999 年)。史书中所记死伤数十万,实为夸大之词。

刺兵一旦杀到，京城将何以为守？故京师戒严之后，人心惶惶，群臣聚哭于朝，不知所措。

像这样严重的事态，必须有人承担责任。自然，皇帝之责是不可追究的，而须抛出一个“牺牲”和替罪羊。这么多年来，一直让朝臣们不快、反感，甚至是羞辱的太监王振是不二之选。

八月十八日早上，监国的郕王朱祁钰（英宗弟）驾临午门左门临朝，将奉皇太后（英宗之母孙太后）之命，立英宗庶长子朱见深为皇太子之事告诉百官。然而，“国本”并非此刻百官关注的焦点，都察院右都御史陈镒取出一份由众多廷臣联署的奏疏，当廷弹劾司礼太监王振及其党羽“陷君误国”之罪，要求给予他们最严厉的惩罚。

此时，败兵败将还在不断逃回，带回各种消息，有说王振已死的，有说王振没死的。不管王振是死是活，再没人畏惧他，就像奏疏里说的，王振“论十恶莫加其罪，虽万死犹有余辜，天地不容，神人共怒”，群臣心中充满了愤怒和仇恨，不吐不快，就是王振侥幸逃脱，亦难逃一死。

大臣们将兵败辱国的一切责任，全怪到王振头上。在此我将劾疏摘要列之于下，略加分析，供各位参看：

（王振）恃宠狎恩，夺主上之威福，怀奸挟诈，紊祖宗之典章。每事不由朝廷出语，自称为圣旨，不顾众议之公，惟专独断之柄，视勋戚如奴隶，目天子为门生。中外寒心，缙绅侧目。

这一条说王振夺主上之权，坏祖宗之法，简直把自己当作站着的皇帝。

卖官鬻爵则贿赂大行，恣毒逞凶则诛杀无忌，孕妇被剖，童稚遭屠，伤天地之至和，致宫殿于回禄。

读了这一条，看官莫要惊怪，以为王振不单爱吃人，还特别爱吃小孩，尤其爱吃婴儿，为此不惜将孕妇肚子剖开，取婴大嚼。“孕妇被剖”云云只是一种夸张的说法，意思是说，王振凶恶到了剖食孕妇的程度。我觉得文章真不能这么写，大臣们本是罗列王振之罪，当讲事实、重证据，岂可像写神怪小说一样，恣意摇笔呢？但我读了这等文字，也不以为怪，因为古人写文就是这样的，不仅讲骈体押韵对称，朗朗上口，还要有如滔滔之水的气势。罪人那真是醉了，还没砍头，先要被吓死。看官明白了这节，大概就能明白，为什么即便是国史、正史文献，都存在那么多不经、不实、不着调、摸不着头脑的记载！

这一条，其实就是说王振卖官鬻爵，弄得朝廷贿赂公行；他肆毒逞凶，伤天地和气，以致宫殿都着了火。回禄就是火灾，我相信看官不会把某次宫廷大火怪在王振头上吧；可在这份劾疏里，它的确是王振罪恶之一，也是他罪恶的重要表征。

迩者胡寇犯边，止宜命将讨罪，缘振乃山西人，因见大同有警，逼胁圣驾亲征……既欲保全其家，又欲光幸其第，增一己之威势，屈万乘之尊严。彼时文武群臣恐陷不测之祸，上章恳留，皇上畏其强愎不臣，不得已而强行。

这段便是说王振“逼胁”英宗亲征了。至于他为何这么做，给出一个似是而非的理由：因为王振是山西人。此理通吗？我想不通。然后又说王振“欲（英宗）光幸其第”，将它与“欲保全其家”一起，作为王振胁迫英宗亲征的两个理由。聪明的看官读到这里，大概就明白了，王振欲英宗光临其老家，乃选择错误的回师路线一说，其由来在此。王振在大难之际仍不忘邀驾光临其老家，此说纯属无中生有，是时人的臆想。

舆论皆欲驻跸宣府，被（王）振逼胁，直抵大同。兵柄在其掌握，总戎惧其威权……以致逆虏犯跸，邀留乘舆。

此条说当北征大军到宣府后，众议都说应在此驻跸，不可再向前走了。可是英宗被王振“逼胁”，直抵大同，以致大败，英宗被俘。这已经是第二次出现“逼胁”一词了。此说甚是可笑，英宗既然是北征平虏，他哪知触敌必败，心里想的还不是“驱逐鞑虏，保卫中华”，岂可才到宣府，就停顿不前呢？这纯粹是以成败为论事的基点，败了，这么说，倘若明军胜了呢？自然又是一番说辞。王振之罪、他莫大之不幸，就在于他护驾亲征失败了。成王败寇，共此一理！

下文还有很长，都是具体的指控，总为“跋扈不轨”之态，不再赘述。总而言之，王振罪恶滔天，虽汉之石显、唐之仇士良、宋之童贯，亦未能过之。由此大臣请将王振明正典刑。由于王振生死不明，唯恐他潜匿偷生，并乞郕王下旨，令诸司缉捕得获，万锉其尸，以伸天下之愤，以释神人之怒。在王振正法之前，不妨兵分两路，先将其九族诛夷，籍没其家产，给付阵亡之家，发其祖宗坟墓，暴弃骸骨。

王振这回算是把九族、祖宗都连累了！

大臣们强调，只有如此，才可以“固臣民之归心，鼓三军之锐气，剿逆虏之强暴，解圣驾之拘留”。不然，“无以警戒将来，人皆解体矣”。好像王氏一族的血成了灵丹妙药，救国之策，直在于此。

都御史陈镒代表廷臣将劾疏读完，还未等郕王开口答话，年轻的六科十三道言官们纷纷抢着发言，一定要将王振灭族。然而郕王却迟疑道：“汝等所言皆是，朝廷自有处置。”他这样模棱两可的态度自然不能令人满意，百官情绪激动，纷纷往前拥，跪地恸哭，都道：“圣驾被留，皆王振所致，殿下若不速断，何以安慰人心！”

郕王犹在迟疑，这时，锦衣卫指挥马顺出言呵斥，令百官各归班次。马指挥就太不智了！当群情激愤之时，岂是平日可比？他不开口则已，一张口便犹如火上喷油，只见给事中王竑从人群中蹿出，一把揪住马顺的头发，咬了他一口，大骂道：“马顺平日倚仗着王振的势力，为非作歹，今日犹是此态不改，他就是奸党，打他！”王竑起了头，众官一拥而上，拳打脚踢，竟当场将马顺打死。

郕王眼见锦衣卫指挥马顺在他面前被活活打死，不禁瞪大眼睛，慌了手脚，不知所措。百官又号啕着拥过来，请他即刻下旨，查抄王振之家。面对如此激奋的群臣，郕王只好点头。

百官的情绪这才稍微平定些，待锦衣卫官校去抓人封门时，将马顺的尸体拖到一边，但仍是不散，聚在午门下大哭——气虽然出了，但瓦剌大军杀奔京师而来，计无所出，仍感惶恐。

郕王不敢继续留在午门，起身退回宫，而令司礼监太监金英询问大家，还有什么话要说。有人道："内官毛贵、王长随也是王振之党，请治诸法。"这两个人马上被从宫门缝里推出来，当即又被打死。

百官仍是不散，很快王振之侄王山抓来了，众人忙相互提醒，千万不要再打死他，好让他伏法于市。百官又望宫门请求立即将王山处死，郕王没奈何，只得允准。于是王山被押赴西市凌迟处死。

连毙四命，百官之心稍稍得慰，郕王才派人出来传谕，说："国家多难，皆因奸邪专权所致。今已悉准所言，置诸极刑，籍没其家，以谢天人之怒，以慰社稷之灵。尔文武群臣务须各尽乃职，以辅国家，以济时艰。"换成大白话，就是你们的意见我都听了，还不赶紧都散了，各回衙门办事。

百官这才望阙拜谢，退出皇城。走时，看见马顺还直挺挺躺在一边，已经僵硬了，便顺带手将他倒拖出去，弃尸于道。不少军民见了，忍不住上前，你一脚我一腿，踢了解气。

以上所记，皆取之《明英宗实录》。然明人高岱《鸿猷录》卷十《己巳虏变》所记稍异，并录之于下，以供看官参互。

《鸿猷录》称兵部侍郎于谦当廷请治王振之罪。郕王谕百官，表示将徐处之。于谦执奏，说王振倾危社稷，罪恶滔天，不即典刑灭族，百官死不敢退。于是百官皆哭，声彻中外。郕王惊恐，起身入内，宦官将阖上宫门，众人随于谦一拥而入。郕王无法，只得传旨籍没王振，所差者为锦衣卫指挥马顺。众人都不同意，说："马顺，就是王振之党。"提出另差都御史陈镒。太监金英传旨，令百官退。可百官群情激愤，要揪打金英。亏得金英动作快，脱身而入，不然就被打死了。马顺就没这么幸运，当场毙命。百官又索要王振党人内使毛、王二人。金英无奈，只好将这二人推出，瞬间亦被击杀。

看官，同样一件事，《明英宗实录》与《鸿猷录》所书，差别已经不小。

根据《明英宗实录》，这一天基本没于谦什么事，而根据《鸿猷录》，当天是于谦唱主角。您到底信谁呢？可见，研究历史，一定要博览群籍，看大家都怎么说，不可偏听一家之言，即便是权威史料，同时要记住，不可拘泥于书，正是尽信书不如无书。

通过上文介绍王振其人、其事，看官可品出点特别的味道——历史的味道，就是五味杂陈，有时候真是说不清道不明。即以王振而言，关于他的众多记载，要么不实，要么出自偏见，或出自附会。我们骂了几百年的大太监，我们真的了解他吗？

但有一点是确实的，王振多年专权，已为豪奢之客（我尽量不轻用“富可敌国”之类的词，因为国语中的这些词多是夸张的，只适合赞人漂亮，实在不适合用于客观地评价古人，如下文的“拟宸居”“尚方不逮”等皆是）。都御史陈镒奉郕王令旨查抄王振及其党羽彭德清等人家产，据实录所记，王振“宅第数处，壮丽拟宸居，器服珍玩，尚方不逮，（就是所用之物的精美，连皇上家的都不如。您认可吗？）玉盘径尺者十面，珊瑚高者七八尺，金银十余库，马万余匹，皆没官”。这位大太监也是一位大富翁。他的财富从何而来？我呸，这还用问！

据实录记载，被籍没者有太监郭敬、内官陈玙、内使唐童、钦天监正彭德清等家。

郭敬是镇守大同太监，王振的亲信。据说他在大同多造钢铁箭头，用瓮装了，送给瓦剌使臣。而瓦剌头领也先每年都会送良马等物给他和王振，以为报答。这也成为王振通虏卖国的证据（这就跟朱元璋说丞相胡惟庸通倭一样不靠谱，根本不需辩。可见“好人”们给“坏人”泼污水是无所不用其极的）。明军大同阳和之败，也被认为是郭敬军中“专制”所致。当时主将西宁侯宋瑛等战殁，他却躲在草丛中逃脱。英宗亲征到大同后，百官弹劾他“失机”之罪，王振诈传圣旨不问（所谓“诈传”二字，不必深信。所谓诈不诈，要害其实只在英宗知不知）。籍没他家时，郭敬生死不明。过了一个月，他忽然潜回北京，跑到法司衙门自首。郭太监真不愧是一只会钻草窠子的兔子！

经法司鞫问，郭敬被判了凌迟处死，但没有处决，只是监禁起来，不久死于狱中。其子（应为过继子）郭忠发辽东充军。其弟郭祥给太监陈祥为奴，至天顺元年英宗（1457年）复即位后方以叙用，授锦衣卫百户，并应其请，归还了郭家被抄没的部分财产。郭敬之侄郭震、郭禄，因为在英宗被俘后曾出金币资助过落难的皇帝，天顺元年被授予锦衣卫实授[①]百户。此时，英宗已考虑为王振平反。

陈玙是王振管家内官，“为其聚敛珍货”。

彭德清没有死于土木堡，他逃了回来，不久死于狱中，仍被斩首。他的罪名是党王振，匿天变不报以及从征时不择地利处驻师。

另外王振家属二百六十余口，皆监于都察院狱。法司审讯后，奏称奸恶王振同居异姓之人皆当斩。也就是凡和王振住在一起的，不管是同姓还是异姓，亲戚还是家奴，都必须处死。一般谋反、谋大逆之罪，也只是杀死其同居亲族，异姓之人（如亲戚、家奴等）是不必一概处死的。法司这么奏请，实为是法外之重典。但景帝（即郕王）不同意，说王振倾危社稷，罪恶深重，但朕即位之初，体天地生物之心，姑屈法伸恩，决定但系王振本宗，不问大小（包括儿童），皆斩首以徇，妇女给付功臣之家为奴，其家人、阍者（即火者、阉人）宥死，杖一百，发戍边卫。都察院还录下王振的罪恶，榜示天下。从此，一个大太监就被钉死了。

权阉之祸，于其家，亦谓惨也！

王振是怎么死的，说法不一。主要有以下几种：

其一，为瓦剌军所杀。清初人傅维鳞《明书》载英宗之言说：“（王）振为寇所杀，朕亲见之。”清代著名小说《醒世姻缘传》第一五回大概据此写道：“王振狠命地撺掇正统爷御驾亲征，蒙了土木之难，正统爷的龙睛亲看他被也先杀得稀烂。”

其二，为乱兵所杀。《明史·王振传》称：“瓦剌兵追至，师大溃，帝蒙尘，（王）振乃为乱兵所杀。”乱兵也可能是明军自己人。

---

① 实授是相对于带俸而言的。

其三，为护驾将军樊忠所杀。如明晚期人黄景昉《国史惟疑》、清初人谷应泰《明史纪事本末》卷二九《王振用事》均记载王振被樊忠用瓜（或棰）捶死。

其四，自杀。北京智化寺存《英宗谕祭王振碑》云："车驾北征，（王）振以腹心扈从，将臣失律，并以陷没，即引刀自刎。"

以上诸说，应以智化寺碑文为最可信。因为谕祭碑是朝廷"大文字"，应为英宗授意翰林院撰写，英宗是当事人，他亲自看过的，怎么会有疑问呢？

其实不管王振是怎么死的，说他死于国难，总不会错。可惜，没有人这么看，不仅王振身死，他的一族老少也都为兵败殉了难。王振地下若有知，情何以堪？

世人皆恨王振，唯独一人对王振之死怀有深深的怜惜。此人不是别人，正是那位被王振"祸害"最深的英宗皇帝。

英宗在漠北过了一年的囚徒生涯，次年八月被瓦剌部送还明朝，以太上皇的名义软禁在皇城南宫。景泰八年（1457 年）正月，于夺门之变中复位。没多久，他就下令将发配到辽东铁岭卫充军的王振家属都放回来，改在京卫充军。充军充军，哪有在京城充的呀！这显然是皇帝在试水，下一步就要给王振平反了。有个叫刘恒的太监嗅觉敏感，马上嗅到风声，立刻上言，说王振好人哪！他"恭勤事上，端谨持身，左右赞襄，始终一德"。可这样一位勤劳的忠臣，自从陷没土木堡，一直"未沐招葬"，岂非缺典？这一下就戳到英宗心坎上了，立马照准，下令"赐故太监王振祭葬"。王振尸骨无存，所谓葬，也就立个衣冠冢。据民间传言，说英宗让人用香木镂王振之形而葬之，大概就是"刻形招魂"吧，未知是否的确。

英宗做这些事，没有一个人提出异议。

到了天顺三年（1459 年）正月，僧录司右觉义兼智化寺住持然胜奏称：故太监王振有功社稷，已赐祠额名"旌忠"，立旌忠碑于祠前，乞赐赠谥，以为万世旌忠之劝。

这位僧然胜在正统时就任僧录司右觉义，王振垮台后，被六科十三道列入王振的基干拥趸，遭到参劾，被降为普通僧人。英宗复位后，他官复原职，并且兼任智化寺住持。智化寺是王振生前所建，今日仍存，就在北京东城区禄米仓胡同，我曾经去游访过，就是一条小街内的一座小庙。看官若得闲时，也可去访一访旧迹，里面有一块碑《智化寺旌忠祠记》，刻于天顺三年（1459年）九月九日，撰文并正书者，就是和尚然胜；此碑两截刻，上为记，下面线刻王振蟒袍画像。有看官问我，王振帅不帅？请自己赏鉴。

英宗在祭葬王振后，还在智化寺给他建了一间祠堂，并赐额名“旌忠”。不知当时之人有没有脱口而出：我了个去！王振还忠?！皇上还为这位“忠臣”修建祠堂！当时人的议论我真不知道，因为我没看到任何官员就此上奏劝谏，说“皇上啊，王振致陷乘舆，让您失了位、做了八年囚徒，过去受的苦您都忘啦”。没人这么说。当时人的意见，我只知道天顺朝大学士李贤的高论。当英宗为王振建祠后，命李贤撰写碑文。李贤不客气，在碑文中对王振的“丰功大节”大书特书。李贤可是差一点死在土木堡的人，他这么歌颂“逆阉”，也未见有谁骂过他。可见对王振的仇恨，主要还是土木之败激发的，在那巨变的关头，必须要有人承担责任，用血来安定人们的惊恐之心。然而时过境迁，情绪定下来，大伙儿也骂不起来了。而且王振的主要“罪恶”是欺君专擅，如今那位被“欺”者又重新坐回宝座上，再提这事儿，就开不了口，投鼠忌器嘛！直到天顺之后，人们骂王振才又肆无忌惮，然而此时人们骂王振，其实又不尽然为骂王振，王振已成为代表宦官专权的一个符号了。

英宗为王振立祠，是“内臣立祠之始”。您想啊，阉宦都是无后之人，立个祠，谁来供香火啊！可不想，英宗为了寄托哀思，让人给王振立了祠，这等于是国家行为，是朝廷对内官一生令名的肯定与表彰。故以后凡大太监去世，都以得到朝廷“立祠赐额”为极高的哀荣。

没想到然胜还不满足，又替王振申请“赠谥”，还说“实万世旌忠之劝”。

“赠谥”，给死人的荣典称“赠”。给谥是在大臣死后，由朝廷赐给他一个号，以为盖棺定论。比如李贤死后，谥号是文达，人称李文达。张居正死后赐谥文忠，张文忠就是他。故赠谥又称“易名大典”。但只有三品以上大员才有这个资格。王振生前虽然权倾朝野，几乎就是站立的皇帝，但他毕竟只是太监，官不过四品，立祠已经过分，怎么还能赐谥呢？不仅官品不够，他还是宦官嘛！

英宗接到奏疏后，没有表态，而是“下礼部议”。可能是英宗对此有所保留，想听听臣下的意见。

为什么呢？因为赠谥事大！

历代宦官之有谥者，所知最早的为西汉人许广汉。许氏本是武帝之子昌邑王的郎官，因为过错被下“蚕室”，成为一名宦者，其情形与司马迁相似。许广汉为什么能够得到谥？原来许广汉的女儿嫁给了汉宣帝，所以他死后，被追封为平恩侯，谥曰“戴”，与他宦者的身份无关，而是因为他是皇帝的老丈人，他是以外戚之侯得谥。

第一个以宦官身份赐谥的，是东汉孙程。东汉时期外戚与宦官轮流执掌政权，封侯者众多，得谥便不为奇了。孙程扶立顺帝有功，封侯加官，死后谥为“刚侯”。据汪受宽先生《谥法研究》统计，历代宦官得谥者，不足百人，但多得美谥，如“忠勤宪肃恭定节敏”等字。唯一的恶谥被唐代肃、代两朝的大宦官李辅国得到。李辅国在安史之乱后权倾朝野，被皇帝尊为“尚父”。他被代宗派人暗杀后，身败名裂，被赐谥为“丑”。像这样为皇帝所不容的人，仍然得到谥，说明在唐代中后期宦官控制内廷的形势下，宦官得谥，已为固定的礼法。而历史上最了不得的宦官谥号，被宋徽宗朝的宦官宋用臣得到了。一般臣子的谥都由礼部等衙门议定，在宋用臣的“谥议”中，有这样一句话：“天子念公之劳，久徙于外。”这怎么了不起呢？原来这是周成王哀悼周公的话，这等于将宋徽宗比作周成王，而将宦官宋用臣比作辅导成王的周公了！

通过以上回顾可知，宦官给谥，并非没有前例。但赐谥这个问题，比立祠赐额要大，立祠可以是皇帝的私恩，而赐谥体现的是朝廷的荣典。虽然英宗不掩饰个人对王振的情感，对此也不得不格外慎重。所以他下部议，让臣子讨论。

考僧然胜所撰、刻于当年（天顺三年）九月的《智化寺旌忠祠记》，其中提到皇上复登大宝，录王振旧劳，“即诏招灵祭葬，蟒衣玉带，致赙建祠，撰碑颁敕，以旌忠义，尚全始终”。没有提到王振得到赠谥。成化中，太监刘永诚的侄子宁晋伯刘聚请赐其叔谥并祠堂赐额。礼部言无封谥内臣事体，惟王振祠堂蒙英宗赐额，永诚所乞未敢擅拟。有旨赐祠额曰“褒功”，仍命内阁议拟封谥。大学士彭时等言：“王振辅翼英宗年久，又死国事，英宗复位，非不欲重加褒恤，因无旧例，止赐祠额。今刘永诚得照例赐额，已为过矣，若又加封谥，出于王振之上，则轻重不伦，人心不服，将来守边等项如永诚者将纷然比例陈乞，变祖宗之法，必自此始。况今多事之际，正宜恪守成宪，以慰人心，不可轻易更改，致生外议。”事遂寝。可见王振并没有得到封谥。

内臣建祠赐额为“朝廷希阔殊特之典”，自王振以后，宪宗朝的刘永诚、弘治朝的怀恩、覃吉、覃昌、韦泰等都先后得到，遂“祠额寖广，祭（赐祭）尤众，不能悉记矣”。

通观明代，直到灭亡之前，没有任何一个太监获得过赠谥。宦官之位尊势显者亡故，享受的哀典是皇帝、中宫、东宫赐赙（钞、银、米油、香帛等物），遣礼部或该太监名下内官谕祭，工部给棺营坟。只有少数宦官，才能得到立祠赐额的待遇。因为祠额多是“褒忠、昭贤”之类的赞美之词，故后世有些宦官便以祠额代为谥号。

明代经土木之变，中衰之势顿显，许多人都把罪责推到太监王振头上，王振与正德间刘瑾、天启间魏忠贤共为明代三大阉，挨了无数的骂。可有意思的是，智化寺原存王振像、碑，到清乾隆年间才被推倒。乾隆七年（1742年）正月，御史沈廷芳奏称：崇文门内智化寺，明英宗为逆阉王振立祀，大学士李贤撰碑，称其“丰功大节”，谀阉乱道，观者发指！乞敕有司，毁像扑碑，并将英宗谕祭碑移至他处掩埋。得旨，如所请行。

说到底，大太监王振还是吃了近三百年的香火，直到改朝换代之后，宦官也不怎么有势力了，才为人不容，轰然倒地。

我们不妨换个思路来看，王振并没有像老鼠过街，人人喊打，说明他的名誉没有史书上写得那么坏。事实上，民间还流传着几个关于王振的“正能量”故事呢！

如明朝弘治时人许浩所著《复斋日记》，记叙明初以来朝野事迹。该书被收录于《四库全书》,四库馆臣在给该书写提要时,赞许颇高,说它与另一本重要的明代笔记《水东日记》[①]“颇相出入”(即互为参照意)。

《复斋日记》与众不同,记了王振两件美事:

一则说一天王振入侍,忽然听到御前传来箫声。吹箫的一见王振来了,忙拖了箫走开藏起来。结果没有王振腿快,王振追到他,厉声叱责道:“尔事皇上,当进正言,谈正事,以养圣德,而乃以此淫声惑上听乎?”命打二十杖。这吹箫的大概也是一名宦官。

另一则说有一个内使负责给英宗梳头,服侍皇帝久了,便向皇帝乞恩,想换顶帽子戴。英宗答应授予他“奉御”之职,就让王振去办。可王振不同意,他道:“官所以待有功。此贱技微劳,赏以金帛可也。”说官职都是用来奖赏有功之人的,剃头贱技,功劳微小,皇上赏赐他钱财即可,最后硬是没有同意。

可见王振对于其“同类”颇为无情,难怪陈镒在劾疏里说“内官被其非法加诛”。许浩讲了这两个故事,给王振点了下赞,说他“闲邪纳诲,以成英庙(英宗)盛德,不为无补”。清朝人不干了,责之为“纰缪殊甚”。四库馆臣也没法驳倒他,反正他就是不信不信不信,大太监王振怎么可能这么正直呢?英宗德不德,肯定与他半毛钱关系都没有。

看官如果也不信,以为是许浩胡说,那么还有两则故事,说的也是王振劝谏。我们看王振谏些什么。

其一,见查继佐《罪惟录·宦寺列传·王振传》,说英宗一日与小阉击球,打得很是热闹,直到王振来了,才停下来。王振当时照顾皇帝的面子,没有说话,等到第二天快天亮时,英宗在准备上朝,王振忽然跪倒道:“先皇帝为一球子,几误天下,如果陛下也这样,那社稷将怎么办呢?”英宗听了,惭愧得无地自容。以后他还踢不踢球我不知道,反正此事传出来,被“三杨”听说了,叹道:“宦官中还有这样的人哪!”

---

① 作者叶盛,正统十年(1445年)进士,经历过土木之变及夺门之变,历官宣府、两广巡抚都御史,仕至吏部左侍郎,卒于成化十年(1474年)。

此事倒是极新鲜,不知查继佐是从哪里捞来的材料。王振谏上毫无顾忌,直指宣宗爱好游戏之失,倒也为实情。(宣宗就是任性死的,不然怎么只活三十八岁?)虽然他说踢个球就要误天下,有些夸张,但这也是一般士人的口词。能够这样进谏的,恐怕除了王振,再不会有第二个人了,所以“三杨”感叹。结合前《复斋日记》所记吹箫的故事,王振倒是个严谨的人,不喜欢皇帝玩球、玩音乐,督促他一心读书,倒是个夫子之相。

其二,见明末大作家冯梦龙所编《智囊全集》①,说北京功德寺后宫,供奉着一座极其工丽的佛像。据寺里和尚说,正统年间,太皇太后张氏常常到寺里来上香,有时候就在此过夜,不即回宫。那时英宗还小,也随祖母太后在此游玩。寺里还专门准备了寝室寝具。太监王振以为,后妃游幸佛寺非盛典也,乃密造此佛,然后请英宗进言于太后:“母后大德,儿无以为报,已命装佛一堂,请于功德寺后宫,以酬厚德。”太后大喜,就答应了,且命中书舍人书写金字藏经置于东西二房。因为房里放了佛经,不可就寝,从此太后就不再出宫了。

《智囊全集》出自“三言”的编著者冯梦龙的手笔,或有看官要问了:小说家言,可信乎?其实这个故事不是冯梦龙“编剧”,他是从文林的笔记《琅琊漫钞》里抄来的。我引冯书,而不直接引文书,是因为冯梦龙的名气大。文林是成化八年(1472 年)进士,曾任温州知府,他没什么名气,但他儿子名气大,即明中期“江南四大才子”之一的文徵明。如果笔记是文徵明写的,我或许会先引《琅琊漫钞》。好了,这只是开个玩笑。

文林也算是个儒雅君子,他在记述了王振这一件聪明故事后,叹道:“当时名臣尚多,而使宦者为此,可叹也!”他虽是借此讥讽“当时名臣”,至少对王振没有一概否定。

冯梦龙在引录后亦有评语:“君子之智,亦有一短。小人之智,亦有一

① 《智囊全集》一书成于天启六年(1626 年),正是“逆阉”魏忠贤大肆猖狂之时,亏得冯梦龙没有来个“影射史学”,借旧事来攻击时政,保留了这一个给王振“贴金”的故事。

长。小人每拾君子之短,所以为小人;君子不弃小人之长,所以为君子。"这话说得多好哇,小人亦有其长。可惜我国的史官,还停留在黑白片的时代,非皂即白,不是好人就是坏人,从来不搞调和的中间路线。王振是坏人,一把将他推入酱缸里,浑身腥臊,说什么也洗不净了。

本卷替他洗洗,出浴之后看相如何,请看官点评。

（第一部完）